KB253612

복음을 넘어 복다를

지은이 **손승호**

RODEM BOOKS omf

부다를 넘어 복음으로

초판 1쇄 발행 2025년 8월 1일

지은이 손승호

윤문 강민규
발행인 최태희
표지디자인 윤선디자인
내지디자인 김석범

펴낸곳 로뎀북스
등록 2012년 6월 13일 (제331-2012-000007호)
주소 충청남도 공주시 정안면 상룡길 90-18
이메일 rodembooks@naver.com
ISBN 978-89-98012-42-7 03230
값 18,000원

바다를 넘어
복음으로

RODEM BOOKS omf

붓다를 넘어
복음으로

C O N T E N T S

　21세기 선교는 단순한 메시지의 전달을 넘어, 복음이 뿌리내릴 문화와 사상의 토양에 대한 깊은 이해를 요구합니다. 그 가운데 불교는 여전히 많은 선교사들에게 낯설고도 복잡한 사상 체계로 다가옵니다. 손승호 선교사님이 저술한 『붓다를 넘어 복음으로』는 불교를 단순한 종교적 대상이 아닌, 정신과 세계관의 틀로 이해하며, 그 안에서 복음을 들고 어떻게 대화하고 소통할 수 있을지를 치밀하게 모색합니다.

　불교 문화권에서 사역을 감당하는 이들에게 이 책은 신학적 통찰과 더불어 실천적 지혜를 제시하며, 오랜 역사와 전통 속에서 형성된 불교적 인간 이해, 고통에 대한 성찰, 윤회와 해탈의 개념 등이 복음의 진리와 어떻게 교차하고 변증될 수 있을지를 조망합니다.

　　이 책은 단지 지식의 전달을 넘어, 불교권에서 사역하시는 선교사와 불교권에서 사역을 준비하시는 선교사 후보생들과 불교권 선교 관심자들에게 선교적 접근 자세와 방식을 다시금 돌아보게 하는 거울이자 안내자입니다. 불교권 선교의 문을 두드리는 이들에게 이 책을 기쁘게 추천합니다.

강대흥 선교사 한국세계선교협의회(KWMA) 사무총장

　　『붓다를 넘어 복음으로』는 단순한 종교 개론서가 아닙니다. 이 책은 선교 현장에서 삶을 던지고 씨름해 온 한 선교사의 고백이자, 오랜 시간 연구하고 기도하며 써 내려간 복음적 통찰의 열매입니다. 저자는 불교를 전공하지 않았기에 더 겸손하게 배우고, 직접 불교문화 속에서 살아보았기에 더 진실하게 고민했습니다. 그 여정이 이 책 속에 고스란히 담겨 있습니다. 불교를 비판하기 전에 먼저 이해하고, 복음을 전하기 전에 상대의 마음을 듣는 태도—이 책은 우리에게 바로 그런 선교의 본질을 가르쳐줍니다. 특히 이 책은 상좌부불교, 대승불교, 민속불교 등 불교의 다양한 흐름을 입체적으로 조망하며, 불교와 기독교의 핵심 교리 차이를 명확하게 설명합니다. 동시에 복음이 불교문화 속에 어떻게 상황화되어 전해질 수 있는지를 구체적이고 실용적으로 제시하고 있습니다.

무엇보다도 이 책은 '복음을 어떻게 전할 것인가'가 아니라, '어떻게 복음의 사람으로 살아갈 것인가'를 먼저 묻습니다. 불교권 선교를 위한 전략과 방법도 소개되지만, 그 모든 시작은 하나님을 인격적으로 만난 한 사람의 삶의 이야기에서 출발합니다. 필자는 이 책에서 선교에 대한 자신의 생각을 다음과 같이 밝힙니다. 선교는 특별한 사람이 하는 것이 아니라, 하나님을 만나 사로잡힌 그 사람이 합니다. 왜냐하면 선교가 특별한 기술이 아니라, 하나님을 깊이 만난 사람이 하나님의 말씀을 전달하고 삶으로 건네주는 복음이기 때문입니다.

이 책은 불교권 선교를 준비하는 이들뿐 아니라, 현장에서 복음을 전하는 일꾼들, 그리고 우리 곁에 있는 불교 문화권 이웃들과 소통하고자 하는 모든 이들에게 쉽고 친절한 안내서가 되어 줄 것입니다. 선교는 단순히 복음을 전하는 것을 넘어, 다른 세계관과 종교, 문화, 삶의 방식을 진심으로 이해하고 다가가는 여정입니다. 『붓다를 넘어 복음으로』는 불교를 이해하고 복음을 전하고자 하는 모든 이들에게 꼭 필요한, 곁에 두고 반복해서 읽어야 할 선교의 친구가 될 것입니다.

공베드로 선교사 한국오엠에프(OMF Korea) 대표

한동대학교 부설 기관인 아릴락(ARILAC, 아시아언어문화연구원)에서 현장 선교사들의 교과서로 사용할 목적으로 종교권별(이슬람, 힌두, 불교) 선교 가이드를 만들었는데, 감사하게도 필자가 『불교권 선교 가이드』의 집필자로 선정되어 책을 출판하였습니다(2023년 6월 7일 초판 1쇄 발행, 2024년 2월 5일 초판 2쇄 발행). 출판 후 필자는 선교사들(해외, 이주민)과 목회자들(부울경 지역)을 대상으로 강의하면서 독자들이 거의 600쪽에 달하는 책의 분량에 부담을 느낀다는 사실을 발견했습니다. 또한 일반 성도들도 불교의 영향을 받은 영혼들을 대상으로 전도할 때 사용할 수 있도록 좀 더 쉽고 분량이 적은 책이 필요하다는 독자들의 건의도 있었습니다. 그래서 필자는 밀양 얼음골에 위치한 로뎀선교회

(지도목사 허원구)가 은퇴 선교사들을 위해 마련한 숙소인 로뎀하우스에서 2024년 6월에서 8월까지 3개월 동안『불교권 선교 가이드』를 누구나 읽을 수 있도록『붓다를 넘어 복음으로』라는 제목으로 쉽게 다시 썼습니다. 독자들이 이 책의 내용 출처를 알고 싶다면『불교권 선교 가이드』미주 부분(521-582)을 참고하시기 바랍니다

한국교회에서 파송된 전체 선교사의 숫자를 정확히 파악하는 것은 불가능하지만, 약 30,000명(KWMA 소속되지 않은 인원 포함) 정도가 되지 않을까 합니다. 그중 60%는 아시아에서 사역하고 있으므로 불교권에 파송된 선교사는 아무리 작게 잡아도 10,000명은 될 것입니다. 한국교회의 불교권 선교의 역사는 꽤 오래되었습니다. 1912년 조선예수교장로회 총회가 조직되어 1913년 가을 김영훈, 사병순, 박태로 목사를 산동성에 파송하여 불교권 선교를 시작한 것을 시초로 치면 한국교회의 불교권 선교 역사는 100년을 훌쩍 넘고, 6·25 이후 1956년 6월 최찬영 선교사가 태국으로 파송된 것으로 계산해도 70년이 다 되어 갑니다. 하지만 한국교회가 불교권 선교를 위해 많은 인적 물적 자원을 쏟아부었음에도 선교의 열매는 미미합니다. 이제 한국교회에서 파송된 선교사들뿐만 아니라 성도들도 불교를 이해하고 불교권의 영혼들을 위해 기도하며 함께 하나님의 나라를 확장하기 위해 노력해야 할 것입니다. 특히 OMF가 파송한 약 1,400명의 선교사 대부분은 아시아 지역 불교권을 중심으로 사역

하고 있어서 불교권 영혼들에 대한 책임감은 남다르다고 할 수 있습니다. 필자의 불교권 영혼 구원을 위한 작은 몸부림을 통해 우리 모두 함께 동역함으로 아시아 불교권 지역에 주님의 지상명령이 성취되기를 간절히 소원합니다.

Part. 01

불교(佛敎)의 탄생

1. 시대 배경

　　BC 15세기, 인도 북쪽 중앙아시아 초원 지역에 살던 아리아인 (Aryan)들이 남하하여 인도로 들어오기 시작했다. 아리안들은 철제농기구와 소를 활용하여 농사를 지었는데, BC 10세기경이 되면 농업 생산성이 높아져 인구가 늘어났고 그 결과 동쪽인 갠지스강 유역까지 진출하여 오늘날의 인도인이 되었다. 본래 유목민이었던 아리아인들은 유목 생활을 중심으로 부족 사회를 형성하여 살았는데, 인도에 정착해 농사를 짓게 되면서 점차 부족 사회를 벗어나 영토 중심 사회로 변해갔다. 이때 나타난 또 다른 변화가 계급의 등장이다. 보통 카스트라고 불리는 이 제도는 브라만이라고 불리는 사제 계급을 정점으로 왕과 전사 집단으로 이루어진 크샤트리아 계급과 그 아래에 있는 일반 서민인 바이샤와 또 그 아래인 천민 수드라 계급으로 구성된다. 아리아인들이 인도로 들어오고 얼마 지나지 않았던 부족 중심 사회에서는 브라만 계급을 중심으로 엄격한 제례 의식과 권위주의가 강조되었다. 그러나 부족 중심 사회가 해체되고 영토 중심 사회가 되자 영토 확장에 공이 큰 크샤트리아 계급의 힘이 세지면서 브라만 계급 사제들과 크샤트리아 계급의 전사들이 대립하게 되고 기존의 종교 사상에도 변화가 나타나게 된다. 그리고 이때 속속 등장한 왕국 간의 교역을 담당하면서 힘을 얻게 된 또 다른 계급인 바이샤들도 크샤트리아 편에 가세하였다. 결국 BC 6세기쯤이 되면 크샤트리아 계급이 주도하는 16국 할거 시대로 접어들어 새로운 철학과 종교가 생겨나는데, 붓다가 태어난 샤캬 족이 건국한 마가다 왕국도 이 16국 중 하나였다.

BC 6세기에 인도에서는 엄격한 브라만교의 계급제도와 제례 의식에 반발하는 반브라만 세력들이 나타나는데, 시야를 확대해서 보면 이 시대는 각양 종교와 사상이 전 세계적으로 분출되던 시기였다. 오늘날의 세계 주요 종교와 사상이 일제히 등장한 시기인 BC 900-200년 사이는 '축의 시대'(독일어 Achsenzeit, 영어 Axial Age)라 불리며 인류 역사상 가장 경이로운 시기라는 평가를 받고 있다. '축'(軸)은 바퀴의 중심에 끼우는 막대, 즉 모든 것의 중심이 되는 것을 의미하는데, 이 시대를 '축의 시대'라고 부른 이유는 이때 등장한 사상과 철학 그리고 종교가 오늘날까지도 인류 사상의 중심 축 역할을 해오고 있기 때문이다. 중국에서는 공자, 묵자, 노자가 나타났고, 인도에서는 붓다가 등장했다. 이스라엘에서는 구약성경에 등장하는 엘리야, 예레미야, 이사야 같은 선지자들이 있었고, 그리스에서는 숱한 사상가들을 길러냈던 소크라테스, 플라톤, 아리스토텔레스 같은 철학자들이 있었다. 그런데 이 '축의 시대'에 등장한 종교들은 주로 제례 의식에만 신경을 썼던 그 이전 종교들과는 다르게 도덕성, 자기 수양, 금욕을 강조했다는 공통점이 있다. 예컨대 자이나교, 힌두교, 불교, 도교, 유대교 등이 여기에 해당한다. 그리고 이어 등장한 기독교, 이슬람, 마니교 같은 신흥 종교들은 전 세계에 퍼져 오늘날 세계를 움직이는 거대한 종교가 되었다.

불교가 탄생할 당시 인도는 베다와 우파니샤드를 기초로 한 브라만교가 지배하는 사회였다. 브라만교는 우주의 궁극적 근원인 브라만과 개인에 내재하는 아트만이 동일하다는 범아일여(梵我一如)를 주장했는데, 아울러 인간의 행위는 전생의 업(카르마)에 의해 지배된다는 교리와 현재의 행위는 미래를 결정한다는 윤회사상을 가지고 있었다.

불교가 출현한 BC 6세기경의 사회 환경을 보면 갠지스강 중류 지역으로 이동한 아리아인들과 원주민 사이에서 혼혈족이 태어났는데, 이들은 전통 의식, 풍속, 신앙을 지키지 않아 브라만교의 가르침에서 많이 벗어나 있었다. 상공업과 도시의 발달로 물질문명이 발달되었고, 구속을 싫어하는 상공인들(바이샤)의 영향으로 자유와 평등사상이 확대되었다. 윤리와 도덕에 대한 사람들의 생각이 이처럼 바뀌자, 브라만교의 가르침은 그 권위를 잃어갔다. 결국 크샤트리아와 상공인들은 보다 합리적인 종교를 원하게 되었다. 그리하여 브라만교를 대신하는 다양한 학파가 나왔는데, 원시불교 경전에는 62개의 학파가 등장했다고 하고, 자이나교 문헌에는 더 많은 학파가 있었다고 기록한다. 이러한 운동을 주도한 사람들을 사문(沙門)이라고 불렀는데, 불교의 창시자 붓다도 이런 사문들 가운데 하나이다. 이러한 시대적 배경 아래 크샤트리아 계급에 의해 해탈을 앞세운 불교와 자이나교가 등장하게 되었다.

2. 불교의 탄생에 영향을 미친 종교들

1) 브라만교(婆羅門敎, Brahmanism)

BC 15세기 무렵, 인도 북부로 침입한 아리아인들은 원래 코카서스 지방에 살던 인도유럽어를 쓰는 백인 유목민이었다. 기후 변화로 초원의 풀이 사라지자, 이들 아리아인은 가축의 먹이를 찾아 남쪽으로 이동해야만 했다. 하지만 아리안이 모두 인도로 온 것은 아니다. 아리아인들 중 일부는 유럽으로, 다른 일부는 지중해 바닷가로, 또 다른 일부는 이란을 거쳐 인도 북부로 들어오게 되었다. 우리가 지금 살펴볼 사람들이 바로 이 세 번째 부류의 사람들인데, 이들이 이란고원 동남부 박트리아 초원 지역에 도착해 만든 종교가 조로아스터교(拜火敎)의 전신인 고대 페르시아의 다신교이며, 그리고 이들이 인도에 이주한 후, 고대 페르시아 다신교를 조금 변형시켜 만든 종교가 브라만교인 것이다. 이들은 인도의 원주민인 드라비다족을 정복한 다음 지배를 확고하게 하기 위해 '바르나(Varna)'라 불리는 신분 제도를 만들었는데, '바르나'라는 말은 산스크리트어로 '색'을 의미한다. 우리는 이를 통해 피부색에 의해 신분이 구분된 것임을 짐작할 수 있다. 브라만교의 바르나 제도를 정교하게 다듬은 제도가 지금의 카스트 제도이다. 앞에서도 설명했지만, 카스트 제도에는 브라만(승려), 크샤트리아(왕이나 귀족), 바이샤(상인), 수드라(일반백성과 천민) 등의 4계급이 있으며, 그 외에 최하층인 수드라에도 속하지 않는 불가촉

천민(不可觸賤民, untouchable)인 달리트(Dalit)가 있다. 이처럼 아리아인들이 선주민인 드라비다족을 효과적으로 지배하고 자기들의 기득권을 유지하기 위해 종교의 이름을 빌려 선주민들과는 결혼뿐 아니라 식사조차 못 하게 한 것이 카스트 제도인 것이다.

초기 브라만교는 다양한 신을 숭배했고 그 신들에게 복을 비는 성격을 가지고 있었다. 예를 들면, 천둥번개와 같은 자연 현상의 배후에서 어떠한 지배력을 행사하는 주체를 상정하고 그것을 인격적 주체로 구체화하여 숭배하며 장수와 다산 등을 빌었던 것이다. 곧 태양신 수르야, 어둠과 축복의 신 푸산, 선의 신 미트라, 공기의 신 인드라 등 삼라만상의 존재를 신격화했다. 이후 브라만교는 <우파니샤드>라는 경전이 탄생하면서 우주의 근본 원리인 브라만(Brahman, 梵)과 개인의 본체인 아트만(atman, 我)이 동일하다는 '범아일여(梵我一如)'를 중심 사상으로 채택한다. 우주의 근본 원리인 범(梵)과 불변하는 영원한 참 존재인 나(아, 我)가 하나라는 선포인 것이다. 그리고 기초 개념으로 윤회와 다르마(法 혹은 진리), 업(業), 해탈을 제시했다. 이러한 관념은 뒤에 인도에서 발생한 모든 종교의 근본 개념으로서 훗날 불교에서도 중심 사상이 된다. 브라만교는 오늘날 힌두교의 전신이다. 브라만교라고 말할 때는 명확히 규정할 수 있는 특정한 범위를 가진 한 종교 체계를 가리킨다기보다는, 인도의 전통적인 생활 방식과 사회 구조에 기반을 두는 전통적 철학, 사상,

신학, 제사 의례 등의 종교 현상 전반을 총칭하는 경우가 많다는 것을 기억할 필요가 있을 것이다.

2) 힌두교(Hinduism)

힌두교로 번역되는 영어 힌두이즘(Hinduism)은 영국이 인도를 식민지로 삼으면서 인도의 종교에 자기 맘대로 붙인 이름이다. 원래 힌두교 신자들은 자신들의 종교를 힌두교라고 부르지 않았으며, 영원한 다르마(법칙)라는 의미로 '사나타나 다르마(산스크리트어: Sanātana Dharma)'라고 불렀다. 일반적으로 힌두교라고 할 때는 민간 힌두교 전통과 베다 힌두교 전통부터 비슈누파와 같은 박티 전통에 이르기까지, 여러 다양하고 복잡한 전통들을 포함하지만, 다음과 같은 종교들은 제외한다. 즉, 외래 종교인 이슬람교, 조로아스터교(특히 파시교), 기독교 그리고 인도 고유 종교 가운데서도 불교, 자이나교 등이다. 그리고 힌두교에는 요가 전통과 카르마 개념에 기초한 매일의 도덕적 삶, 힌두 결혼 풍습과 같은 사회적 일반 규범도 포함한다.

부르스 니콜스(Bruce J. Nicholls)는 세계의 모든 종교 가운데 힌두교를 정의하는 것이 가장 어렵다고 했다. 그 이유는 힌두교가 어떤 특정한 시점에 어떤 위대한 건축가 한 명이 세운 건물이라기보다는 서서히 성장해 온 한 그루의 나무와 같기 때문이다. 그래서 힌두교는 권위 있는 많은 경전을 가지고 있으나 완전히 독보적으로 권위 있는 경전은 없다. 개념상으로도 힌두교란 좁은 의미로는 8세기경에 재부흥된 고대 브라만교를 의미하고, 넓은 의미로는 고대 원주민인 드라비다족의 신앙적 유산과 BC 15세기경에 페르시아 지역에서 침입해 들어온 아라안족의 다신관을 비롯하여 주전 8세기부터 발달하기 시작한 우파니샤드의 범신론을 포함한다. 또한 BC 6세기경부터 형성되기 시작한 이단적인 육사외도(六師外道)와 그 후에 정통사상으로 인정되는 육파철학(六派哲學)뿐만 아니라 현대적 힌두교 혼합주의까지 다신론, 범신론, 무신론, 유신론 철학을 다 포괄하는 개념이다. 그리고 힌두교는 여러 신들의 존재를 부정하지 않는 다신교적 일신교(택일신교 또는 일신숭배)로서 교주, 즉 특정한 종교적 창시자가 없는 것이 특징이다. 힌두교와 고대 브라만교와 차이점이 있다면, 브라만교가 <베다>에 근거하여 희생제를 중심으로 하며 신전이나 신상 없이 자연신을 숭배한 것에 비해, 힌두교는 신전과 신상이 있으며 인격신이 신앙의 중심이었다는 점이다.

3. 불교의 창시자

불교란 부처의 가르침에 기반한 종교요, 또한 부처가 되기 위한 종교다. 창시자의 본명은 가우타마 싯다르타(Gautama Siddhartha)인데 가우타마가 성이며 싯다르타는 이름이다. 불교에서는 창시자를 석가모니

(釋迦牟尼), 부처, 석가세존, 석존, 세존, 능인적묵, 여래, 불타, 붓다, 불(佛) 등 다양하게 부르지만 가장 일반적인 호칭은 '부처'이다. 부처는 인도 고어인 산스크리트어의 '붓다(Buddha)'를 중국에서 한자 불타(佛陀)로 음차하면서 생긴 말인데, 그 뜻은 '깨달은 자', '눈을 뜬 자'라는 의미이다.

옛 인도 기록이 불확실하여 붓다가 언제 출생했는지는 정확히 알 수 없다. 다만 열반 당시 붓다의 나이가 80세라는 것만 알려져 있다. 붓다에 대한 정확한 기록이 없어 가끔 그가 실존 인물이었는지 의심을 받기도 했지만, 1895년에 독일의 고고학자 포이러(Alois Anton Feuhrer)가 네팔 남부 지역을 탐험하다가 우연히 아소카 대왕(재위 BC 268-232년)의 석주를 발견하였고, 거기에 아소카 왕이 붓다의 탄생지인 룸비니(Lumbini)에 와서 참배하고 석주를 세웠다는 기록이 남아 있었다. 아소카 대왕은 붓다가 죽고 나서 300여 년 뒤의 인물로, 아소카 대왕이 세운 석주는 붓다의 이름을 언급한 가장 오래된 고고학 자료로서 붓다가 역사상의 실존 인물임을 증명하는 유물이었던 것이다.

붓다의 생몰년도에 대하여는 남방불교는 BC 624-544년, 북방불교는 BC 1026-949년이라 하고, 다른 학자들은 BC 560-480년이나 BC 460-380년을 말하기도 한다. 하지만 1956년 11월 네팔의 수도 카트만두에서 열린 제4차 세계불교도대회에서 국가마다 서로 다르게 사용하는 불기를 통일하기로 결의하고 1956년을 불기 2500년으로 정하면서 붓다의 생존 시기에 대한 BC 624-544년 설을 공식적으로 채택하였다. 그러므로 붓다의 탄생 연대를 정확하게 말할 수는 없고 대략 BC 600년경으로 볼 수 있다.

자료 자체가 매우 적어 붓다의 생애를 전기 형식으로 구성하는 것은 매우 어렵다. 경전 어느 곳에서도 처음부터 끝까지 연결된 이야기로는 발견되지 않는다. 가장 초기의 경전 안에 여기저기 흩어져 이해하기 어렵게 지엽적으로 기록되어 있을 뿐이다. 붓다의 제자들은 스승의 가르침을 엄청난 양의 경전으로 남겼지만, 스승의 생애에 관한 이야기는 자세하게 보존하고자 하지 않은 것처럼 보인다. 가장 이른 시기의 불교 문헌부터 사실과 종교적인 묘사가 뒤섞여 있기 때문에 지금은 그것들을 분리하기가 거의 불가능하다.

후대에 신화적인 요소가 많이 가미되었지만, 일반적으로 알려진 붓다의 생애는 다음과 같다. 붓다는 2,600여 년 전 히말라야 기슭의 카필라성 샤캬족의 숫도다나왕과 그의 부인 마야 왕비 사이에서 맏아들로 태어났다. 마야 왕비는 출산이 다가오자 관습에 따라 친정에 가서 아이를 낳으려고 친정인 콜리성(Koli)으로 가다가 카필라성과 콜리성 경계 근처의 룸비니 동산 무수나무 아래에서 옥동자를 낳았다. 기쁨도 잠시 마야 부인은 아들이 태어난 지 7일 만에 세상을 떠났고 붓다는 마야 왕비의 동생, 즉 이모이면서 계모가 된 파자파티의 보살핌 속에서 성장하게 되었다.

숫도다나왕은 하나밖에 없는 태자가 출가하여 수행자가 될 것을 걱정해(출가할 것이라는 예언이 있었다) 궁전을 세 개나 짓고 태자가 호화롭게 살도록 해주었으며 태자의 주변에서는 항상 즐겁고 좋은 일만 일어나도록 배려했다. 하지만 태자는 7세쯤이었던 화창한 봄날에 풍요로움을 기원하는 농경제(農耕祭)에 참석했다가 농부가 땅을 파자 기어 나온 벌레들을 새가 낚아채 공중으로 사라지는 약육강식의 삶의 현장을 목격하고 깊은 명상에 잠겼다. 태자가 깊은 사색에 잠기는 것을 걱정한 왕은 아들이 19세가 되자 서둘러 야소다라와 결혼을 시켜 출가를 막고자 하였다. 그러나 화려한 궁전에서 결혼생활을 하던 태자는 동서남북에 있는 성문을 나가 바깥세상을 경험한 이후부터 결정적으로 고민에 빠져들게 된다. 그는 동쪽 성문 밖으로 나들이를 나갔다가 주름투성이의 노인을 만났고, 남문에서는 신음하는 병자를, 서문에서는 죽은 시체를 보았다. 그 광경을 목격한 태자는 자신도 세월이 흐르면 늙어서 노인이 될 것이며, 그러면 병이 들어 병자가 되고 결국은 죽음에 이를 것이라는 사실을 깨닫고 고민에 사로잡히게 된다. 그러던 어느 날, 태자는 북문에서 차림새가 특이한 사람을 만났는데, 시종은 그 사람을 보고 "저 사람은 사문(沙門)입니다. 진리를 찾아 집을 떠나 수행을 하고 있는 사람이지요."라고 설명해 주었다. 태자는 생로병사(生老病死)의 괴로움에서 벗어나기 위해 수행하는 사문들을 통해 인간 존재의 실상을 깨닫고 마침내 29세 때 출가를 결심하게 된다. 이렇게 붓다가 고통스러운 삶의 실상을 목격하고 인생의 무상함을 느껴 진리를 찾아 나서겠다고 결심한 과정을 사문유관(四門遊觀)이라고 한다.

붓다는 아들 라훌라(Rahula)를 낳은 후, 부왕에게 출가를 허락해 달라고 요청하였다. 부왕은 타이르기도 하고 꾸짖기도 했으나 붓다의 결심을 막을 수 없어 마침내 허락하고야 만다. 붓다는 나중에 "내가 출가한 것은 병듦이 없고, 늙음이 없고, 죽음이 없고, 근심 걱정 번뇌가 없고, 지저분함이 없는 가장 안온하고 행복한 삶(涅槃)을 얻기 위함"이었다고 말하였다.

붓다는 출가 후에 진리를 깨닫기 위하여 출가 수행자인 사문(沙門)들을 찾아 나섰다. 그는 6년 동안, 즉 35세가 될 때까지 여러 집단의 수행자들을 만나 깨달음을 얻고자 노력하였으나 뜻을 이루지 못하였다. 어느 날 보리수나무 아래서 밤새 깊은 삼매에 들어 사색하는 가운데 새벽녘이 되자 태어나서 늙고 병들고 죽어가며 고통의 눈물을 흘리는 사바세계(娑婆世界: 고통을 견디어야만 하는 우리가 살고 있는 세계)를 벗어나, 태어남과 죽음이 사라진 해탈한 열반의 세계가 활짝 열린 것을 깨달았다.

그 후 붓다는 350km나 떨어져 있는 바라나시 녹야원에서 수행을 하고 있는 마지막까지 함께 고행을 한 다섯 명의 수행자들을 찾아간다. 그리고 붓다는 그들이 하고 있는 고행이 무엇이 잘못된 것인지 지적하기 위해 애욕과 고행의 두 극단을 떠난 '중도(中道)'의 가르침을 펼쳤다. 그리고 그들이 마음의 문을 열자, 네 가지 성스러운 진리인 괴로움과 괴로움의 원인, 괴로움의 사라짐, 괴로움을 사라지게 하는 여덟 가지 바른 길(이는 각각 고(苦)성제, 집(集)성제, 멸(滅)성제, 도(道)성제로, 묶어서 사성제(四聖諦)라 한다.)을 들려주었다. 시간이 지나면서 붓다에게는 가르침을 따르는 제자가 생겨나게 되었고 법을 설하는 부처님(佛), 부처의 가르침(法), 그리고 수행 공동체인 승가(僧伽)의 삼보(三寶)가 갖추어졌다. 35세에 깨달음을 얻은 붓다는 그 후 45년간 제자를 가르치고, 중생을 교화하였다.

붓다는 죽기 직전에 제자 아난에게 유언과도 같은 설법을 하였는데 『대반열반경』에는 다음과 같이 기록하고 있다. "자기 자신을 등불로 삼고 진리를 등불로 삼으라(自燈明 法燈明). 자기 자신을 의지하고 진리를 의지하라(自歸依 法歸依)." 그리고 대장장이 쭌다(Cunda)에게 공양을 받은 붓다는 혹독한 병에 걸렸고 "모든 것은 변하고 무너진다. 게으름 없이 정진하라."는 마지막 말을 남기고 열반에 들었다. 이때가 붓다의 나이 80세로 깨달음을 얻은 뒤 45년이 지난 시점이었다.

4. 종교 개혁가였던 붓다

불교는 기존의 브라만교/힌두교 배경 속에서 발생하였다(브라만교와 힌두교를 선명하게 구분하는 것이 어렵기 때문에 상호 교차적으로 사용). 하지만 붓다는 브라만교/힌두교의 문제점을 인식하고 그 문제를 비판하는 것에 그친 것이 아니라 그 문제점을 극복하려는 종교 개혁가적인 태도를 보여 주었다. 그 결과로 태어난 것이 바로 불교라고 할 수 있을 것이다. 그렇다면 붓다가 느꼈던 당시 브라만교/힌두교의 문제점은 무엇이었을까? 정성민은 자신의 책『예수와 석가의 대화』에서 신비적 체험과 초자연적인 방법으로 인간의 한계를 벗어나고자 했던 당시 브라만교/힌두교의 부정적인 측면 다섯 가지를 열거하며 붓다가 불교를 시작할 수밖에 없었던 이유를 다섯 가지로 설명하였다.

첫째, 브라만교/힌두교가 미신적 기복신앙이라는 것이다. 브라만교/힌두교는 신들이 인간의 생사화복을 주관한다고 믿어 이 신들에게 인간이 운명을 맡기는 타력 구원의 종교였다. 붓다는 브라만교/힌두교의 신이 세상의 악과 고난을 제거할 수 없다면 그런 신을 전능한 존재로 숭배하거나 희생 제사를 드리는 것은 헛된 일이라고 생각했다. 만약 전능한 신이 존재한다면 세상에는 악과 고난이 없어야 한다는 것이다.

둘째, 브라만교/힌두교가 다신교라는 점이다. 브라만교/힌두교는 초월적 신을 포함하여 3억이 넘는 자연신을 믿으며 그 신들에게 복을 빌고 인간의 운명을 맡겼다. 이렇게 되면 인간의 삶은 신 중심으로 이루어질 수밖에 없고 인간 중심의 삶은 요원해질 수밖에 없다. 하지만 붓다는 인간이 외부적인 힘을 의지하거나 신과 같은 초월적 존재에게 자신의 운명을 맡겨서는 안 되며 각자가 자신의 피난처가 될 수 있을 뿐만 아니라 자신의 지혜와 정신적 능력으로 모든 고통과 속박에서 벗어날 수 있는 무한한 가능성을 가진 존재라고 주장했다. 붓다는 브라만교/힌두교의 근본인 초월적 신의 존재를 부인하고 신 중심의 종교에서 인간 중심의 종교를 주창했으며, 이는 붓다의 불교 운동이 유신론(有神論)에서 무신론(無神論)으로의 패러다임 전환을 시도하는 급진적인 종교 개혁이었음을 잘 보여주는 증거라 할 수 있을 것이다.

셋째, 브라만교/힌두교가 유아론(有我論)을 주장하였다는 점이다. 브라만교/힌두교는 인간의 영혼이 존재하며 그 영혼은 영원하며 불변한다고 믿었다. 그러나 붓다는 유아론을 부정하고 인간이 죽으면 모든 것이 사라지고 영원불변하는 영혼은 존재하지 않는다는 무아론(無我論)을 주장하였다.

넷째, 브라만교/힌두교가 숙명론적 윤회설을 주장한 점이다. 브라만교/힌두교는 인간이 태어나면서부터 전생의 업보를 타고나기 때문에 현생의 삶이 이미 정해져 있고 현생의 업보는 다음 생을 결정한다고 가르쳤다. 브라만교/힌두교의 이러한 숙명론적 윤회설은 현세의 부조리한 사회 구조를 정당화하고 자신의 운명을 개척할 생각은 하지 않고 숙명적인 것으로 받아들이게 만들었다. 그에 비하여 붓다는 브라만교/힌두교의 업보에 토대를 둔 숙명론적 윤회론을 부정하고 인간은 운명을 스스로 바꿀 수 있다고 주장하였다.

다섯째, 브라만교/힌두교가 카스트 제도를 고수하였다는 점이다. 카스트 제도는 최상층부터 브라만(승려), 크샤트리아(왕, 귀족, 무사), 바이샤(농민, 상인, 연예인), 수드라(소공업자, 하인, 청소부)로 구성되며 계급에 따라 결혼, 직업, 식사 등 일상생활에 엄격한 규제가 있었다. 붓다는 인간의 운명은 타고나는 것이 아니라 누구든지 신분과 무관하게 노력하면 열반 혹은 해탈에 이르러 고통에서 해방될 수 있다는 새로운 가르침을 전파하였다. 붓다는 브라만교/힌두교의 타력 구원을 거부하고 자기 자신의 노력으로 구원에 이를 수 있다는 자력 종교의 길을 열었다.

붓다가 일으킨 불교는 브라만교/힌두교를 배경으로 태동하고 자라나 브라만교/힌두교의 문제점을 극복하려는 새로운 종교운동으로 발전하였다. 브라만교와 힌두교의 명확한 구분이 애매하지만, 브라만교, 힌두교 그리고 불교를 벤 다이어그램(Venn diagram)으로 그려보면 교집합 부분은 '윤회', '업' 그리고 '해탈'이다. 결국 브라만교, 힌두교, 불교는 뿌리가 같은 세 종교인 셈이다.

브라만교

- 바르나(Varna, 카스트제도 전신)
- 범아일여(梵我一如)
- 자연신숭배(신전, 신상 없음)

힌두교

- 카스트제도
- 다신교적 일신교
- 인격신앙(신전, 신상 있음)

불교

- 카스트제도 반대
- 만민평등사상
- 무신론

Part. 02

불교의 역사

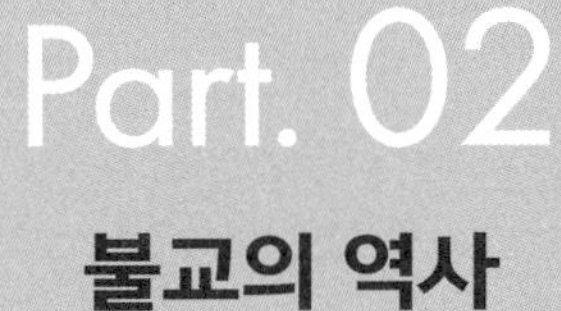

불교는 붓다가 B.C 544년에 열반에 든 후, 거의 2,500년 동안 세계 종교로서 발전해 왔다. 그동안 종파가 나눠지고, 인도를 벗어나 동아시아까지 전파되는 등 여러 가지 일들이 일어났고, 그런 일들이 쌓이고 쌓여 지금 불교의 모습이 만들어졌다. 그렇다면 오늘날의 불교를 더 잘 이해하기 위해서는 불교가 지난 2,500년 동안 어떤 일을 겪었는지 아는 것은 필수적인 일일 것이다. 그래서 우리는 아주 중요한 사건 위주로 간략하게나마 불교의 역사를 살펴보려 한다. 그런데 불교의 역사를 공부하다 보면 사람마다 불교사의 시대 구분을 서로 다르게 하는 경우를 볼 수 있는데, 그런 다른 견해를 가진 사람들이 사용하는 용어도 두루 알아 놓는 것이 앞으로의 논의에 도움이 되기 때문에 우리는 대표적인 견해 두 가지를 살펴볼 것이다. 우선 종범 스님은 자신의 책 『불교를 알기 쉽게』에서 다음과 같이 시대 구분을 하고 있다. 붓다가 깨달음을 얻어 열반에 들 때까지 제자들에게 불법을 전파했던 45년을 근본불교(根本佛敎) 시대라고 부른다. 그리고 붓다의 열반 후 100년 동안은 그의 가르침의 원초성과 원시성이 잘 보존되었다는 의미에서 원시불교(原始佛敎) 시대라고 부른다. 이 시대가 끝날 때쯤에는 불교 교단이 보수적인 상좌부(上座部)와 진보적인 대중부(大衆部)로 분열되었다. 원시불교 시대 후 약 300년간 불교는 20여 개의 분파로 나뉘었는데, 각 분파별로 독특한 교리 체계를 세우며 실천 방법을 정착화하기 시작한 이 시기를 부파불교(部派佛敎) 시대라고 한다. 부파불교 시대 다음 300여 년은 상좌부불교(上座部佛敎) 시대이다. 상좌부불교는 부파불교의 연장이었으며, 둘 다 출가자 중심의 불교였다. 다음 300년은 '누구나 믿을 수 있는 불교, 누구나 실천할 수 있는 불교, 누구나 해탈할 수 있는 불교'를 주장하며 일반 대중들을 위한 불교가 되어야 한다는 운동이 일어났는데, 대승불교(大乘佛敎) 운동이 바로 그것이었다. 이 운동은 재가자들을 중요시하고 불교를 사회화, 생활화, 민중화하고자 하는 운동으로 붓다 열반 후 600-700년이 지난 시점에 강력하게 일어났다. 그 후, 대승불교가 성숙할 무렵에는 비밀불교(秘密佛敎) 운동이 일어났다. 밀교는 대승불교의 교리에다 인도의 전통 종교인 브라만교, 그 후신인 힌두교의 의식을 받아들여 주술 신앙과 기도의식 등 타 종교의 요소들을 적극적으로 받아들였다.

다른 견해로는 자현 스님의 견해가 있는데, 자현 스님은『자현 스님이 들려주는 불교사 100장면』에서 불교 역사를 다음과 같이 설명하고 있다.

1. 붓다 열반 직후 마하가섭이 주도한 1차 결집

붓다가 열반한 후, 승려들은 불교의 전통을 유지하고 창시자의 가르침을 보존하기 위하여 결집(結集), 즉 붓다의 가르침을 모을 필요성을 느끼게 되었다. 붓다의 장례식을 맡았던 마하가섭의 주도로 500명의 승려들이 3개월 동안 마가다국의 수도 왕사성 외곽의 칠엽굴(七葉窟)에 모여 1차 결집을 하게 되었다. 우바리가 율장을, 아난이 경장을 암송하고 500명이 합송하였다. 그 당시 인도에 문자는 있었지만, 성스러운 것을 문자로 기록하는 것은 불경하다고 여겨 기록하지는 않았다.

2. 붓다 열반 100년 후 2차 결집

붓다가 살아 있을 때 불교는 인도 동쪽의 갠지스강 유역을 중심으로 발전했지만, 붓다의 열반 후에는 교세가 서쪽으로 확장되더니 이후에는 남인도와 서북인도까지 확장되어 기원 전·후에는 인도 전역으로 영역을 넓히게 되었다. 서쪽은 아리안 문화가 강해 보수적이었지만 아난이 교단의 주도권을 가지고 서쪽 사람들을 강력하게 교화하여 붓다가 열반한 후, 100년 정도가 지나면, 서쪽 교단이 동쪽 교단과 필적할 만한 세력으로 자라게 된다.

그러던 중, 서쪽 교단의 야사라는 승려가 동쪽 교단을 방문했다가 당시 동쪽 교단에서 붓다의 가르침을 따르지 않고 마음대로 하고 있던 열 가지 행동을 발견하고는 문제를 제기하였다. 이것을 십사(十事) 논쟁이라 부른다. 십사의 내용 중 가장 크게 문제가 되었던 것은 각염정(角鹽淨)과 금은정(金銀淨)이었다. 각염정은 뿔로 만든 용기에 소금을 저장하여 가지고 다니는 관행이었고, 금은정은 승려들이 금과 은을 받는 관행을 말한다. 소금은 고대에 화폐를 대신하여 사용했던 물건이었으니 이는 둘 다 승려들이 돈을 가지고 있는 것과 관련된 것이었다. 붓다는 생전에 무소유를 강조했는데, 붓다 열반 후 100년이 지나면서 화폐 경제가 발달하게 되자 동쪽 교단은 소금을 휴대하거나 금과 은을 받는 것을 관행으로 받아들였던 것이다. 그런데 붓다 당시에 비주류였던 서쪽 교단에서 온 시골 승려 하나가 동쪽 교단 전체를 상대로 문제를 제기하자 동쪽 교단 승려들은 코웃음을 치면서 도리어 문제를 제기했던 야사에게 참회할 것을 요구하였다. 이에 야사도 지지 않고 서쪽 교단을 끌어들이면서 결국 이 문제는 동쪽 교단과 서쪽 교단에서 각각 4인의 장로를 뽑아 의논해서 결정하게 되었다. 그렇다면 장로 회의의 결과는 어떻게 나왔을까? 결과는 의외로 서쪽 교단의 승리였다. 십사(十事)는 잘못된 행위로 규정되었다. 이 문제를 기점으로 붓다의 가르침을 재정리하기 위하여 700명의 승려들이 바이샬리에서 8개월 동안 모여 경전 편찬 회의를 개최하였다. 이를 모인 장소의 이름을 따라 '바이샬리 결집', 700명이 모였다고 '700 결집' 또는 두 번째로 모였다고 '2차 결집'이라고 한다.

이렇게 십사 논쟁은 계율을 엄격하게 적용하려는 엄격주의자들의 승리로 끝나는 듯했으나, 그냥 아무 일 없이 이렇게 끝났으면 십사 논쟁이 이렇게까지 유명하지는 않았을 것이다. 상업이 발달했던 동쪽 교단은 장로 회의의 결과를 도저히 받아들일 수 없었는지 급기야 서쪽 교단의 엄격주의는 시대를 역행하는 행위라며 수용을 거부하고 서쪽 교단과 갈라서는 길을 가게 된다. 이 분열을 불교 교단이 최초로 나뉘었다는 의미로 근본분열(根本分裂)이라고 부른다. 그 후, 동쪽 교단은 보편성을 강조했기 때문에 대중부(大衆部)라고 하고 서쪽 교단은 원래의 전통을 유지하고 있다고 해서 상좌부(上座部)라고 하였다. 모든 일이 처음이 어렵지 두 번째부터는 쉬워지는 법이다. 근본분열 이후 불교 교단은 20부파 정도로 다양하게 분열되어 부파 시대를 맞이하게 된다.

3. 인도를 통일한 아소카왕의 3차 결집

붓다의 가장 열정적인 후원자는 마가다국의 왕인 빔비사라와 그의 아들 아사세였지만, 불교를 오늘날과 같이 세계 종교로 거듭나게 한 왕은 붓다 사후 약 200년 뒤에 태어난 인물인 아소카왕(재위 기간은 기원전 265년-기원전 238년 혹은 기원전 273년-기원전 232년 설이 있어 불분명하다)이다. 아소카왕의 집안과 마가다국 사이의 관계도 재미있다. 마가다국은 마가다 계의 난다 왕조로 이어지는데, 아소카왕의 할아버지인 찬드라굽타는 이 난다 왕조를 멸망시키고 마우리아 왕조를 세운다. 그러니까 불교에 기여한 것이 많은 두 가문이 거의 원수나 다름없는 사이인 것이다. 하지만 이 찬드라굽타 왕이 없었다면 알렉산더 대왕의 부하였고 알렉산더 대왕의 사후에 시리아를 다스렸던 셀레우코스가 인도를 침략

했을 때 막아내지 못했을지도 모르니 인도로서는 찬드라굽타가 고마운 존재인 셈이다. 이렇게 마우리아 왕조를 세운 찬드라굽타는 인더스강 유역에 남아 있던 그리스 세력을 몰아내고 북인도를 최초로 통일한다. 이어서 찬드라굽타의 아들인 빈두사라가 왕위를 계승하여 지속적으로 주변을 정복하였고, 3대째인 아소카왕은 이복형제 99명을 숙청하고 10여 년에 이르는 통일 전쟁을 수행하여 인도 전체를 통일한 최초의 왕이 되었다. 아소카왕은 아주 잔인하였는데, 칼랑카 전투에서는 사망자만 10만 명, 포로가 15만 명에 이르렀고 피가 냇물을 이루었다고 한다. 하지만 사방의 적들을 모두 정리하고 난 이후의 아소카왕은 잔인했던 때가 있었나 싶을 정도로 백성의 복지를 챙기는 자애로운 군주의 모습을 보여 준다. 이렇게 아소카왕은 양면성을 가진 인물로서 현재까지도 인도인이 가장 존경하는 성군으로 꼽히고 있다.

나중에 불교에 귀의한 아소카왕은 불교의 성지를 차례로 순례하며 방문한 지역의 세금을 감면해 주고 기념 석주를 세웠는데 이를 '아소카 석주'라고 부른다. 또 아소카는 아들 마힌다와 딸 상가미타를 스리랑카로 파송하여 불교를 전파하였고, 불교를 널리 퍼뜨리기 위하여 '법대관'(法大官)이라는 직책을 만들어 스리랑카뿐만 아니라 국교를 맺고 있는 모든 국가에 파견하였으며, 심지어 로마에까지 이들을 파견한 것으로 알려져 있다.

아소카왕이 불교를 후원하면서 승려들의 삶의 질이 좋아지자, 출가한 승려 중에는 수행이 목적이 아닌 단순히 먹고 살기 위해 승려가 된 사람들도 있었던 듯하다. 상황이 이렇게 되자 불교 교단에서는 이런 잘못된 출가자들 때문에 붓다의 가르침이 왜곡되는 것을 막기 위하여 3차 결집을 단행하게 된다. 하지만 이 3차 결집에 관한 이야기는 남방 불교 문헌에만 기록되어 있어서 의심스럽기는 하다. 여하튼 기록에 따르면 아소카왕의 후원으로 목갈리풋다 팃사(Moggaliputta Tissa)가 중심이 되어 제국의 수도인 파탈리푸트라에서 9개월 동안 1,000명의 승려 대표를 모아 회의를 하였다. 이것을 '파탈리푸트라 결집' 혹은 '1천 결집' 또는 '3차 결집'이라고 부른다. 3차 결집에서 불경의 범위에 경과 율의 주석인 논서가 추가되었는데, 이로써 경·율·논이라는 불경의 삼장 구조가 완성되었다.

4. 18개의 부파로 분열하는 불교

불교가 처음 시작할 때부터 붓다를 따르던 무리는 각기 다른 성향을 보이는 아주 복잡한 집단이었다. 하지만 붓다가 살아 있을 때는 붓다의 강력한 지도력 덕분에 통일성을 유지할 수 있었다. 하지만 붓다의 사후에 시간이 흐르면서 제자들은 수행 방법의 차이, 지역 문화에 따른 차이를 인정하는 경향을 보이게 된다. 이런 변화는 불교가 짧은 시간 안에 광범위한 지역으로 확장될 수 있는 원동력이 되기도 했지만 동시에 교단의 분열을 향한 압력으로 작용하기도 했다. 아니나 다를까 상좌부와 대중부로 나뉜 근본분열로 분열의 물꼬가 트이자, 불교 교단은 본격적으로 분열의 시대를 맞이하게 된다. 대중부는 상좌부보다 먼저 세부 분열, 즉 지말분열(枝末分裂)에 들어갔다. 왜냐하면 구성원이 더 많고 관습을 엄격하게 지키기보다 변화를 수용하는 진보적인 경향이 있었기 때문이다. 반면 상좌부는 대중부보다 100여 년 늦게 분열의 시기를 맞이하게 된다. 분열의 시대를 통과한 결과 불교 교단은 최종적으로 18개 부파로 나뉘는데, 이렇게 많은 부파들이 만들어지면서 서로 경쟁하던 시기를 부파불교(部派佛敎) 시대라고 한다. 부파 분열의 원인으로는 붓다 당시부터 대제자를 중심으로 각기 다른 수행 집단이 형성되어 있었다는 점, 지역 문화에 따른 차이, 철학적 관점이나 수행론에 따른 분파 형성, 생활 방식의 차이 등을 꼽는다. 부파가 나뉘면서 불교는 내부에서의 경쟁 덕분에 교리나 사상을 더 세밀하게 다듬을 수 있었다. 반면 승려들이 점점 더 민중의 생활과 유리되어 그들만의 이론의 상아탑 안에 갇히게 되는 부작용도 있었다. 그 결과 붓다의 원래 취지를 따라 민중을 교화하는 방향으로 개혁을 해야 한다고 주장하는 무리가 등장하였는데, 이것이 바로 대승불교(大乘佛敎) 운동이다.

5. 경전의 문자화와 대승불교의 등장과 발전

인도는 일찍부터 문자가 발달했지만, 초기 불교에서 붓다의 가르침을 기록하지 않고 암기하는 전통을 가지고 있었던 이유는 성스러운 지식이 외부로 유출되거나 악의적으로 잘못 이용될 우려가 있다고 판단했기 때문이다. 초기에는 구술과 암기만으로도 붓다의 가르침을 전하는 데 전혀 문제가 없었지만, 시간이 가면서 암기해야 할 양이 늘어나게 되었고 기원 전·후가 되면 사람은 도저히 암기할 수 없을 정도로 양이 늘어나 경전의 문자화인 성문화(成文化)가 필요해 지게 되었다.

불교 경전이 최초로 문자화된 곳은 인도가 아닌 스리랑카 마탈레에 위치한 알루비하라 사원이었는데, 스리랑카에서 문자화가 먼저 이루러진 이유는 인도 본토는 성스러운 가르침을 문자화하는데 반발이 강했기 때문이었다. 불교 경전이 구전(口傳)에서 기록으로 바뀌면서 스승의 권위나 승단의 위상은 약해지고 승려가 아닌 일반 신도들도 불교 공부를 자유롭게 할 수 있게 되었다. 즉 경전의 문자화로 출가자(승려)와 재가자(일반 신도) 사이의 격차가 줄어들게 되었는데, 이것이 재가 중심의 대승불교가 성립하게 된 배경이 된다. 대승불교는 기원 전·후 성문화된 경전에 입각하여 일어난 종교개혁임과 동시에 민중불교 운동이었다. 이후 인도 전역에서 불교에 대한 다양한 사상과 신앙 형태가 동시에 출몰하게 되었고, 성문화로 인한 경전의 탄생이 재가인의 각성을 일으켜 대승불교가 크게 발전하게 되었다.

상좌부불교의 승려들은 승원을 중심으로 학문과 수행에 몰두하여 자신의 깨달음에만 집중했기 때문에 이론적이며 어려웠을 뿐 아니라 민중의 아픔과 문제에 대해서는 크게 관심이 없었다. 하지만 대승불교는 부파불교와는 달리 어렵지 않고 '쉬운 불교'와 민중의 삶에 관심을 두는 민중 친화적인 불교를 표방했다. 대승불교의 등장을 설명하는 이론 중에 대승잠복설(大乘潛伏說)이란 것이 있다. 대승잠복설이란 붓다가 살아생전에 재가자인 일반 신도들에게 전한 가르침이 있는데, 붓다 사후 승려들이 세 번의 결집을 주도하는 바람에 그 가르침은 경전에 포함되지 못하고 대중 사이에서만 전해져 내려오다가 기원 전·후 시기에 이르러 모습을 드러내었다는 설명이다. 즉, 대승불교는 기원 전·후에 갑자기 만들어진 것이 아니라 붓다 당시부터 드러나지 않게 전해져 내려오던 것이 성문화의 과정을 거쳐 부파불교가 비판받아야 할 때 나타났다는 것이다. 또한 잠복해 있던 불교의 참모습은 부파불교처럼 어렵고 민중의 삶과 동떨어진 것이 아니라 쉽고 현실적이며 실생활에 도움을 주는 불교였다는 것이다. 이런 관점에서 대승불교는 부파불교의 '자리'(自利)와는 반대되는 '이타행'(利他行)을 강조하였다. 대승불교에서는 이것이 붓다의 본래 정신에 부합한다고 여기며 이상적 인물로 보살(菩薩)을 제시하였다. 보살은 원래 부다가야에서 깨달음을 얻기 전의 붓다를 가리키는 칭호였다. 붓다의 전기 자료에서는 '반드시 붓다가 될 분'이라는 의미로 보살이라는 존칭을 사용했다.

대승불교의 등장을 설명하는 두 번째 이론은 찬불승(讚佛乘)과 관계된 것이다. 붓다의 생애를 찬양한 찬탄문을 가지고 거리 공연을 한 공연자들을 찬불승이라고 부른다. 인도의 암기 문화 전통이 찬불승 발생의 배경이 되었는데, 이들은 불교 최초의 전문 포교사, 선교사라고 할 수 있는 사람들이다. 찬불승이 만나는 대상은 일반 민중이었으므로 이들 덕분에 불교는 외연을 확대하여 대승불교가 성립하게 되었지만, 동시에 붓다의 생애가 윤색되는 부작용도 생기게 되었다.

대승불교의 등장을 설명하는 이론 중에는 불탑 이론도 있다. 아소카왕이 붓다의 사리를 모시기 위해 인도 전역에 설립한 8만 4,000개의 탑은 불교사원 안이 아니라 사람들이 다니는 번화가에 설립되었고, 탑의 관리 주체도 승려가 아닌 일반 신도였다는 것이다. 따라서 불교는 비구들이 거주하는 사원과 붓다의 사리를 모시는 공간인 탑의 이중 구조로 발전하게 되었다. 불탑의 관리자 중 일부는 붓다의 생애를 설명해 주는 종교 안내자 역할을 하게 되면서 불교는 점차 붓다에게 집중하는 방향으로 가게 되었다. 따라서 붓다의 생애는 신앙적으로 윤색되어 듣는 사람들을 위해 극적 구성과 전개로 발전했다는 것이다.

6. 밀교(密敎)의 발생과 티베트불교

밀교란 부파불교나 대승불교처럼 드러나 있는 불교가 아니라 비밀스럽게 전수되는 불교이다. 이는 불교 이전의 브라만교/힌두교와 같은 주술적이며 제의적(祭儀的)인 특징을 가지고 있다. 붓다는 가르침의 개방성을 중시한 반면, 밀교는 스승과 제자의 특수성에 입각한 비밀주의를 강조한다. 즉 종교의 근원적이고 원시적인 측면을 바탕으로 그 위에 철학적인 옷을 입힌 것이 밀교인 것이다. 밀교도 크게 두 시기로 나눌 수 있다. 체계를 제대로 갖추기 전의 밀교를 철학적으로 통일되지 않았다는 의미로 잡밀(雜密)이라고 하는데, 이는 7세기 중순까지이고 그 이후부터는 순밀(純密)이라고 한다. 이때부터 인도불교에 대한 밀교의 영향력이 점차 커지게 되었다.

밀교의 수행은 농경문화에서 흔히 볼 수 있는 주술 전통에 부합하도록 간편함을 추구한 것이어서 경전을 공부하지 않아도 몇 가지 진언을 통해 그에 상응하는 에너지와 공덕을 만들어낼 수 있다고 주장한다. 정신 수행과 관련해서 이때 사용되는 관상법을 '만다라'라고 하고, 밀교에서 경전이나 수행법을 탄트라(tantra)라고 하는데 성적인 에너지를 활용하는 비중이 커지면서 좌도밀교나 금강승이라 불렀다. 이로 인해 밀교는 불교의 본질과는 점차 멀어지고 힌두교의 재가주의에도 미치지 못한 상황으로 악화하게 되었다. 이렇게 인도불교는 800년대부터 1200년대까지 무려 400년 동안 그 본질을 잃어버리게 된다.

티베트는 지리적으로 인도와 중국에 인접했지만, 히말라야산맥 덕분에 두 문화권의 직접적인 영향을 받지 않을 수 있어 그들만의 고유한 문화 전통을 유지할 수 있었다. 또한 고산지대의 척박함과 유목 생활이라는 환경은 그들만의 독특한 정령 숭배 문화를 만들어 티베트 전통 토착 종교인 본교(Bon)를 탄생시켰다. 하지만 티베트불교는 초기부터 100여 년 중국불교의 영향을 받았다.

7. 인도에서 무너지는 불교

1203년 당시 인도에서 불교 최대의 사원이었던 비크라마시라(Vikramaśilā, 超戒寺)가 이슬람 군대에 의해 파괴되는 사건을 인도불교의 최후로 본다. 600년대 말부터 시작된 밀교화는 불교의 힌두교화를 촉진하고 있었다. 이후 400년에 걸친 밀교 시대는 불교를 힌두교와 비슷하게 바꿔 버렸다. 예를 들면, 불교는 성적 금기가 엄했지만, 밀교 시대에는 성적 금기가 무너졌을 뿐 아니라 심지어 수행에 활용하기까지 하였다. 이렇게 불교는 인도에서 붓다의 근본정신을 망각해 갔고, 1203년 이슬람의 침공으로 비크라마시라 사원마저 파괴되면서 인도불교는 종말을 고하게 되었다. 불교는 힌두교와 가까웠지만 카스트에 속하지 않거나 사문 전통에 속한 사람은 힌두교로의 개종이 허락되지 않아 불교도들은 평등을 주장하는 이슬람을 선택하게 된다. 즉 이슬람은 불교의 파괴자 역할과 불교의 세력을 흡수하는 역할, 두 역할을 동시에 하게 된 것이다.

8. 중국의 종파(宗派) 중심 불교의 발전

인도불교는 BC 1세기경 간다라 지역과 파미르고원을 거쳐 중국 서부 지역에 유입되었다. 그 후, 불교는 중국 고유 사상과 결합해 중국식 불교로 재탄생하고 발전을 이뤄 동양 문화의 중심적인 역할을 담당하게 된다. 중국화한 불교는 종파(宗派) 중심적인 모습을 보이는데, 종파도 부파처럼 경전을 연구하고 그에 맞는 생활양식을 만들기도 하지만, 부파보다는 중심인물의 영향력이 더 크게 나타났다. 어떤 비범한 인물이 자신의 사상을 설파하면 그 인물을 중심으로 사람들이 모여들어 새로운 종파를 만들고 그 전통을 계속 계승해 나가는 것이 종파 불교의 특징이다. 이러한 종파가 중국에서 많이 발달했는데, 특히 13개의 종파가 유명하다. 간략하게 살펴보자. 구사종은 상좌부불교의 논서(論書)를 연구하는 종파이며 성실종, 삼론종, 섭론종, 지론종은 대승불교의 논서를 연구하는 종파이다. 열반종은 대승경전 중 열반경을 중심으로 세워진 종파이며 천태종은 법화경(法華經)을 기반으로 세워졌고, 화엄종은 화엄경(華嚴經)을 중심 경전으로 성립되었다. 법상종은 불교를 인식론적 학문으로 체계화한 종파이며, 계율종은 불교의 계율을 크게 강조한 종파이고, 진언종은 비밀불교 의식을 계승한 종파이다. 정토종은 서방정토 극락세계(西方淨土極樂世界)를 염원하며 아미타불을 신앙하는 종파이고, 선종은 참선수련을 근본으로 하는 종파이다.

9. 비(非)아시아 국가로 확장된 불교

오늘날 불교는 양적으로 빠른 성장을 보이는 것은 아니지만, 아시아 지역에 국한된 종교가 아니라 아시아를 벗어나 전 세계로 퍼져나가고 있다. 그렇다면 불교가 아시아에 전파될 때와 서양에 전파될 때 차이점이 있을까?

우선 잘못 사용되고 있는 용어를 하나 바로잡아야겠다. 흔히 불교의 세계화를 묘사하면서 '서양으로 전파된' 따위의 말을 많이 사용한다. 하지만 아시아 지역이 아닌 전 세계로 퍼져 나간 불교가 주로 서양에 전파된 것은 맞지만, 그렇다고 '서양'이라고 제한해버리면 불교가 퍼져 나가고 있는 지역 중 하나인 남미나 아프리카를 제외해 버리게 된다. 따라서 '서양으로 전파된'보다는 불교의 원 발상지인 아시아 지역 이외에 세계 다른 지역으로 확장되었다는 의미에서 '비아시아 지역으로 전파된'이라고 하는 것이 더 정확한 표현일 것이다. 서양인들은 자신들이 신봉하였던 전통 종교인 기독교에 싫증을 느끼고 신비한 요소를 포함하고 있는 아시아의 종교에 매력을 느끼기 시작하면서 이성적, 합리적 그리고 과학적 방식으로 불교를 수용하게 되었다.

아시아에서 불교의 전파는 주로 '하향식'이었다. 왕과 통치자들이 먼저 불교를 수용했고 승려들을 초청해서 불교를 국교로 확립하는 식이었다. 국가나 지역의 토착적인 고유 종교가 있는 상태에서 불교가 유입되

었을 때, 불교는 고유 종교보다 더 우월한 가치를 지닌 것으로 받아들여
졌고, 통치자들은 불교 사원과 승려들을 국가적으로 후원함으로써 중앙
집권화에 도움을 받았다. 반면 비아시아권 국가의 경우, 불교는 주로 '상
향식'으로 전파되어 남아시아, 동남아시아, 동아시아, 중앙아시아나 내륙
아시아에서처럼 국교로 확립되지 못했다. 또한 아시아 국가에 전파된 불
교는 토속 종교적 요소가 가미되었지만, 비아시아권 불교는 합리적 이성
과 개별적 경험에 바탕을 두었기 때문에 민속 종교적 색채가 없는 경향이
있다. 1960년대 이후에 비아시아권에서 불교로 개종한 사람들은 마술적
이고 무속적인 의례들을 포함하지 않고 예불과 명상으로만 이루어진 '수
행에 주안점을 두는 특성'을 지니게 되었다.

남아시아와 동남아시아의 상좌부불교, 중국과 동아시아의 대승불
교, 중앙아시아와 내륙 아시아의 금강승불교는 대체로 한 나라나 한 지
역 단위에서 하나의 중요한 불교 전통으로 고착되었지만, 비아시아권 불
교의 특징은 다양함이라고 할 수 있다. 비아시아권에서는 한 나라, 한 지
역, 한 도시에서 상좌부불교, 대승불교와 금강승불교가 한꺼번에 나타나
는 경향을 보이는 것이다.

19세기에는 일본이나 중국 노동자들이 남미와 북미로 이민을 갔고,
20세기 하반기에는 한국, 홍콩, 그리고 동남아시아 출신 이민자들과 망
명자들이 캐나다와 미국으로 이동했다. 그러면서 아시아 지역에서만 볼

수 있었던 불교가 서쪽과 동쪽 양방향으로 퍼져 나간 것이다. 오늘날은 교통과 통신의 발달 등 최첨단 기술 덕분에 지구가 실질적인 이웃이 되었다. 그 결과 아시아의 중요한 사찰과 세계로 확산한 불교의 해외 센터들이 광범위한 지역에서 빠른 속도로 연결되고 있다. 또한 세계화된 불교는 사회-문화적으로 개별화, 특수화되고 있다. 세계화된 불교의 특징은 '아시아 중심'이 해체되고 동양과 서양, 지구의 북쪽과 남쪽 지역에서도 권위와 정통성을 갖춘 센터들이 다(多)중심적인 흐름을 만들어 내고 있는 것이라고 할 수 있다.

　　미국에서는 전혀 다른 두 집단이 초기 불교 성장에 기여하였다. 한 집단은 아시아 이민자들이 가져온 불교였고 다른 하나는 지적인 매력과 영적 실천에 대해 관심을 가졌던 유럽계 미국인 집단을 뿌리로 하는 집단이었다. 도시에 거주하며 박식하고 상류층에 속한 미국인들이 불교에 관심을 가지면서 미국에도 불교문화가 만들어지게 된다. 1970년대에는 아시아 불교의 모든 종파가 미국에 소개되었고 미국 불교센터에 영구 정착하는 아시아 불교 스승들도 많아졌다. 달라이 라마(Dalai Lama)와 틱 낫한(Thich Nhat Hanh)과 같은 세계적 불교 지도자들도 미국을 정기적으로 방문하고 있어서 아시아계 불교 스승의 수는 점차 증가하고 있다. 나아가 미국인 불교 스승들도 안정적이며 초(超)종파적인 불교협회를 만들기 시작하였다. 뉴욕주립대학 출판부, 하와이대학 출판부, 캘리포니아

대학 출판부, 프린스턴대학 출판부 같은 대학 출판사들은 불교 연구에 전념하는 학술지 출판에 앞장서 왔다. 지금은 팔리어 경전 전체 번역본도 전 세계에서 쉽게 구할 수 있고, 중국어 불교 경전 전체를 번역 출판하는 프로젝트도 진행 중이다.

미국인들 중 아시아로 가서 불교를 수행하고 다시 돌아와 미국 내에서 불교를 전파하고 있는 승려들도 있으며, 각종 단체뿐만 아니라 개별적인 불교센터들도 수많은 간행물과 출판물들을 발행하고 있다. 이 모든 현상들을 종합해 볼 때 기독교에 싫증을 느낀 미국인들은 아시아에서 발원한 불교를 통해 영적 갈급함을 해소하고자 하는 것으로 보인다.

10. 세계 불교 현황

「International Bulletin of Missionary Research」 2022년 1월호 자료에 의하면 세계 인구는 79억 5,395만 3,000명으로 거의 80억 명에 육박한다. 기독교인 25억 5,987만 5,000명(가톨릭 12억 5,000만 명, 개신교 6억 명, 오순절주의 6억 7,000만 명, 독립교회 4억 명, 정교회 3억 명, 복음주의 4억 명, 기타)으로 세계 기독교 인구 비율을 32.2%로 집계하고 있고, 무슬림은 19억 6,132만 명으로 24.7%를 차지하는 것으로 보고 있다. 힌두교인은 10억 7,378만 명으로 14.5%이며, 불교인은 5억 4,593만 8,000명으로 비율은 6.9%이다. 그 다음으로는 중국 민속 종교인이 4억 7,654만 3,000명인데 비율은 6%에 해당한다. 필자의 판단으로는 중국 민속 종교인을 넓은 의미에서 불교에 포함시킬 수도 있다고 본다. 불교 인구와 중국 민속 종교인을 다 합하면 10억 2,248만 1,000명으로 세계 전체 인구 중 약 13%에 해당한다.

필자의 의견을 더 증명하기 위하여 폴 하타웨이(Paul Hattaway)의 통계를 살펴보도록 하겠다. 폴 하타웨이는 2004년에 2010년을 예측하여 238개의 불교 종족 그룹의 통계를 내었다. 이 책은 세계 모든 불교 종족의 통계를 낸 처음 시도에 해당한다. 그의 책『Peoples of the Buddhist World: A Christian Prayer Diary』에서 종족을 두 가지 기준을 가지고 선택하였다. 첫째는 종족의 인구 크기에 상관없이 인구의 50% 이상이 불교인이면 무조건 포함을 시켰다. 둘째는 한 종족의 불교 인구 비율에 상관없이 불교 신자가 50만을 넘으면 포함했다. 각 종족마다 그들이 신봉하는 불교의 종파에 따라 대승불교, 상좌부불교, 티베트불교로 분류하고 있는데, 필자는 이 두 가지 기준만으로 전 세계 불교 종족이 238개가 다라고 어떻게 말할 수 있는지 반문하고 싶었지만, 폴 하타웨이는 이에 대한 신뢰성을 크게 걱정하지 않아도 된다고 말한다. 그 이유는 2010년까지 통계에서 238개 종족 약 18억 7,800만 명 중 36.6%에 해당하는 약 7억 명이 불교 신자에 해당하고, 그중 대승불교는 약 5억 2,700만 명인데 중국, 한국, 일본, 타이완, 싱가포르, 베트남에 퍼져 있다. 그리고 상좌부불교는 약 1억 5,600만 명으로 캄보디아, 태국, 라오스, 스리랑카, 미얀마에 분포되어 있고, 티베트불교는 약 1,700만 명으로 티베트고원, 네팔, 몽고, 부탄 등지에 분포하고 있다고 한다. 결론적으로 폴 하타웨이는 2010년 세계 불교 인구를 전 세계의 총인구 69억 870만 명 중 10%로 예측한 셈이다. 그의 통계는 「International Bulletin of Missionary Research」 2022년 1월호 자료에서 불교와 분리하여 중국 민속 종교인(4억 7,654만 3,000명)을 따로 계산하지 않은 것이다.

정리해 보면 1949년 10월에 건국한 중국은 공산화되기 이전 불교 인구가 다수를 차지하였을 것으로 보는데, 공산화된 지 약 70년을 지나는 동안 중국인의 종교적 성향을 정확하게 불교와 중국 민속 종교로 분리하는 것은 불가능에 가까운 일이다. 이런 모든 점을 감안하여 세계 불교 인구를 7억-10억 명으로 추산하는 것이 합당하다고 보고, 2022년 10월 현재 세계 인구가 총 80억 명이라면 세계 불교 인구는 전체 인구 중 8.75%-12.5%로 볼 수 있다. 어림잡아 전체 인구 중 10%로 보면 10명 중 1명은 불교인인 셈이다.

필자는 선교지에서의 경험과 불교권 선교와 관련된 강의를 준비하면서 불교권에 파송된 선교사가 선교지의 복음화를 위해 준비해야 할 사항들이 적어도 네 가지가 있다고 본다.

첫째, 복음을 들어야 하는 현지인들이 성장하였던 불교권의 일반적인 환경, 이를테면 정치, 경제, 사회, 역사, 문화, 지리와 전체 종교적 성향 등을 알 필요가 있다.

둘째, 불교 전체를 개략적으로 파악하기 위하여 불교의 핵심 교리는 비교적 간략하게 안다고 해도 성경의 복음과 관련하여 중요한 불교의 교리는 더 상세하게 알 필요가 있다. 여기에는 선교학적 관점과 더불어 기독교와 불교를 비교하는 비교종교학의 영역도 포함된다.

셋째, 불교를 크게 두 부류로 나누면 상좌부불교와 대승불교이다. 대승불교 배경에서 자란 한국 선교사가 동남아시아를 중심으로 퍼져 있는 상좌부불교권의 선교사로 갈 경우 두 불교의 차이점을 아는 것이 필요하다.

넷째, 한국불교와 같이 선교지의 불교는 민간신앙과 화학적 결합을 한 결과 원래 불교와는 전혀 다른 모습을 가지고 있다. 불교의 원어를 통달한 높은 수준의 승려들은 붓다가 가르쳤던 원래 불교의 모습을 간직하고 있겠지만 일반 서민들은 그렇지 않은 경우가 많다. 동남아시아 상좌부불교권에서 살아가고 있는 서민들은 평소 불경을 읽지 않고 집안 조상들이 어릴 때부터 상투적으로 가르쳐주는 몇 가지 가르침을 귀에 못이 박히도록 익히는 정도이다. 또한 불교 의식들을 행할 때 동네 사람들이 행하는 것을 그대로 따라하는 수준이다. 그러므로 선교사가 현지인들에게 복음을 전하고자 할 때 정통 불교도 이해해야 하지만 더 깊이 파악해야 할 분야는 실지로 그들이 믿고 있는 정통 불교와 동떨어진 민속불교인 것이다.

Part. 03

불교의 핵심 교리

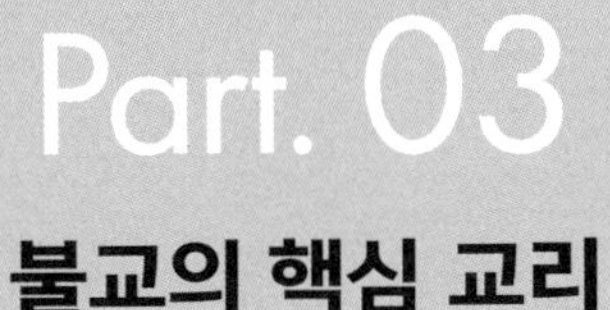

1. 삼보(三寶)와 삼귀의(三歸依)

1) 삼보(三寶)

삼보의 문자 그대로의 뜻은 "세 가지 귀중한 것" 또는 "세 가지 보물"로, 불교에서 중요하게 생각하는 세 가지, 즉 깨달은 사람인 부처(佛), 부처의 가르침인 법(法), 부처의 가르침을 행하며 부처가 되고자 노력하는 승려들의 집단인 승가(僧), 이 세 가지를 말한다. 이들을 각각 불보(佛寶), 법보(法寶), 승보(僧寶) 또는 간단히 불, 법, 승이라고 하며, 불교라고 말하려면 반드시 이 삼보를 갖추어야 한다. 각각에 대해 좀 더 깊이 알아보자.

(1) 불보는 우주의 진리를 깨달은 부처를 말하며, 석가모니불과 모든 부처를 높여 이르는 말이다. 부처는 스스로 진리를 깨닫고, 또 다른 사람을 깨닫게 하므로 세상의 귀중한 보배와 같다고 하여 삼보의 첫 번째를 차지하고 있다.

(2) 법보는 부처의 가르침으로서 깊고 오묘한 불교의 진리를 보배에 비유하여 이르는 말이다. 세월이 흐르고 난 후에 붓다와 제자들의 가르침을 모아 책으로 만든 것을 불경이라 한다. 붓다의 가르침이 어떻게 수

집되어 정리되었는지는 앞에서 간략하게 살펴보았지만, 앞의 내용을 다시 상기하는 수준으로 한 번 더 살펴보겠다. 초기에 붓다의 가르침은 결집이라는 방식으로 수집된다. 결집(結集, 산스크리트어 saṁgīti(상기티))이란 붓다의 가르침을 제자들이 함께 암송하고 불경을 편찬하기 위하여 소집된 모임을 말하며 합송(合誦)이라고도 한다. 결집의 횟수에 관해서는 상좌부는 3번 있었다고 하며, 대중부는 4번 있었다고 한다. 1차 결집은 붓다 열반 직후, 마하가섭 존자의 주도로 500명의 제자들이 칠엽굴에서 모였다. 이때는 제자들이 붓다의 가르침을 문자로 기록하지는 않았는데, 즉 현재처럼 책으로 만든 것이 아니라, 같이 암송하여 붓다의 말임을 확인하는 정도였다. 그 후, 붓다가 열반에 든 지 100여 년이 흘렀을 때인 BC 383년경에 바이샬리에서 2차 결집이 있었다. 이를 '바이샬리 결집' 또는 '700 결집'이라 부른다. 2차 결집의 원인은 십사 문제였다. 상좌부 승려였던 아난다의 제자인 야사가 동쪽 대중부를 방문했다가 바이샬리의 브리족 출신 승려들이 계율에 위반되는 10가지 잘못을 범하고 있음을 알게 되었다. 이에 야사가 공식적으로 문제를 제기했고 상좌부와 대중부의 승려 700명이 바이샬리에 모여 10가지 잘못에 대해 논의를 했는데, 이것이 제2차 결집이다. 여기서 상좌부는 금은 등을 보시로 받는 등 10가지 행위를 잘못된 것이라고 주장한 데 반해 대중부는 이를 계율에 어긋나지 않은 행위로 간주하였다. 하지만 최종적으로 상좌부가 승리하여 그런 행위를 할 수 없게 되자 대중부의 승려들이 따로 모여 독자적인 결집을 진행했고, 이 결집을 계기로 통일되어 있던 불교 교단은 분열하게 된다. 그래서 2차 결집 이전을 원시불교, 2차 결집 이후 분열된 불교를 부파불교라고 부른다. 제3차 결집은 BC 2세기, 아소카 대왕 때 마가다국 수도 파탈리푸트라에서 목갈리풋타팃사의 주도로 1,000명의 승려가 모였다. 여기서는 마침내 붓다의 가르침을 패엽에 기록했는데, 이후 기록한 가르침의 성격에 따라 경장(經藏), 율장(律藏), 논장(論藏)의 삼장(三藏, Tripitaka) 형식으로 분류하는 방식이 생겼다. 제4차 결집은 2세기 카니슈카 대왕 때 대승불교 최초의 결집인데, 협 존자와 마명 존자의 주도로 500명의 승려가 모였다. 상좌부에서는 4차 결집을 인정하지 않는다.

(3) 승보로 번역된 산스크리트어 단어 '상가(Sangha, 僧伽)'는 원래 단순히 사회 집단이나 어떤 목적을 위해 함께 모인 사람들을 뜻했는데, 불교도들이 이 단어를 사용하면서 승려 집단을 나타내는 단어가 되었다. 승가에는 남성 출가자들로 구성된 '비구상가'(比丘僧伽)와 여자 승려들로 구성된 '비구니상가'(比丘尼僧伽)가 있다. 이 두 단체를 합하여 '이부상가'(二部僧伽)라고 부른다.

구족계(具足戒)란 출가한 사람이 정식 승려가 될 때 받는 계율을 말한다. 구족계를 받기 전의 20세 미만 남자 예비 승려를 '사미'(沙彌)라고 하고,

구족계를 받기 전의 20세 미만 여자 예비 승려를 '사미니'(沙彌尼)라고 부른다. 일반적으로 처음 출가하여 승려가 된 사미와 재가(在家)의 신도들이 지켜야 할 계율을 사미오계(沙彌五戒) 또는 신도오계(信徒五戒)라고 부르고 있으나, 불교의 모든 계율에는 반드시 포함되어 있는 내용이다.

오계는 불교 신자들이 지켜야 하는 다섯 가지 기본적 계율로서 우바새 오계상경(優婆塞五戒相經)에 기록되어 있다. ①살생을 하지 말라(불살생, 不殺生). ②도둑질 하지 말라(불투도, 不偸盜). ③음행하지 말라(불사음, 不邪婬). ④거짓말을 하지 말라(불망어, 不妄語). ⑤술을 마시지 말라(불음주, 不飲酒)가 그것이다. 오계에 ⑥꽃다발을 사용하거나 향을 바르지 말라. ⑦노래하고 춤추거나 악기를 사용하지 말며 가서 구경하지도 말라. ⑧높고 넓은 큰 평상에 앉지 말라. ⑨때가 아닌 때에 먹지 말라. ⑩금, 은 보석을 가지지 말라는 다섯 항목을 추가시킨 것이 사미/사미니 십계(沙彌/沙彌尼 十戒)이다. 구족계를 받은 비구가 지켜야 할 계율은 250계가 있고 비구니가 지켜야 할 계율은 348계가 있다.

불교 교단의 구성원은 승가의 구성원보다 더 범위가 넓다. 보통 사부대중(四部大衆)은 승가를 구성하는 남성 출가자인 비구, 여성 출가자인 비구니와 남성 재가신자 우바새, 여성 재가신자 우바이 이렇게 네 개의 그룹을 말한다.

2) 삼귀의

불법승(佛法僧)이 삼보(三寶)에 귀의하는 것을 삼귀의(三歸依)라고 한다. 불교의 모든 행사와 법회는 삼귀의로 시작하고 사홍서원(四弘誓願)으로 마친다. 붓다 당시 불교에 귀의하여 붓다의 제자가 되려는 사람들에게 붓다는 다음과 같은 말을 하도록 했다. "부처님(佛, Buddha)이라는 피난처(saranam)로 나는 갑니다. 부처님께서 가르치신 진리(法, Dhama)라는 피난처로 나는 갑니다. 부처님의 가르침을 실천하는 승가라는 피난처로 나는 갑니다." 여기서 '피난처로 간다'는 말을 귀의로 번역한 것이다. 반면 한국불교에서는 삼귀의가 "거룩한 부처님께 귀의합니다. 거룩한 가르침에 귀의합니다. 거룩한 스님들께 귀의합니다."로 정형화되어 있다.

사홍서원은 무변, 무진, 무량, 무상한 것을 제도하고 끊고 배우고 이루겠다는 맹세 혹은 다짐인데, 대승불교의 근본이라 할 수 있다. 사홍서원은 다음의 네 가지로 구성되어 있다. (1) 중생의 수가 한없이 많지만 모두를 교화하여 생사해탈의 열반(涅槃)에 이르게 하겠다는 맹세(衆生無邊誓願度) (2) 다함이 없는 번뇌를 반드시 끊어서 생사를 벗어나겠다는 맹세(煩惱無盡誓願斷) (3) 한량없는 법문을 남김없이 배워 마치겠다는 맹세(法門無量誓願學) (4) 위없는 최상의 불도를 마침내 이루겠다는 맹세(佛道無上誓願成)이다.

2. 불교 교리의 출발점, 고(苦)

붓다는 인간의 존재와 인생의 실상을 괴로움(苦)으로 파악하였다. 이처럼 불교의 출발점인 괴로움(苦)은 산스크리트어로는 두카(duhkha), 팔리어로는 둑카(dukkha)인데, '불편한, 불쾌한, 어려운, 고통 또는 슬픔을 유발하는' 모든 것을 포함하는 삶의 본성에 관한 인도 종교의 개념이다.

일묵 스님은 그의 책 『사성제』에서 괴로움이라는 원어의 의미를 다음과 같이 설명하였다. 괴로움의 원어 둑카(dukkha)는 두(du)와 카(kha)의 합성어인데 '두'는 '나쁜'을 의미하고 '카'는 '하늘' 또는 '공간'을 뜻한다. 공간을 의미하는 '카'는 본래 말이 끄는 수레의 바퀴 축에 있는 '구멍' 또는 '공간'을 의미하는 단어에서 유래된 것이라 한다. 그래서 '둑카'는 '나쁜 바퀴 축 구멍을 가진'이란 뜻이라고 말할 수 있는데, 이는 바퀴 축의 구멍이 바퀴의 중심에 놓여 있지 않은 상태를 의미한다. 그런 수레를 타면 덜컹거리고 흔들릴 것이다. 이처럼 '둑카'는 잘못 만들어진 수레에 탈 때 경험하는 '괴로움', '불편함', '불만족스러움'이라는 의미를 담고 있다. 그 반대 개념인 행복(樂)은 '좋은'이라는 의미인 수(su)와 카(kha)의 합성어인 수카(sukha)이다.

붓다는 특권층에 속하여 편안한 삶을 살던 중에 동쪽 성문 밖으로 나들이를 나갔다가 노인을 만났고, 남쪽 성문에서는 신음하는 병자와 조우

했으며, 서문에서는 죽은 시체를 맞닥뜨렸고, 북문에서는 수행하는 사문 (沙門)을 보았는데, 이런 일련의 만남을 '사문유관'(四門遊觀)이라고 부른다. 붓다는 수행하는 사문들을 통해 인간 존재의 실상이 생로병사(生老病死)의 괴로움임을 보았고 그 괴로움을 해결하기 위하여 출가를 결심하게 되었다.

성열 스님은 자신의 책『부처님 말씀』에서 사찰 벽화에서 발견되는 안수정등(岸樹井藤)이라는 불화(佛畵)에 나타난 붓다와 꼬살라국의 빠세나디왕 사이에 있었던 일화를 아래와 같이 소개하고 있다. 이 이야기는 인생이 고난으로 가득한 삶임을 망각하고 중생들은 오욕(재물욕, 명예욕, 식욕, 수면욕, 색욕)에 빠져 곧 죽음이 닥쳐오는 것도 잊어버리고 허망한 삶을 살아가고 있음을 지적하는 내용이다.

어떤 사람이 길을 가다가 넓은 벌판에서 성난 코끼리를 만나 쫓기게 되었답니다. 그는 넓은 벌판을 이리저리 도망치다가 마침 빈 우물 하나를 발견하였는데, 우물에는 굵은 나무뿌리가 드리워져 있었습니다. 그 사람은 더 이상 도망갈 곳이 없었던 터라 우선 나무뿌리를 타고 우물 안으로 내려가 몸을 숨겼습니다. 그런데 자기가 매달려 있는 나무뿌리를 올려다보니 흰쥐와 검은 쥐가 교대로 갉아대고 있는 것이었습니다. 또 우물의 사방 벽을 보니 거기에는 독사 네 마리가 그 사람을 물려고 기다리고 있었고, 다시 우물 바닥을 내려다보니 독룡(毒龍)이 입을 벌리고 있었습니다.

그 사람이 나무줄기를 타고 내려가는 중에 나무가 흔들렸기 때문에 나무
줄기에 집을 짓고 살던 벌들이 사방으로 흩어져 날면서 그 사람에게 달려
들어 쏘아대기 시작했습니다. 더구나 그때 들판에는 불이 맹렬하게 타올
랐고, 그 불길은 그 사람이 매달리고 있는 나무를 태우고 있었습니다. 그
사람은 '독룡과 독사에게 물리지는 않을까, 내가 매달리고 있는 나무뿌리
가 끊어지지는 않을까'하는 걱정과 두려움에 떨고 있었습니다. 그때 마침
그 사람의 입으로 벌집에서 다섯 방울의 꿀이 떨어졌는데, 그 사람은 자
기가 놓인 위험도 잊어버린 채 꿀을 빨아먹고 있었다고 합니다.

3. 삼법인(三法印)

삼법인은 세 가지 법의 도장이라는 뜻으로 불교와 비불교를 가르는
세 가지 가르침을 말하는데, 곧 제행무상(諸行無常), 제법무아(諸法無
我), 열반적정(涅槃寂靜)을 뜻한다.

1) 제행무상(諸行無常, Anicca)

'제'(諸)는 모두라는 뜻이다. 이 세상과 우주의 삼라만상을 다 포함
한다. '행'(行)은 옮기고, 흐른다는 뜻이며, '무상'(無常)은 일체의 모든 것
들은 어느 한 현상에 머무르는 것이 아니라 인연(因緣)이 합하여 이루어
지고 나타난 것이므로 시시각각으로 잠시도 쉬지 않고 변화한다는 뜻이
다. 그러므로 이 세상의 모든 것은 변하지 않는 것이 없으니 그 어떤 것
에도 집착하거나 욕심을 내거나 미련을 둘 필요가 없다는 것이다. 그럼

에도 불구하고 어리석은 중생들은 삼라만상의 무상함을 깨닫지 못하고 욕심내고 집착함으로 자유가 없는 속박의 괴로움을 당한다는 의미를 포함하고 있다.

2) 제법무아(諸法無我, Anatta)

'제법무아'의 '제법'(諸法)은 일반적으로 불교에서 말하는 '법'(法, dharma, 진리, 진리의 가르침)과는 뜻이 다르다. 여기서 '법'은 '존재'라는 의미를 가진다. 아(我)는 고정된 실체로서의 '참나' 그리고 '나'라는 개인뿐 아니라 모든 인간을 넘어서는 일체 모든 존재의 실체를 의미하기에 제법무아는 모든 존재는 실체가 없다는 뜻이다. 따라서 일체의 모든 존재는 모두 인연으로 모였다가 인연이 다하면 흩어질 뿐 '나'(自)라고 고집하고 내세울 실체는 아무것도 없고, 내 몸, 내 마음, 내 재산, 내 지위, 내 생명이라고 말은 하지만 그러한 것들 속에 참다운 실체가 존재하지 않는다는 것이다.

무아(無我)는 붓다가 깨달음을 얻은 뒤 최초로 설파한 가르침이다. 붓다 이전의 인도 사상에서는 상주(常住)하는 유일의 주재자로서 참된 나인 아트만(ātman)을 말하지만, 붓다는 변하지 않는 실체인 아트만은 존재하지 않는다고 주장한다. 즉 붓다의 가르침은 고대인도 종교에서 말하고 있는 영원한 자아인 아트만에 대한 직접적인 부정이라고 할 수 있는 것이다. 그래서 붓다는 내면적으로 영원히 변할 수 없는 어떤 성품 즉, 서양 종교에서 흔히 영혼이라고 표현하는 것은 있을 수 없다고 주장한다.

3) 열반적정(涅槃寂靜, Nirvana)

열반적정은 열반이 적정한 상태라는 뜻으로 적정은 열반의 상태를 설명하고 있다. 열반은 '니르바나'의 음역으로 '니르(nir)'는 '꺼지다'이고 '바나(vana)'는 '불'이다. 따라서 열반은 '번뇌의 불이 꺼지다'의 뜻으로 욕망과 분노, 어리석음 등 온갖 번뇌가 다 소멸된 궁극적인 경지를 가리킨다. 즉 근심, 걱정이 모두 사라져 버린 평온한 마음 상태, 번뇌의 불꽃이 모두 꺼져버린 고요한 마음 상태, 욕망과 괴로움이 모두 소멸된 정신 상태가 니르바나(열반)인 것이다. 열반적정은 온갖 번뇌의 결박에서 해방되어 생사의 고해를 뛰쳐나와 영원히 생사윤회가 없고 항상 고요하고 안온한 절대 이상의 경지로 불교가 말하는 최고의 경지이다.

불교의 근본 사상인 삼법인을 다른 관점에서 설명하면 현실 세계 현상을 시간적으로 유한하다고 본 것이 제행무상이고, 공간적으로 실체가 없는 것으로 설명한 것이 제법무아이다. 그래서 무상과 무아를 바로 깨달아 모든 욕망과 번뇌, 구속에서 벗어날 때 고요한 적정의 상태인 열반에 이를 수 있다는 것이다. 모든 번뇌의 근본은 삼독(三毒)인 탐진치(貪瞋痴)인데, 각각 탐내고(貪), 성내고(瞋), 어리석은(痴) 것들을 가리킨다. 탐진치의 삼독이 사라지면 저절로 열반적정이 드러난다.

4. 사성제(四聖諦)

　　사성제의 마지막 글자인 제(諦)의 뜻은 사실, 진실, 진리라는 의미이다. 사성제는 괴로움과 괴로움의 원인, 괴로움의 소멸과 괴로움의 소멸로 인도하는 도 닦음에 대한 가르침으로 다음과 같이 표현할 수 있다. "삶은 괴로움이다. 괴로움은 갈애를 원인으로 일어난다. 괴로움은 끝낼 수 있다. 괴로움의 끝으로 이끄는 길이 있다." 사성제의 체계는 의사의 진찰 체계와 같이 첫째는 상태를 진단하고, 둘째는 원인을 찾으며, 셋째는 회복에 대한 예후를 예상하고, 마지막으로 치료의 과정을 처방한다.

1) 고성제(苦聖諦)

　　고성제는 인생의 삶이란 필연적으로 고통(苦痛)을 수반한다는 의미이다. 이것은 고난의 원인에 대한 규명으로서 불교에서는 고통, 괴로움을 크게 여덟 가지로 구분, 정리한다. 그것을 흔히 '사고팔고(四苦八苦)'라고 하는데, '사고'는 생로병사 네 가지이고, '팔고'는 '사고'에 애별리고, 원증회고, 구부득고, 오음성고를 추가해서 '팔고'라고 한다. 이들 중 '팔고'는 중생들이 받는 다음의 여덟 가지 고통을 말한다. (1) 생고(生苦)-태어나는 괴로움 (2) 노고(老苦)-늙어가는 괴로움 (3) 병고(病苦)- 병들어 아픈 괴로움 (4) 사고(死苦)-죽는 괴로움 (5) 애별리고(愛別離苦)-사랑하는 사람과 헤어져야 하는 괴로움 (6) 원증회고(怨憎會苦)-원수와 만나야만 하는 괴로움 (7) 구부득고(求不得苦)-원하는 것을 구하지 못하는 괴로움 (8) 오음성고(五陰盛苦) -오온(五蘊)에서의 집착에서부터 생기는 괴로움이다.

2) 집성제(集聖諦)

집성제는 괴로움이 발생하는 원인을 밝히는 진리이다. 괴로움의 원인을 한자어로는 갈애(渴愛)로 번역한다. 갈애는 산스크리트어로는 '트르스나'(tṛṣṇā)이며 팔리어로는 '딴하'(taṇhā)인데, 우리를 대상에 들러붙게 만드는 접착제와 같아 한번 들러붙기 시작하면 쉽게 떼어낼 수가 없다. 붓다가 갈애에 대해 주로 사용하는 비유는 불(火)인데 인간의 모든 경험은 욕망과 함께 불타올라 하나에서 또 다른 하나로 번져 모든 것을 파괴한다는 것이다.

결국 욕망이 인생의 모든 비극의 원인이고 욕망이 계속되는 한 인간은 사후에 다시 태어나 고통스런 생사윤회 과정을 또다시 반복한다는 것이다. 그리고 욕망은 인간 존재의 실상을 모르는 무명(無明)에서 출발하고, 무명은 12연기론의 출발점이다.

3) 멸성제(滅聖諦)

멸성제는 괴로움의 소멸, 즉 인생고(苦)를 고치는 방법을 제시하고 있다. 즉 멸성제가 의미하는 바는 괴로움의 원인인 무명(無明)과 갈애(渴

愛)가 소멸하면 불교의 이상 세계인 열반(涅槃)에 이를 수 있다는 것이다. 그래서 불교도가 가야 할 궁극의 목적지는 괴로움으로부터 자유로운 상태인 열반이 되는 것이다. 열반의 문자적 의미는 '불이 꺼졌다'인데, 여기서 불은 갈애의 구성요소인 '세 가지 불'(火) 또는 '삼독'(三毒)인 탐욕(貪), 성냄(瞋), 어리석음(痴)의 불을 의미한다. 이 세 가지 불이 계속 타고 있는 한 존재는 윤회에 갇히게 되고, 갈애에 휩쓸려 태어남(生)과 죽음(死)을 계속 반복하게 된다.

4) 도성제(道聖諦)

괴로움의 원인을 어떻게 소멸시킬 수 있는지에 대한 구체적인 수행 방법이 바로 도성제이다. 도성제는 인생고의 병을 치료하여 괴로움을 끝내고 윤회에서 열반으로 넘어갈 수 있는 방법으로 팔정도(八正道)를 제시하는데, 자신이 노력하고 훈련하면 성취할 수 있다고 한다.

『佛敎大辭典』(김길상 저)에서는 팔정도를 팔성도(八聖道)라고도 하며 이상의 경지에 도달하기 위한 8가지의 길, 8종의 실천 덕목, 8종의 바른 생활 태도라고도 하는데, 사(邪)를 없애므로 정(正)이라고 하며, 또한 성자의 도(道)이므로 성(聖)이라고 설명하기도 한다. 팔정도를 하나씩 살펴보면 (1) 정견(正見)-올바르게 사제(四諦)의 도리를 봄 (2) 정사유(正思惟)-올바르게 사제(四諦)의 도리를 사유함 (3) 정어(正語)-올바른 말을 함 (4) 정업(正業)-올바른 행동을 함 (5) 정명(正命)-신(身), 구(口), 의(意)의 삼업(三業)을 청정하게 하며 올바른 이법(理法)에 따라 생활함 (6) 정정진(正精進)-도(道)에 힘씀 (7) 정념(正念)-정도(正道)를 억념(憶念)하고, 사념(邪念)이 없는 것 (8) 정정(正定)-미혹이 없는 청정(淸淨)한 깨달음의 경지에 들어가는 것이다.

기독교의 언어를 빌려 표현하면 사람이 살면서 팔정도를 실천하면 완전한 성화에 이를 수 있다고 주장하는 것과 유사하다. 완전 성화 교리는 감리교의 창시자 존 웨슬리(John Wesley, 1703-1791)가 자신의 종교적 경험들과 다른 신자들의 증언을 토대로 주장하였으나 정통 기독교 신학에서는 "성화는 이 땅에 사는 동안에 절대로 완성되지 않는다"라고 결론을 내린다. 붓다가 가르쳤던 원래 불교는 무신론(無神論)의 종교요 기독교의 원죄(原罪) 개념과 영원히 존재하는 영혼을 인정하지 않기 때문에 인간 스스로 완전함에 이를 수 있다고 주장하는 것은 당연하다. 불교는 너 자신의 힘으로 완전함에 이를 수 있고 자신을 구원할 수 있다고 주장하는 것이다.

5. 오온설(五蘊說)

불교는 인간의 기원에 관한 문제에는 관심이 없고, 인간의 구조를 밝히는데 초점을 두고 있다. 오온은 불교가 인간 구조를 설명하는 방식으로 인간이 왜 고통의 존재인가를 설명한다. 즉 인간은 물질과 정신의 두 힘이 복잡하게 얽혀 있기 때문에 고통의 존재일 수밖에 없다는 것이다. 오온(五蘊)에서 온(蘊)은 쌓임, 모임, 집합을 뜻하며 다섯 가지 구성요소가 쌓여서 인간을 이루고 있다고 설명하고 있다. 다섯 가지 집합 각각은 색온(色蘊), 수온(受蘊), 상온(想蘊), 행온(行蘊), 식온(識蘊)을 말하는데, 혹은 줄여서 색, 수, 상, 행, 식으로 각각 한 글자로 표기하기도 한다. 다섯 중, 색온은 물질적 요소이고 나머지 네 개는 정신적 요소인데, 불교는 인간을 물질적 요소(색온)와 정신적 요소(수온, 상온, 행온, 식온)로 구성되어 있는 존재로 보는 것이다.

색온(色蘊)은 인간의 육체, 즉 물질적 요소를 말한다. 사람의 육체는 세분하면 사대(四大), 즉 흙(地), 물(水), 불(火), 바람(風)의 네 가지 요소로 나누어지며, 이 네 가지 요소들이 적절히 화합하여 물질적 형체를 이루는데 이런 물질적인 형체를 색온이라 부른다. 수온(受蘊)은 느낌이고 자극에 대하여 반응하는 감각기관을 뜻한다. 느낌은 즐거움(樂), 불쾌함(苦), 중립(不苦不樂)의 세 가지로 분류된다. 상온(想蘊)은 수온이 우리 내면에 만드는 인식의 무더기를 말하는데, 사물을 분별하고 인식하는 능력을 뜻한다. 행온(行蘊)은 사람을 개별적인 인격체로 규정하는 특성과 성격, 즉 심리 현상이라고 볼 수 있으며 중심적인 역할은 의지 혹은 의도이다. 식온(識蘊)은 감수작용, 표상작용, 행동작용에 대하여 판단이나 추리에 의해 식별하는 작용을 의미한다. 식온은 대상을 구별하여 인식하는 것이며, 또한 어떠한 인식에 대해 판단하는 의식작용이다. 이런 의미에서는 마음의 작용 그 자체를 가리키는 것이라 할 수 있다.

6. 십이처설(十二處說)

불교에서는 실질적으로 인간 인식을 가능하게 하는 원리를 12가지 영역으로 설명한다. 수, 상, 행, 식은 인간의 의식 활동을 말하는데, 의식 활동은 여섯 가지 인식 기관(육근, 六根)과 인식 대상(육경, 六境)이 서로 만나 발생한다. 육근은 안(眼, 눈), 이(耳, 귀), 비(鼻, 코), 설(舌, 혀), 신(身, 몸), 의(意, 정신)의 여섯 가지 인식 기관을 말하고, 육경은 색(色, 물질), 성(聲, 소리), 향(香, 냄새), 미(味, 맛), 촉(觸, 감촉), 법(法, 대상)의 여섯 가지 인식 대상을 말한다. 육근과 육경이 만나면 육식(六識)이 생겨난다. 육식은 안식(眼識, 눈의 의식), 이식(耳識, 귀의 의식) 비식(鼻識, 코의 의식), 설식(舌識, 혀의 의식), 신식(身識, 몸의 의식), 의식(意識, 정신 의식)의 여섯 종류이다.

우주에 존재하는 모든 삼라만상이 인식 기관인 육근(六根)과 인식 대상인 육경(六境)의 조합인 12가지 속에 '들어간다'는 뜻으로 '처'(處)라 하고, 12가지의 처로 설명된 이 가르침을 '십이처설'이라고 한다. 이 열 두 가지에 포함되지 않는 것은 불교의 기본적인 세계관에서는 존재하지 않는 것으로 본다. 십이처(十二處)에 '의식 작용인 육식'이 합쳐진 것을 '십팔계'(十八界)라고 부른다. 붓다는 존재 전체를 한편으로는 오온을 통해 설명하기도 하고, 한편으로는 십이처를 통해 설명하기도 하고, 18계를 통해 설명하기도 했다는데, 이 세 가지는 초기 불교 이래 불교 전반에서 널리 사용되는 기본적인 존재 분류 체계 또는 분석 방식, 즉 기본적인 법체계가 되었다.

7. 12연기설(十二緣起說)

연기는 '의존하여 발생한다'라는 의미로 모든 현상이 일어나고 소멸하는 법칙이다. 모든 존재가 서로서로 원인과 조건에 의지하여 생기고 사라진다는 관계성을 말하는 불교의 핵심 사상이다. 붓다는 "연기를 보는 자는 법을 보고, 법을 보는 자는 연기를 본다"라고 하면서 연기를 깨닫는 것을 깨달음의 잣대로 삼았다.

『잡아함경(雜阿含經)』에서 연기를 다음과 같이 설명한다.

이것이 있기 때문에 저것이 있고,　　　　此有故彼有(차유고피유)
이것이 일어나기 때문에 저것이 일어난다.　此起故彼起(차기고피기)
이것이 없기 때문에 저것이 없고,　　　　此無故彼無 (차무고피무)
이것이 없어지기 때문에 저것이 없어진다.　此滅故彼滅(차멸고피멸)
(雜阿含 券13, 大藏經2, 92.c)

연기의 기본적인 특성을 한마디로 표현하면 '상의상관성'(相依相觀性)이라고 할 수 있다. 존재하는 모든 것은 서로 의지하며 관련되어 있어 독자적으로 존재하는 것이 아님을 의미한다. 연기법은 붓다가 깨우친 내용으로 '세상의 모든 법은 조건에 의지해서 일어나고, 조건이 없으면 일어나지 않는다'는 것을 깨달은 것이다. 연기는 붓다가 만든 이론이 아니라 세상에 있는 현상들이 일어나는 조건에 관한 진리를 붓다가 발견하고 깨달은 것일 뿐이다.

불교는 최초의 인간 출현에 대해서 침묵을 지키고 다만 인간이 존재하는 세계의 관계를 설명하는 데 초점을 맞추고 있다. 12연기는 인간에게 있어 생사의 존재를 12가지 인연으로 나누어서 서로의 관계(인연)를 설명하고 있다.

①무명(無明)-무명은 무지(無知)란 뜻으로 진리의 길에서 사물의 이치를 바르게 알아듣지 못하게 하는 마음의 어리석은 상태를 가리킨다. 무명은 번뇌의 근본인 동시에 악업의 원인이 된다.

② 행(行)-행은 행위, 동작 또는 행업(行業)의 뜻으로 무명으로 말미암아 식(識: 의식)을 일으키는 움직임을 가리킨다.

③ 식(識)-식은 행업으로 말미암은 전생의 업보에 의하여 현세에 모태로

들어가는 수태(受胎)를 받은 것을 뜻한다.

④ 명색(名色)-명색이란 정신과 물질 두 가지를 뜻한다. 명(名)은 이름은 있어도 형체가 없는 정신을 가리키고 색(色)은 형체가 있는 물질을 가리킨다. 모태에서 이미 정신과 물질이 연결되어 생명력 있는 인간이 되는 과정을 말한다.

⑤ 육입(六入)-여섯 가지 감각기관을 가리키는 것으로 육근(六根) 또는 육처(六處)라고도 한다. 육근은 눈으로 빛을 보는 안근(眼根), 귀로 소리를 듣는 이근(耳根), 코로 냄새를 맡는 비근(鼻根), 혀로 맛보는 설근(舌根), 피부로 무엇을 감촉하는 신근(身根), 정신으로 생각하는 의근(意根)을 말한다. 이러한 여섯 가지 감각기관이 점차로 완비되어 출산까지 이르는 기간을 가리킨다.

⑥ 촉(觸)-촉이란 접촉한다는 뜻으로 출생 후 감각이 외계와 접촉하여 그 작용을 일으키는 것을 말한다. 생후 2-3세까지의 유아기를 말한다.

⑦ 수(受)-외계와의 접촉으로 괴롭고, 즐겁고, 좋고, 언짢은 감정을 감수(感受)하게 되는 것을 말한다. 이러한 감정은 보통 4, 5세부터 11, 12세까지의 기간을 가리킨다.

⑧ 애(愛)-목마른 자가 물을 구하듯 괴로움은 피하고 즐거움을 탐하는 본

능적 욕망, 애욕(愛慾)을 일으키는 시기인 14-15세부터 시작되는 사춘
기를 가리킨다.

⑨ 취(取)-자기가 좋아하는 것을 추구하고 놓치지 않으려고 붙잡는 것을
말하는데 성인 이후 애욕이 성장하여 '나'라는 집착에서 '내 것'이라는
집착심으로 굳어지는 아집을 말한다.

⑩ 유(有)-유란 존재(存在)란 뜻으로 위의 애와 취의 인연으로 욕계, 색
계, 무색계의 삼유(三有)의 과보(果報)를 초래하는 작용을 가리킨다.

⑪ 생(生)-생이란 다시 나는 재생(再生)을 뜻하며 죽은 다음 육체의 오온(五
蘊)이 다시 모이는 곳에 윤회전생 하는 것을 가리킨다.

⑫ 노사(老死)-노사란 탄생해서 늙어서 죽는 결과를 가져오는 생의 현실
을 말하는 것이다.

앞의 12연기(혹은 인연)를 관찰하는 두 가지 방법이 있는데, 첫째
는 무명(無明)에서 시작하여 노사(老死)까지 순서대로 관찰하는 순관(順
觀)이고, 둘째는 아래부터 거슬러 올라가서 원인까지 살펴보는 역관(逆
觀)의 방법이다.

연기설에 대해 살펴보면서 붓다가 제자의 질문에 대하여 대답을 거

부하고 침묵한(無記) 우주의 기원이나 본질에 관한 14가지의 질문인 '14무기(14無記)'에 대하여 알아보지 않을 수 없다. 붓다의 제자 중 만동자(鬘童子, 말룽끼야뿟따)라는 비구는 붓다가 다음과 같은 14가지 질문에 대하여 명확한 답을 주지 않으면 수도 생활을 버리고 붓다를 떠나겠다고 했다. ①세계는 영원한가? 무상한가? 영원하기도 하고 무상하기도 한가? 영원하지도 않고 무상하지도 않은가? ②세계는 유한한가? 무한한가? 유한하기도 하고 무한하기도 한가? 유한하지도 않고 무한하지도 않은가? ③영혼과 육체는 하나인가? 둘인가? ④여래는 사후에 있는가? 없는가? 있기도 하고 없기도 한가? 있지도 않고 없지도 않은가? 이러한 만동자의 질문에 대하여 붓다는 다음과 같은 유명한 독화살 비유를 들려주었다(고익진, 『불교의 체계적 이해』).

"비유하건대 여기 어떤 사람이 독 묻은 화살을 맞았다고 하자. 이 사람은 무엇보다도 먼저 그 독이 온몸에 퍼지기 전에 화살을 뽑아야 할 것이다. 그럼에도 그 사람이 고집하여 말하되, 화살을 쏜 사람이 어떤 사람인지, 성은 무엇이고, 이름을 무엇이며, 주소는 어디인지 등을 알기 전에는 화살을 뽑지 않겠다고 하자. 또는 그 화살이 나무로 만들어졌는지, 대로 만들었는지, 뿔로 만들어졌는지 등을 알기 전에는 그것을 뽑지 않겠다고 하자. 또는 화살촉이 쇠로 되었는지, 돌로 되었는지, 뼈로 되었는지 등을 알기 전에 그것을 뽑지 않겠다고 한다고 하자. 그 사람은 그것을 채 듣기도

전에 목숨을 잃고 말 것이니라. 너의 질문 또한 그와 같은 성질의 것이다.
그러한 질문은 너의 깨달음과 지혜와 해탈에는 아무런 도움이 되지 안 나
니, 네가 성급하게 알고 행해야 할 바는 너의 현존재가 괴로움이라는 사
실과 나아가 그것을 근본적으로 해결할 길이니라.”

만동자의 질문 중 ①과 ②는 우주론에 관한 것으로 ①은 시간의 시
작과 끝을 물은 것이고, ②는 공간적으로 유한한지 무한한지를 물은 것
이다. ③은 인간의 본성인 인간론에 관한 것으로 생명과 신체가 하나인지
둘인지, 즉 일원론인지 이원론인지를 물은 것이다. ④의 여래(如來)란 붓
다의 10가지 명호(名號) 중 하나로 중생들 가운데 최상의 각성 상태에 있
는 이를 가리키는데, 질문은 이 여래가 사람이 죽은 다음에 존재하는가,
존재하지 않는가의 문제에 대한 것이다.

붓다는 만동자의 질문이 질문은 얼마든지 할 수 있는 것이지만 인간
의 경험으로 그 대답이 참인지 거짓인지 증명하거나 검증 불가능하므로
침묵한 것이었다. 붓다가 가르친 것은 항상 인간이 경험할 수 있는 영역
안의 것들이었다. 인간의 경험을 넘어서는 문제들은 사변적인 형이상학
의 영역이다. 그 영역 안에 있는 질문들에 대한 답은 인간의 감성적 경험
으로는 파악되지 않는 초감각적인 것으로서 진위를 검증할 방법이 없으
므로 붓다는 침묵할 수밖에 없었다. 붓다가 독화살의 비유를 통해 만동

자에게 말하고 싶었던 것은 현실적으로 가장 급한 것은 인간이 당면하고 있는 고난과 고난의 해결에 대한 것이지, 질문만 할 수 있고 그 답을 검증할 수 없는 질문은 헛된 망상으로 아무런 유익이 없다는 것이었다. 붓다는 경험적 사실에 바탕을 둔 경험론자이기 때문에 어떤 대상에 대해서 그 실존의 여부를 알 수 없다고 보는 불가지론자의 측면도 있다. 따라서 불교는 '맹목적으로 믿고 받아들이는 신앙의 종교가 아니요 이해되는 것을 믿고 받아들이는 신해(信解)의 종교'라고 할 수 있다.

불교는 우주와 존재의 기원에 대해 연기론으로 설명한다. 모든 것은 어떤 결과가 나타나기 위한 원인인 인(因)과 질료인 연(緣)이 갖추어져서 어떤 결과를 만들어낸다는 것이다. 불교는 연기설을 중심으로 교리를 전개하기 때문에 기독교에서 말하는 창조에 해당하는 존재의 기원에 대해서는 언급하지 않는다. 대신 불교의 연기법은 자체의 힘이나 의지로 생겨나는 존재는 전혀 없다고 말한다. 그러므로 신(God)이나 영혼(soul)처럼 인과관계를 초월하는 어떤 실체나 형이상학적 실재들은 존재하지 않는다고 생각한다. 불교에서는 창조신은 인과(因果)의 원리로 볼 때 존재할 수 없다고 주장하며, 모든 존재는 원인과 조건으로 말미암아 생기고 원인과 조건으로 말미암아 사라지기 마련인데, 창조신도 이 법칙에서 예외가 될 수 없다고 가르친다. 설사 창조신이 있다고 해도 창조신조차도 세상에 존재하기 위해서는 반드시 어떤 원인과 조건을 빌려야만 존재할 수 있다고 생각한다. 아울러 연기법에 의하면 세상을 만든 신이 있다면 그 신을 만든 또 다른 존재가 있어야만 한다고 이해한다.

8. 업설(業說)

업(業)의 원어는 카르마(karma(산스크리트어), kamma(팔리어))인데 그 뜻은 조작, 행위, 소작, 의지에 의한 심신의 활동과 일상생활을 통해 인간이 하는 육체적, 정신적, 언어적 행위들을 가리킨다. 즉, 어떤 결과를 초래하는 원인이 되는 행위를 업(業)이라 부르고, 그 결과를 과보(果報, 결과) 또는 업보(業報, 선악의 행업으로 말미암은 과보)라 일컫는다. 붓다는 업이 도덕적 행위보다는 제의의 산물로 보던 힌두교의 전통적 견해를 수정하여 도덕적 선택과 행위의 결과로 형성된다고 주장하며, 의도적인 행위인 업을 인과(因果)의 문제로 보았다. 인간의 운명은 신(절대자)의 뜻에 의해 결정되는 것도 아니고, 숙명에 의해 좌우되는 것도 아니며, 단순한 우연의 산물도 아닌 오직 인간 스스로의 행위에 의해 규정된다는 것이다. 불교의 업설은 한 마디로 원인에는 반드시 결과가 따른다는 인과응보(因果應報)의 가르침으로서 '선인선과 악인악과'(善因善果 惡因惡果) 또는 '선인낙과 악인고과'(善因樂果 惡因苦果)의 법칙을 주장한다. 그것은 '콩 심은 데 콩 나고 팥 심은 데 팥 난다'는 우리 속담의 의미와 크게 다르지 않다. 이것은 상벌이라 할 수 없다. 왜냐하면 상을 주는 이와 벌하는 이가 존재하지 않기 때문이다. 그보다는 물리 법칙과 유사한 자연 법칙에 따라 결과가 발생한다고 이해한다. 따라서 불교에서는 사회적 신분, 계급, 물질적 축복 등 현생의 모든 것은 업보에 기초하고, 과거의 업보가 현생의 모든 지위와 행복을 결정짓는 유일한 요소요 조건이라고 말한다. 아울러 현생에서 짓는 업보도 과거의 업보에 따라 결정된다. 붓다는 힌두교의 숙명론적 업을 비판하고 현재 내가 어떤 선택을 하여 업을 만들어갈 것인지에 초점을 맞추었다.

불교에서는 업이 열 가지가 있다고 하여 십업설(十業說)을 주장한다. 십업설을 크게 삼분하면 다음과 같다.

첫째, 몸으로 짓는 신업(身業)은 살생(殺生, 살아있는 생명을 죽이는 것), 투도(偸盜, 남의 물건을 도적질 하는 것) 그리고 사음(邪淫, 삿된 음행을 하는 것으로 부부 이외의 타인과 음행을 하는 것)의 삼업(三業)이 있다.

둘째, 입으로 짓는 구업(口業)으로는 사업(四業)이 있다. 양설(兩舌, 이간질 하는 말), 악구(惡口, 남을 성내게 하는 나쁜 말), 기어(綺語, 겉만 좋아 보이고 실속 없는 말) 그리고 망어(妄語, 망령되고 이치에 맞지 않는 말)가 있다.

셋째, 마음 혹은 뜻으로 짓는 의업(意業)에는 삼업(三業)이 있다. 탐심(貪心, 마음속으로 남의 물건을 탐하는 마음), 진심(瞋心, 성을 내는 마음) 그리고 치심(痴心, 어리석은 마음)이 있다. 이상의 열 가지를 행하는 것을 십악업(十惡業)이라 하고, 이것을 하지 않는 것을 십선업(十善業)이라고 한다.

9. 윤회설(輪廻說)

윤회란 돌고 돈다는 뜻이다. 윤회가를 산스크리트어로는 삼사라(saṃsāra)인데, 이 말은 '흐르다' '움직인다'라는 뜻에서 파생된 것으로 '흘러 맴돈다'는 뜻이다. 그러면 어떻게 윤회하는가? 그것은 내가 지은 업에 따라 돌고 돈다. 그래서 업(業)은 윤회의 동력이 된다. 붓다에게 있어서 업 사상은 윤회의 개념과 분리될 수 없고, 업의 결과가 윤회에 직접적인 영향을 미친다고 이해한다. 불교에서는 모든 중생이 자기가 몸으로, 마음으로, 언어로 지은 업에 의하여 과거, 현재, 미래의 삼계에 걸쳐 무한히 계속되는 생사(生死) 윤회를 한다고 말한다. 업이 인간의 현생과 내생을 이끌어 간다. 사람이 사후에 좋은 곳에 태어나느냐 그렇지 않으냐의 문제는 업의 법칙에 따라 정확하게 결정된다. 전생의 업에 의하여 현재의 과보를 규정하고, 현세의 업에 따라 미래의 과보를 받는다는 것이 윤회사상이다. 업이 인간의 현생과 내세를 이끌어 간다고 믿는다. 업은 순전히 행위로 결정되고 윤회는 전적으로 업에 달려 있고, 업이 좋지 않으면 윤회에서 벗어나지 못한다. 불교는 열반과 해탈을 성취하지 못한 중생은 그가 하늘을 지배하는 천왕이라 할지라도 언제라도 업에 따라 윤회한다고 가르친다.

　그렇다면 인간이 죽고 난 뒤에 무엇이 윤회를 하는 것인지 질문하지 않을 수 없다. 불교는 기독교에서 말하는 영혼이나, 진아(眞我)와 같은 고정불변의 실체를 인정하지 않는다. 불교는 영혼의 존재를 인정하지 않는 무아윤회설(無我輪廻說)을 가지고 있다. 인간 존재의 구성요소라고 주장하는 오온(五蘊)인 색(色), 수(受), 상(想), 행(行), 식(識)에는 모든 법이 조건으로 말미암아 생(生)하고 멸(滅)한다는 연기적 관점에서 고정불변의 영혼 같은 것은 없다고 결론을 내린다. 불교는 윤회설을 인정하나 윤회하는 것은 신에 의해 부여받은 영혼이 아니라 금생의 오온을 조건으로 다음 생의 오온이 형성되어 윤회한다고 본다. 그러므로 불교는 윤회의 주체를 인정하지 않고 현재의 오온의 조건으로 다음의 오온이 형성된다고 본다. 전생의 오온이 업의 영향으로 다음 생의 오온으로 바뀌는 것이지 영혼이 윤회하는 것은 아니라고 주장한다. 현재의 오온이 죽음을 맞이하면 업의 영향으로 새로운 오온이 형성되어 탄생을 맞이하므로 영혼이나 자아가 없어도 윤회의 과정은 되풀이된다고 주장한다. 또 다른 견해로는 고정불변한 실체로서의 자아는 없지만 변화하는 과정으로서의 '행위하는 자아'는 있는데 그 행위하는 자아가 윤회의 주체라고 말한다.

　불교에서는 윤회의 세계를 가리켜 근본적으로 고통의 세계라고 보며, 그렇기 때문에 이 윤회로부터 해탈할 것을 가르친다. 미혹과 탐욕에 빠진 중생들은 삼계와 육도의 세계를 윤회한다. 불교의 교의에 따르면, 부처의 지위에 도달하지 못한 사람은 극복되지 못한 무명(無明)의 미혹(迷惑) 때문에 탄생과 죽음을 반복하는데(生死流轉 또는 輪廻), 삼계란 이러한 아직 깨닫지 못한 상태인 미계(迷界)를 욕계(欲界), 색계(色界), 무색계(無色界)의 세 개의 세계로 나눈 것이다.

(1) 욕계(欲界)

욕계는 가장 아래에 있는 세계로서 음욕(婬欲)과 식욕(食慾) 두 개의 욕심을 가지고 있는 생물이 사는 장소로서 욕심이 번성한 세계를 말한다. 중생이 업에 의해 생사를 반복하는 지옥, 아귀, 축생, 아수라, 인간, 그리고 천상 세계의 여섯 가지 세계(六道)가 여기에 속한다. 지옥, 아귀, 축생의 세계로 들어가서 윤회하는 것을 삼악도(三惡道)라고 하고, 아수라, 인간, 그리고 천상 세계로 들어가 윤회하는 것을 삼선도(三善道)라고 한다.

(2) 색계(色界)

색계는 욕계 위에 있으며 식욕, 음욕, 탐욕을 벗어난 생물이 사는 곳을 말한다. 욕망은 벗어났지만, 아직 물질(色)의 차원에 머물러 있는 세계로서 18개의 하늘이 있다고 하여 색계십팔천(色界十八天)이라고 부른다.

(3) 무색계(無色界)

무색계란 욕망을 벗어남은 물론 물질까지도 사라진 순수한 정신세계이다. 물질적인 육체를 벗어나 정신적으로만 사는 세계이지만 아직도 자유(해탈)계가 아닌 모호한 세계이다. 여기에는 4개의 하늘이 있다.

(4) 윤회설의 특징

윤회설은 불교의 내세관이라고 할 수 있는데 기독교의 내세관과는 근본적으로 다르다. 그 특징들을 살펴보면 다음과 같다.

① 윤회는 고정적이지 않고 끊임없이 변하는 특징이 있어 불교의 내세는 되풀이되는 구조를 가지고 있다. 그래서 인간이 죽은 후 삼계 육도를 윤회하기 때문에 내세의 환경을 바꿀 수 있는 기회가 계속 주어진다고 가르친다. 인간은 해탈하지 못하면 죽은 후 스스로가 지은 업에 따라 내생이 결정되고, 그 업이 다하면 다시 다른 곳에 태어나 스스로가 지은 업에 따라 지옥, 아귀, 축생, 아수라, 인간, 천상 등의 세계를 끊임없이 떠돌아야 하지만 악행을 버리고 선행을 쌓으면 충분한 업을 쌓아 윤회의 사슬에서 벗어날 수 있다고 주장한다.

② 윤회는 중생이 죽은 이후에만 존재하는 것이 아니라 현재의 찰나에도 존재하고, 모든 생명이 겪어야만 하는 필연적 법칙이다. 육도인 천상, 인간, 아수라, 축생, 아귀, 지옥의 여섯 갈래의 윤회는 지금 이 순간에

도 존재한다. 모든 생명은 지금 이 순간 여기에서 천상을 만들기도 하고 지옥을 만들기도 한다. 세상의 모든 존재는 윤회 속에 있는 것이다.

③ 불교는 원래 무신론을 주장하기 때문에 지옥은 신이 만든 것이 아니라 인간 스스로 만든 것이라고 주장한다. 불교에서는 인간들이 지켜야 할 도덕적 규범을 계(戒)라고 하며, 계를 깨뜨리면 심판을 받는다. 이때, 심판하는 주체는 불교의 창시자인 붓다가 아니다. 붓다는 인간을 심판할 수 있는 위치에 있지 않다. 불교에서 계를 깨뜨리면 우주에 정해진 이치로서의 법이 심판하여 인과응보의 법칙에 따른 내세가 결정된다.

④ 불교에서 지옥은 영원한 형벌의 장소가 아니라 인간의 노력으로 벗어날 수 있는 일시적인 장소이다. 불교가 보는 인간은 신의 징벌이 아니더라도 이미 도덕적으로 타락할 수밖에 없는 구조를 가지고 태어났다고 본다. 지옥은 인간 스스로 지은 업이 만든 유한의 세계이며 죄의 과보가 끝나면 벗어날 수 있는 희망의 세계라고 말한다. 지옥의 형벌은 부처님의 진리를 깨달아 과보가 다하면 끝이 난다. 지옥은 어떤 죄라도 지은 만큼 대가를 치르면 끝이 난다. 누구도 영원히 지옥에서 고통받는 자는 없다. 불교에서는 기독교의 원죄처럼 죄가 다른 사람에게 대물림되는 것을 인정하지 않는다. 모든 죄는 각자가 태어나면서부터 지닌 무명(無明)에 기인하며, 죄와 악의 근원이라 할 수 있는 무명은 순전히 인간 개개인에게 책임이 있다고 본다. 생로병사를 비롯한 모든 괴로움의 원인이 되는 무명은 그 성질이 고정되어 있거나 영원하지 않

기 때문에 인간이 스스로 노력하면 해결할 수 있다고 본다. 불교의 무명과 죄는 그 누구도 해결해 줄 수 없고 오직 자신의 노력만으로 무명과 죄를 타파하고 고통을 종식시킬 수가 있다고 본다. 천계에 태어날 수 있는 조건은 착한 일을 많이 하는 선업(善業)과 마음을 하나로 집중하여 수행을 쌓는 선정(禪定)이다. 불교에서 이상적 인간이라 할 수 있는 부처와 보살과 아라한들은 되풀이되는 내세의 여정을 끝내고 해탈하여 열반에 이른 존재들이다.

⑤ 불교는 지옥에 있는 자를 끌어낼 수 있는 존재가 있다고 가르친다. 대승불교에서 보살은 지옥으로 찾아 들어가 그곳에서 태어난 중생들을 교화하여 죄를 참회시키고 업을 소멸하게 하여 지옥으로부터 스스로 벗어날 수 있도록 하는 역할을 한다. 지옥의 죄수들은 그곳에서 보살들을 만나 교화를 받으면 지옥의 고통을 끝낼 수 있다. 이러한 일을 하는 대표적인 보살은 지장보살(地藏菩薩)이다. 불교의 지옥에서는 언젠가는 볕 들 날이 있을 것이라는 소망을 가질 수 있다.

10. 육바라밀(六波羅蜜)

붓다가 팔정도를 실천함으로 열반이라는 완전함의 상태에 이를 수 있다고 주장한 것이 초기 불교의 핵심 교리 중 하나라면 대승불교를 신봉하는 한국불교에서는 가장 중요시하는 보살(菩薩)이 실천해야 할 덕목으로 육바라밀을 강조한다. 바라밀(波羅蜜)은 파라미타(paramita)의

음사로서 '피안(彼岸)에 이른 상태' 혹은 '최상의 상태' 즉 완성을 의미하고, 또한 이를 위해 보살이 닦는 덕목·수행·실천을 의미한다. 구마라집은 도피안(到彼岸)으로 번역하였다. 이런 바라밀에는 여섯 가지가 있는데 보시(布施)바라밀, 지계(持戒)바라밀, 인욕(忍辱)바라밀, 정진(精進)바라밀, 선정(禪定)바라밀, 반야(般若)바라밀이 그것이다.

자기의 인격 완성을 위하여서는 원시불교의 사성제(四聖諦)와 팔정도(八正道)의 가르침으로 충분하지만, 대승불교에서는 이에 만족하지 않고 보살의 수행법으로서 팔정도를 채택하지 않고 육바라밀이라는 독자적인 수행법을 제시하였다. 그것은 팔정도가 자기완성을 위한 항목만을 포함하고 있기 때문에 중생을 구하기 위해서는 충분하지 않으며, 보시와 인욕과 같은 대사회적인 항목을 포함하고 있는 육바라밀이 보살의 수행법으로 알맞다고 생각되었기 때문이다.

대승불교는 자리이타(自利利他)와 상구보리하화중생(上求菩提下化衆生)을 가르친다. 자리이타는 자신을 위할 뿐 아니라 남을 위하여 불도를 닦는 일을 말하고, 상구보리하화중생은 보살이 위로는 불교의 지혜인 보리를 추구하고 아래로는 고통받는 중생을 교화하는 것을 수행의 목적으로 삼는다는 의미이다. 대승불교는 원시불교의 팔정도가 보살이 추구하는 도덕적 기준에는 미치지 못한다고 보고, 보살의 실천 덕목으로 팔정도를 포함하지만, 더 완전한 수행법으로 육바라밀을 주장했다. 원시불

교가 완전함에 이르기 위해 팔정도를 가르쳤다면 대승불교는 팔정도의
부족한 부분에 육바라밀을 덧붙여서 가르친 셈이다.

1) 보시바라밀(布施波羅蜜, dāna-pāramitā)

보시는 자기 소유물을 필요한 사람에게 아낌없이 베풀어 주는 것을
말한다. 대승불교에서 보시는 공덕을 바라고 남에게 베푸는 것이 아니며,
자신이 상대방에게 무언가를 주었다는 생각조차 품지 않는 것이다. 주는
사람, 받는 사람 그리고 주는 물건을 염두에 두지 않는 것이다. 보시에는
재물을 주는 재시(財施), 지혜의 말씀을 주는 법시(法施), 사람과 동물 등
생명을 지닌 존재의 두려움을 없애주는 무외시(無畏施)가 있다. 또한 재
물 없이 할 수 있는 일곱 가지 보시를 무재칠시(無財七施)라고 부른다.

2) 지계바라밀(持戒波羅蜜, śīla-pāramitā)

지계는 계율을 잘 지키는 것을 말한다. 불자(佛者)가 지켜야 할 가장
기본적인 계율은 불살생(不殺生), 불투도(不偸盜), 불사음(不邪淫), 불망
어(不妄語), 불음주(不飮酒)의 오계(五戒)가 있다. 출가한 비구는 250계,
출가한 비구니에게 350계의 구족계(具足戒)가 있다. 이때도 계율을 지킨
다는 부담감이나 자만심이 없어야 한다.

3) 인욕바라밀(忍辱波羅密 kṣānti-pāramitā)

인욕은 참고 견디는 것을 뜻한다. 불교에서 우리가 사는 세상을 끝없이 참아야 하는 땅이라는 뜻의 사바세계(娑婆世界)라고 부르는 것이 바로 이런 이유 때문이다. 참아야 하는 인욕에는 다음 네 가지가 있다. (1) 세상의 공경과 칭찬에 연연하지 않는 것 (2) 세상의 모욕이나 비방을 담담하게 넘기는 것 (3) 살면서 찾아오는 고통, 즉 추위나 더위, 굶주림이나 궁핍 등을 견뎌내는 것 (4) 훌륭한 가르침을 듣고 믿으면서 게으름을 피우지 않고 꿋꿋하게 수행을 해나가는 것이다.

4) 정진바라밀(精進波羅蜜, vīrya-pāramitā)

정진은 부지런히 노력하여 방일(放逸)하지 않는 것을 뜻한다.『대지도론』제15권에는 처음에 무엇을 하겠다는 뜻으로서 일으키기(欲), 부지런히 앞으로 나아가기(精進), 머뭇거리거나 머물지 않도록 스스로를 자꾸 격려하기(不放逸)의 세 가지가 다 정진에 들어간다고 말한다.

5) 선정바라밀(禪定波羅蜜, dhyāna-pāramitā)

선(禪)은 산란한 마음을 가라앉히고 고요히 사색하는 것을 뜻한다. 세상에는 우리의 오감(五感)을 자극하고 한 번 맛 들인 것에 끊임없이 집착하게 만드는 것들로 가득하다. 또한 우리의 마음에는 언제나 탐욕, 성냄, 무기력, 흥분, 의심이라는 다섯 가지 덮개가 씌워져 있어서 마음의 평안을 가지지 못하고 초조와 불안에 시달리게 한다. 이처럼 시끄럽고 복잡한 세상에서도 자신의 마음이 어지러워지거나 바깥세상에 휘둘리지 않도록 늘 진지하게 살피는 것이 선정바라밀이다.

6) 반야바라밀(般若波羅蜜, prajñā-pāramitā)

반야바라밀은 앞의 다섯 바라밀의 주도자이며 그들의 성립 기반이 된다. 세상에는 고정불변한 실체가 없음을 꿰뚫어 아는 지혜가 바로 반야(般若)이다. 이러한 반야의 지혜에 입각해서 보시했을 때 내가 보시했다고 하는 생각에서도 떠나있다. 그러한 보시는 천상에 태어나는 것보다 더 뛰어난 해탈을 실천하는 것이 된다고 가르친다.

육바라밀에 방편(方便), 원(願), 역(力), 지(智)의 네 가지 바라밀을 더해서 십바라밀(十波羅蜜)이라고 한다. 방편은 상황에 맞게 뭇 생명을 열반으로 이끄는 방책과 수단을 말한다. 원이란 뭇 생명에게 이익을 주려는 자발적이고 순수한 의지이며, 역이란 그런 원을 행동으로 전개하는 힘을 말하고, 지는 지혜의 바탕 위에 전개되는 구체적인 지식을 말한다.

Part. 04

상좌부불교와
대승불교의 차이

　　전 세계 불교의 종파를 분류할 때, 한국불교계에서는 대승불교(Ma
hayana), 상좌부불교(Theravada), 티베트불교(Vajrayana), 선불교의
네 종류로 나누는 경향이 있다. 이러한 현상은 현재 대한민국 최대 불교
종단인 대한불교조계종(大韓佛敎曹溪宗)의 영향 때문이다. 역사적으로
보면 조선이 불교 교단의 세력을 강제로 축소하여 세력을 약하게 유지할
목적으로 숭유억불정책(崇儒抑佛政策)을 쓰면서 1424년(세종 6년) 예조
의 지시에 따라 7종파를 선종(禪宗)과 교종(敎宗)의 두 종파로 통폐합하
였다. 선종과 교종의 차이점은 선종(禪宗)은 수행을 통해 깨달음을 얻으
려 하고, 교종(敎宗)은 불교 경전을 통해 깨달음을 얻으려 한다는 것이
다. 선교학에서는 세계의 불교를 대승불교, 상좌부불교와 티베트불교로
분류한다. 대승불교권의 나라는 중국, 한국, 일본, 베트남, 타이완, 싱가
포르 등이고, 상좌부불교권의 나라는 스리랑카, 미얀마, 태국, 라오스와
캄보디아이고, 밀교(密敎)인 티베트불교권은 티베트와 네팔 그리고 몽골
등지를 포함한 히말라야산맥과 인접한 지역이 포함된다. 티베트불교는
대승불교의 한 분파로 볼 수 있으므로 불교는 가장 크게 대승불교와 상좌
부불교로 구분할 수 있다.

　　한국불교는 대승불교가 대세이다. 따라서 한국 선교사는 대승불교
는 익숙하지만, 상좌부불교는 익숙하지 않다. 스리랑카, 미얀마, 태국, 라
오스와 캄보디아 등 상좌부불교권에서 선교하는 한국 선교사는 대승불

교와 상좌부불교의 차이점을 아는 것이 중요하다고 생각하여 대승불교
와 상좌부불교의 차이점을 살펴보기로 하겠다.

1. 불설(佛說)과 비불설(非佛說)

불설은 붓다의 말씀이라는 뜻이고, 비불설은 붓다의 말씀이 아니
라는 뜻이다. 붓다가 열반에 든 이후 제자들이 그의 가르침을 보존하
기 위해 모인 모임을 결집이라고 하는데, 처음에는 붓다의 가르침을 '
법'(dharma)이라 하다가, 정리 후에는 '경'(sūtra)이라고 칭하게 되었다.
이러한 경을 대승경전 혹은 밀교경전과 구별하여 원시경전 혹은 초기경
전이라고 부른다(BC 3세기). 교단생활은 '율'(vinaya)로 규율되었다. 아
소카왕 시대 전후에 상좌부와 대중부, 두 개의 승가로 나뉘는 근본분열
이후 교단이 부파들로 갈라지면서 부파마다 경과 율은 다르게 전승되었
고, 부파들은 경의 교리들을 해석한 '논'(abhidharma)이라는 새로운 불
전을 형성하기 시작했다. 대승불교는 대중부에서 나왔다는 설이 정설이
며 성립 시기를 특정할 수는 없지만, 기원 전·후 200-300년경이라 볼 수
있다. 대승불교에서 '불교'라고 할 때는 붓다의 가르침에만 한정되지 않
고 교리, 의례, 그리고 사부대중(四部大衆), 즉 비구, 비구니, 우바새, 우
바이라는 출가 및 재가 남녀로 이뤄진 교단의 총체를 가리킨다. 기원 전·
후로 대승불교가 흥기하여 인도 각지에서 아시아 여러 지역으로 전파되

면서 각지의 다양한 토착 신앙과 만나 서로 영향을 주고받으며 새로운 불교 운동으로 정착되어 갔다. 대승불교의 가르침에는 붓다의 전통적인 가르침을 계승하고 발전시킨 것도 있지만, 전통적 붓다의 가르침에서 벗어난 가르침도 나타나게 되었다. 이에 붓다의 전통적 가르침을 따르는 부파 불교도들 중에는 대승의 경전이나 가르침은 '불설', 즉 붓다의 말씀이 아니라(非佛說)며 비난하는 사람들이 나타나기 시작하였다. 특히 상좌부 계통의 불교는 아함경(阿含經)의 가르침을 고수하면서, 대승불교는 붓다의 가르침이 아니라는 대승비불설(大乘非佛說)을 주장하였다.

대승비불설을 주장하는 사람들은 대승불교가 상좌부불교와 전혀 관계없이 발생했다고 주장하는데, 그 대표적인 주장자는 히라카와 아키라(平川彰, 1915-2002)로 1968년에 '히라카와설'(平川設)을 주장했다. 히라카와는 상좌부불교가 승단에 소속되어 붓다의 전통적 가르침을 고수하는 출가자(出家者)들이 중심이 된 불교임에 반해 대승불교는 일반 사회인들인 재가자(在家者)들이 중심이 되어 상좌부불교의 전통을 잇지 못한다고 보았다. 그는 출가하지 않고도 수행이 가능하다고 생각한 재가자들이 자신들의 불교 운동의 중심 장소로 삼은 곳은 승단 밖에 붓다의 유골을 모신 불탑(스투파)이었으며, 따라서 상좌부불교는 그대로 상좌부불교인 채로 이어지고, 대승불교는 그와 별개의 장소에서 새로 불교가 출현한 것으로 이해한다. 그러므로 그는 대승불교는 붓다의 가르침이 아니라는 대승비불설을 주장하는 것이다.

2. 아라한과 보살

상좌부불교와 대승불교의 최고의 이상상(理想像)은 각각 아라한과 보살이다. 아라한(阿羅漢, 산스크리트어 arhat, 팔리어 arahant)은 줄여서 나한(羅漢)이라고도 한다. 아라한의 길은 자신의 깨달음을 먼저 성취한 다음 그를 통해 얻어진 지혜를 바탕으로 중생을 교화하는 길을 택한다. 초기 불교인들은 붓다의 가르침에 따라 한결같이 성자(聖者)의 경지를 향해 홀로 나아갔다. 그것은 군중을 좋아하는 자가 도저히 도달할 수 없는 개인의 길이다.

팔리어 '보디사타'(bodhisatta) 혹은 산스크리트어 '보디사트바'(bodhisattva)를 한자로 음역하면 '보리살타'(菩提薩唾)가 되고, 그것을 다시 줄여서 '보살'(菩薩)이라고 부른다. 초기 경전에서 보살은 불교 수행자의 길을 가는 사람이라는 단순한 뜻이었다. 그러다가 대승불교가 발전하면서 보살에 새로운 의미를 부여하여 나한 대신 새로운 불교인의 이상상(理想像)으로서 내세운 것이다. 그 이상적인 인간상을 표현하기 위해 '상구보리'(上求菩提)와 '하화중생'(下化衆生)이라는 표현을 사용하는데, 위로는 붓다의 깨달음을 추구한다는 뜻인 상구보리는 자리행(自利行: 자신에게 득이 되는 행위)이며, 후자인 하화중생은 아래로 중생을 교화한다는 뜻으로 이타행(利他行: 남에게 득이 되는 행위)을 의미한다. 상좌부불교가 전자인 상구보리에 중점을 둔다면, 대승불교는 후자인 하화중생에 중점을 둔다. 보살의 길은 중생을 위한 자비행(慈悲行)을 먼저 한 다음 그를 통해 얻어진 공덕으로써 자신의 깨달음을 뒤에 추구하는 길이다.

3. 이해와 믿음

상좌부불교는 '개인의 도'에서 출발했고 '지혜의 도'에 그 바탕을 두고 있기 때문에 교리에 대한 이해를 중요하게 생각하였다. 대승불교는 '대중의 도'에서 출발했고, '신앙의 도'에 그 토대를 두고 있어 많은 사람이 함께 갈 수 있는 '믿음의 길'을 선택했다. 깨달음은 지식 혹은 지혜를 통해 보는 것이지 신앙을 통한 믿음은 아니다. 상좌부불교는 맹목적인 믿음보다는 지혜를 통한 이해를 강조한다.

대승불교에서는 개인의 도가 아니라 대중의 도가 되어 모든 사람이 함께 갈 수 있는 '광대한 도'가 되어야 하며, 이해보다 믿음이 우선되어야 한다고 강조한다.

4. 자연인과 절대자

폴 니터(Paul F. Knitter)는 상좌부불교와 대승불교는 붓다를 이해하는 관점이 너무 다르다고 주장한다. 즉, 상좌부불교는 붓다를 구원에 이르는 길을 가리킨 선생으로 이해하고, 대승불교는 불자들을 구원하는 보살로 인식한다는 것이다. 상좌부불교는 붓다를 자연인과 선생으로, 기껏해야 초인(超人)으로 간주하지만, 대승불교는 역사적 붓다를 절대자로 본다. 초기 경전에서 붓다는 자신이 한 사람의 인간이라는 사실을 밝히고 있어 그의 가르침은 초자연적인 계시가 아니라 인간에게서 나온 이성적 가르침으로 말할 수 있다. 붓다 자신은 한 사람의 인간으로서 스스로 신적 존재가 되기를 원하지 않았음에도 불구하고 그의 추종자들은 그를 신적 자리에 올려놓고 신으로 섬기기를 원하였다는 것이다. 상좌부불교에서는 신의 존재를 증명하려는 그 어떤 시도도 하지 않는다.

V. P. 바르마 교수는 상좌부불교에서 대승불교로 옮겨가면서 붓다라는 존재가 어떻게 인간에서 신적 자리까지 오르게 되었는지를 설명하였다. 초기 불교에서는 붓다는 자신이 초인간적인 존재라는 사실을 부정하였지만, 시간이 흐르면서 붓다의 인격에 신화나 전설이 덧붙여져 그는 인간적인 존재에서 초인적인 지혜와 힘을 지닌 위대한 존재로 변화하였다. 심지어 대승불교에서 붓다는 신성화되어 전지전능한 신의 위치에까지 오르게 되었으며, 이 같은 변화 덕분에 그는 자신을 믿고 따르는 사람들에게 해탈과 구원을 가져다주는 축복의 화신으로 받아들여지게 되었다.

5. 분석과 직관

불교가 원래 '지혜의 도'로 출발했다는 것은 '분석'의 가르침이라는 뜻이 포함되어 있다. 앞에서 설명한 오온(五蘊), 십이처설(十二處說), 12연기설(十二緣起說) 등을 보면 불교는 본래 '분별'의 가르침으로, 붓다의 가르침이 통찰과 분석에 근거한 것이었음을 알 수 있다. 붓다는 인간을 관찰, 분석하고 갖가지 조건을 파악하는 데 노력을 기울였다. 초기 불교는 '지혜의 도'를 추구함에 있어서 분석적 방법을 채택함으로 '점진적 수행'인 점수(漸修)를 선호하였다. 상좌부불교에서는 붓다의 가르침을 전수하기 위하여 교학적인 측면에서 철저하게 점진적 교육법을 고수하였다.

한편 대승불교는 '신앙의 도'를 추구할 때 깨달음을 중요시하면서 직관적 방법을 채택함으로 '급진적 수행'인 돈수(頓修)를 선호하였다. 따라서 대승불교에서의 교육관은 직관의 원리에 그 기반을 두고 있다고 할 수 있다. 이러한 불교적 교육관에 의하면, 깨달음 그 자체는 점진적인 것이 아니고, 인간의 정신세계에서 찰나적인 비약으로 이루어진다고 보았다.

6. 이성과 감성

붓다는 그의 제자들을 인도하고 가르칠 때, 인간의 이성과 감정 중 이성에 중점을 두었다. 이성과 감성의 문제는 무의례(無儀禮)와 의례(儀禮)와 관련이 있다. 초기 교단은 특별한 의례가 없었고 의례와 의식에 대하여 반대 입장을 취했다. 이로 인해 불멸 후 200-300년까지도 예배의 대상인 불상도 없는 무불상(無佛像)의 시대가 오랫동안 지속되었다. 의례는 불상의 출현과 함께 나타났다. 붓다가 제자들을 가르치고 인도하는 방법은 인간의 감성보다는 이성에 중점을 두고 있었기에 인간의 감성에 호소하는 일을 배격했으며, 교화 방법으로 음악과 예술을 이용하지 않았다.

초기 불교의 전통에 따라 지금의 상좌부불교에서는 예불과 불공 등의 의례를 중요하게 여기지 않고, 붓다의 가르침과 계율에 따라 하루하루 게으르지 않고 정진하는 것이 목표이다. 그러나 지금은 점차 대승불교의 영향을 받아 의례가 널리 행해지고 있다. 초기 불교 교단에서는 의례가 없었지만, 불상이 출현한 뒤 상좌부불교에도 의례가 나타났고, 점차 대승불교의 영향을 받아 널리 행해졌으나 그리 큰 비중을 차지하지는 않았다.

대승불교는 학문적 작업에만 몰두한 상좌부불교에 불만을 품고 있었다. 감정에 토대를 두기 때문에 의례에 있어서 도구, 즉 각종 악기나 음악은 물론 다양한 장엄물들이 동원되었고, 마침내 신앙 자체가 의례라고 할 정도로 의례가 중요한 몫을 차지하기에 이른다. 결론적으로 대승불교는 이성을 초월한 초자연적인 경험을 선호하지만, 상좌부불교는 자연적 범위 안에서 이성적인 태도를 취한다고 볼 수 있다.

Part. 05

선교지 민속불교

한국불교를 포함한 선교지의 불교는 민간 토속신앙과 화학적 결합을 한 결과 불교의 창시자 붓다가 전파했던 불교와는 전혀 다른 모습을 가지게 되었다. 대륙 동남아시아(인도차이나반도) 상좌부불교권에서 살아가고 있는 서민들은 평소 불경을 읽지 않고 집안 조상들이 어릴 때부터 상투적으로 가르쳐주는 몇 가지 가르침을 귀에 못이 박히도록 익히는 정도이다. 또한 국경일과 불교의 절기가 겹치는 불교 의식들을 행할 때 동네 사람들이 행하는 것을 그대로 따라 하는 수준이다. 그러므로 선교사가 현지인들에게 복음을 전하고자 할 때 정통 불교도 이해해야 하지만 더 깊이 파악해야 할 분야는 실지로 그들이 믿고 있는 정통 불교와 동떨어진 민속불교를 이해해야 하는 것이다. 왜냐하면 선교사가 선교지의 영혼들에게 예수 그리스도의 복음을 전함으로 구원에 이르게 하려면 태어나서부터 현재에 이르기까지 잘못 형성된 현지인들 내면세계의 가장 깊은 영역인 영적, 종교적 영역을 이해하는 것이 반드시 필요하기 때문이다. 복음의 내용은 아무리 시대가 바뀌어도 변하지 않지만, 선교사는 그 복음을 현지인들의 현재 영적 상태 아래에서도 의사소통이 가능한 형태로 전달할 수 있어야 한다.

대승불교권에서 성장한 한국 선교사에게 같은 대승불교권인 중국, 일본, 타이완, 싱가포르 등의 불교는 상좌부불교권 나라들보다 이해하기가 쉽다. 그래서 선교지 민속불교를 논함에 있어 필자가 선교하였던 태국을 중심으로 대륙 동남아시아 4개국인 미얀마, 라오스, 캄보디아, 베트남의 민속불교만 언급하고자 한다. 이 중 베트남만 대승불교권이고 나머지 4개국은 상좌부불교권이다.

인도차이나반도 5개국의 민속불교(民俗佛敎, Folk Buddhism)는 민간신앙과 혼합된 불교를 말한다. '민간신앙(民間信仰)'이란 민속신앙, 민속종교 등과 호환이 가능한 용어이다. 민속이란 사람들이 모여 사는 집단마다 고유하게 전해 내려오는 생활양식이나 풍습, 미신, 속담, 민담과 전설, 신화를 포함하여 구전 문학, 음악, 그리고 무용 등의 문화 양식 등을 통틀어 가리키는 말이다. 민간신앙이란 아직 학문상으로는 정확히 규정을 내리기 어려운 단어 중의 하나이지만, 일단 우리는 우리 필요에 따라 종교적 체계 없이 민간에서 전승되는 주술적인 종교라고 간단하게 정의하고 넘어가자.

일반적으로 민속종교는 범세계적인 종교와 다른 몇 가지 특징이 있다. 첫째, 민족적 전통 종교라는 의식이 강하다. 외래 종교의 요소가 많이 혼합되어 있어도 비교적 자기 민족의 고유한 종교라는 인식이 강하게 작용하고 있다. 둘째, 흔히 미신이라고 불릴 만큼 아직 원시성이 많이 남아 있는 종교라는 점이다. 셋째, 사회적으로 보아 신자나 신앙 종사자들이 지배계층이 아닌 서민 또는 대중이라는 점이다. 바로 이 점에서 민속종교는 민간신앙 또는 민중신앙이 되는 것이다.

1. 대륙 동남아시아의 종교적 성향

동남아시아 지역이 지리적으로 중국과 인도의 중간쯤에 있지만, 대륙부에서 베트남을 제외한 나라들-미얀마, 태국, 라오스, 캄보디아-의 주요 종족인 버마족, 몬족, 타이족, 라오족, 크메르족은 역사적으로 기원전 3-2세기경부터 인도 문화의 영향을 받았고, 이어 불교가 전래되면서 불교문화의 영향을 받았다. 그리고 힌두교와 불교는 이 지역 토착민들이 옛날부터 신봉하고 있던 정령 숭배(애니미즘)와 조상 숭배, 주술 등 다양한 토착 신앙과 융합하면서 나라마다 독특한 형태로 발전해 왔다. 이러한 신앙 형태는 불교와 힌두교, 또는 이슬람과 더불어 동남아시아 여러 나라 문화의 토대를 이루며 양파껍질 같은 중층문화를 형성하고 있다고 해도 과언이 아니다.

상좌부불교가 전래되기 전, 이 지역 사람들은 정령 숭배와 힌두교 같은 원시신앙이나 민간신앙을 믿고 있었다. 그런 이유로 이 지역의 상좌부불교는 정령숭배나 힌두교 또는 토착신앙과 혼합된 형태로 나타나고 있다. 예를 들어 태국에서는 명절이나 가정의 행사가 불교적 색채가 짙지만 잘 들여다보면 그 속에는 정령숭배와 힌두식 의식이 혼재되어 있다. 승려를 초빙하여 독경을 하는 것은 불교식이지만, 성수(聖水)인 남몬을 사용하여 축복하거나 극락왕생을 비는 행위는 힌두식이다. 태국뿐 아니라 동남아 전역에서 4월 중순 무렵에 행해지는 전통 새해 맞이 행사(태국은 쏭끄란, 미얀마는 Thingyan, 라오스의 삐마이)는 힌두의 의식이다.

2. 불교와 혼합된 대륙 동남아시아 국가별 민간신앙

동남아시아의 문화를 논할 때 흔히 인도 및 중국의 문화적 영향을 강조하는데, 이것은 동남아 문화가 마치 외래문화들로 구성되어 있는 것 같은 인상을 준다. 하지만 고고학적인 유물들을 통해 밝혀진 바에 의하면 신석기 시대부터 청동기 시대에 걸쳐 이미 높은 생산력을 갖고 있었던 농경 문화가 대륙 동남아시아 도처에 발달해 있었다. 미얀마, 태국, 라오스, 캄보디아 등 상좌부불교 국가들의 종교적 전통의 밑바닥에는 정령숭배, 산신(山神)신앙, 조상신 숭배, 샤머니즘 등이 놓여 있다.

1) 태국의 상좌부불교와 혼합된 민간신앙

지구상에 약 10억 명의 불교도들이 있으나 그들 중 다수는 민속불교도들이다. 태국 불교는 많은 종교와 믿음이 복합적으로 섞여 있는 까닭에 융통성과 수용성이 있는 혼합주의적 성향을 가지고 있다. 보통 태국 사람들은 태국인이 되는 것은 곧 불교도가 되는 것이라고 말하지만, 태국 불교는 순수한 것도 아니며 정통적이지도 않다. 태국 불교는 세 개의 하부조직인 상좌부불교, 브라만교/힌두교, 정령숭배가 상호 간에 거의 충돌하지 않고 기능적으로 특화되어 있다. 이 세 개의 종교 시스템들 사이에 명백한 불연속성이 있음에도 불구하고 태국인들은 이렇게 각 종교의 구성요소가 혼합된 형태를 하나의 통합된 전체로 본다. 태국 사람들은 어느 종교도 구분할 필요가 없고, 종교들이 더 많이 섞일수록 구원을 추구하는 것이 효과적이라고 보는 것 같다. 마치 낚시를 할 때 낚싯바늘을 많이 달아 놓으면 더 많은 고기를 잡을 수 있다고 생각하는 것처럼, 많은 종교를 섞어 놓으면 어느 하나라도 자기를 구원하는데 기여할 수 있다고 보는 것이다.

(1) 정령숭배

정령숭배는 부족 사회의 종교일 뿐 아니라 모든 대륙과 모든 문화권에 널리 퍼져 있다. 정령숭배는 성경 시대 이전에 이미 존재하여 초대교회 시대에 번성하였고, 태국의 많은 불교 신자들도 정령숭배 전통을 기반으로 불교에 대한 믿음을 가지게 되었다. 태국인들은 불교나 힌두교에 대해 들어보기 전에 정령숭배에 적응하고 있었다. 정령숭배 의식과 믿음은 사람들의 관심사에 관여하고 세상의 문제를 해결하려는 경향성 때문에 특정한 정치적 경제적 기능을 수행한다. 하지만 정령숭배의 하부구조는 높은 정도의 불확실성과 불합리성 및 변덕스러움도 보여 주고 있다. 태국에서 정령숭배 전문가는 대부분 '모피이'라고 부르는 여자들로, 우리나라의 무당(샤먼)이라고 보면 된다. 무당은 어떤 정령에 의해 선택을 받는다.

태국 정령숭배의 대상인 영적 존재는 크게 '프라크르앙'(호신불)과 '피이'(귀신) 이렇게 두 종류가 있다. '프라크르앙'은 우리나라의 부적과 비슷한 개념으로 많은 경우 불교 승려나 다른 유명한 사람이 마술의 힘으로 어떤 물건에 초자연적인 능력을 주입하여 만들어 지는데, 그 종류는 아주 많다. '피이'는 선한 '피이'와 악한 '피이'가 있다. 조상의 '피이'는 '피이반파부룻' 혹은 '피이뿌야따야이'로 조상귀신이라 부른다. 태국인들은 조상의 죽은 영혼이 '피이'가 되며, 당분간 후손들의 안녕을 돌본다고 믿는다. 그래서 중부 지방의 태국인들은 불교 체계를 통하여 조상에게 희생 제사를 드리며, 북부 지방의 태국인들은 조상을 위한 귀신집(산프라품)을 만들고 매년 닭이나 돼지로 희생 제사를 드린다.

지신(地神)은 '산프라품짜오티'라고 부르는데 태국 전역에서 발견된다. 태국인들은 빌딩 꼭대기, 집터 심지어 불교 사원에도 귀신집을 짓고 귀신이 안전한 여행을 보장해 주며 가족에게 일어나는 모든 종류의 재앙을 막아준다고 믿으며, 귀신집에는 꽃, 향, 음식 혹은 작은 조각상을 바치기도 한다. 그리고 과거의 유명한 사람의 수호신, 이를테면 도시나 한 지방을 건립한 사람이나 유명한 승려들을 '짜오포'라고 부른다. 어떤 귀신은 도로를 지키고 주변 지역을 지킨다. 차를 운전할 일이 많은 사람들은 지신인 '산프라품'을 모아놓은 곳을 지나가면 경적을 울려 지신이 자신들의 안전한 여행을 보장해 주기를 기원하기도 한다. 태국인들은 자연에 존재하는 신들도 믿는데, 귀신들이 어떤 특정한 나무, 강, 산과 다른 자연적 현상에도 깃든다고 믿는 것이다. 태국 사람들이 가장 두려워하는 '피이'는 갑작스러운 죽음을 당한 사람, 폭력적으로 죽은 사람, 그리고 죽은 어린이의 영혼이 귀신이 되는 경우로, 그런 '피이'는 사람을 해친다고 믿는다.

태국인들은 귀신을 좋아하여 의지하기도 하고 두려워하기도 한다. 2018년 태국에서 상영된 영화 360여 편 중에 약 300편이 귀신에 대한 영화였다는 통계가 있다. 이처럼 태국인들은 귀신과 함께 살아가고 있다고 해도 과언이 아니다. 그러므로 태국인들은 귀신에 대한 경외심을 가지고 귀신에게 절을 하는(와이피이) 기본 의무를 다한다. 귀신을 거슬렀을 경우(핏피이) '피이'를 달래기 위해 제사 등을 지내며, 이렇게 함으로써 '피이'가 자신에게 도움을 준다고 믿는다.

'피이'는 강, 나무, 산 등에 거하는 자연의 정령, 죽은 자의 망령, 조상신, 지역신, 기타 타이인들의 일상생활과 관련된 모든 초자연적 존재들을 망라하는 넓은 의미이다. '피이' 신앙은 여러 형태로 나타나는데, 태국의 중부 지방에는 '짜오포'(아버지 신), '짜오매'(어머니 신) 그리고 동북부 지방에는 '피이뿌따'(할아버지 신)라는 조상신이 있다. 이러한 것들은 한 마을의 조상신으로서 마을에서 일어나는 사건들을 통제하고, 마을의 전통적 관습을 보호해 주며, 나아가서는 마을 주민들의 환경을 지배하는 지역 신인 셈이다. 여기서 '피이' 신앙의 두 번째 형태인 지역신을 확인할 수 있다. 태국에서 강한 민간신앙의 전통을 갖고 있는 동북부 지방, 즉 이산 지역에서는 마을마다 대개 세 가지 종류의 지역신을 섬긴다. 첫째는 '피이뿌따'로 그를 섬기는 사당은 마을의 변두리에 있다. 둘째는 '짜오포 파카오'(흰옷의 수호)라고 알려져 있는 절의 수호신인데, 그 사당은 절의 경내에 있다. 셋째, '피이반'은 마을신으로서 마을의 중심에 사당이 있다.

한 지역에 대한 수호신의 성격을 지니는 가장 대표적인 존재는 '락므앙'(나라의 기둥)이다. 대개 긴 나무에 신상을 새겨 놓은 기둥의 형태를 띠는 '락므앙'은 한 도시의 가장 중요한 불교사원 경내에 안치되어 있다. 이것은 원래 태국의 토착적인 '피이' 신앙이 힌두교의 시바신의 상징인 남근에 대한 숭배와 결합한 형태로 후에 불교적 토양에 접목된 것으로 보인다. 태국의 '피이' 가운데 영적으로 가장 강력한 '피이'는 현 왕조의 상징인 왓 프라께오(혹은 에메랄드 사원)의 맞은편에 있는 '락므앙' 사당에 모셔져 있다. 불교적 '피이' 신앙의 가장 보편적 형태는 죽은 승려에 대한 숭배다. 즉 생전에 그 승려를 존경한 신도가 그 승려의 '피이'를 섬기기 위해 자신의 집에 제단이나 사당을 세우고 거기에 제물을 바치는 것이다. 혹은 존경하는 승려의 초상이 담긴 메다용을 사서 목에 걸고 호부로 삼는다. 어떤 지방에서는 승려의 신이 생전에 그가 수도하던 절의 불탑이나 불상에 깃든다고도 믿고 있으며, 그러한 신들은 종종 그 사원의 수호신으로 모셔지기도 한다. '산락므앙'은 도시를 지키는 수호신을 모신 사당을 말하는데, 도시를 세우기 전에 도시를 축복하거나 행운을 가져온다고 믿어 힌두교, 중국의 민간신앙, 혹은 도교에서 유래된 의식을 치르고 기둥을 세운다.

도시를 지키는 수호신을 모신 사당인 '산락므앙'에 대한 신앙은 불교와는 상관이 없고 힌두교나 다른 잡신 숭배와 관련이 있다. '산락므앙'도 하나의 신이 되어 방콕의 경우 수도를 지키고, 다른 도나 암퍼(우리의 '군'에 해당하는 행정 단위)의 경우 세워 놓은 '산락므앙'을 해당 도나 암퍼를 지켜주는 신으로 여겨 '산락므앙'에 참배하면서 건강, 재물, 직장, 사업, 자녀 등에 관한 개인적인 소원을 빈다. 이처럼 태국과 다른 인도차이나반도 불교 국가에서는 원래 불교의 모습이 아니라 지역 신앙, 귀신 신앙, 정령숭배, 힌두교와 중국 종교 등이 한데 서로 혼합되어 있다. 여기서 주목할 것은 이렇게 많은 종교가 섞여 있지만 이로 인한 갈등은 없어 보인다는 점이다.

또 다른 '피이' 신앙의 예로 몇몇 역대 국왕들, 특히 딱신(재위 1767-1782) 왕과 쭐라롱꼰(재위 1868-1910) 왕에 대한 숭배를 들 수 있다. 주로 중국계 타이인들이 숭배하는 딱신은 톤부리 지역의 왓 아룬(새벽사원)의 입구에 있는 사당에 모셔져서 이 절을 지키고 있다. 이보다 중요한 것은 라마 5세라고도 불리는 쭐라롱꼰 왕에 대한 숭배다. 그에 대한 숭배는 수

년간 빠른 속도로 타이 사회, 특히 중산층 사이에서 퍼지고 있다. 방콕의 국회의사당 광장에 있는 이 왕의 동상에는 매주 화요일 저녁마다 많은 사람들이 몰려와 제물을 바치고 기도를 올린다. 또한 쭐라롱꼰 왕의 초상화는 가장 잘 팔리는 실내 장식품의 하나이며, 많은 여염집들과 상점들에서는 그의 초상화를 모신 제단을 설치해 두고 그에게 복을 빈다. 그리고 그의 사진을 담은 핀이나 메다용이 마치 영험 있는 호부처럼 잘 팔린다. 쭐라롱꼰 왕 숭배에서 한 가지 분명한 점은 그것이 타이 사회의 전통적인 수호자로 인식되어 온 왕실에 대한 타이인들의 신뢰와 경외심을 반영하고 있고, 그러한 배경에서 태국 왕실의 가장 위대한 왕 중의 한 명으로 간주되는 쭐라롱꼰 왕이 강력한 힘을 가진 새로운 신 즉 '피이'로 받아들여지고 있다는 것이다. 최근에는 방콕 왕조의 창건자인 라마 1세(재위 1782-1809)도 신격화되어 그의 상을 모신 제단을 설치해 둔 상점이 종종 보인다. 사실 타이인들은 이미 오래전부터 강력한 왕을 신적인 존재로 간주하는 전통이 있었는데, 13세기 말 태국의 한 비문의 기록에 따르면 타이인들은 당시 대륙 동남아의 광활한 세계를 지배하고 있었던 크메르 제국의 왕을 '피이파'(하늘의 피이)라고 불렀다.

불교 승려가 마술을 행하여 특별한 능력을 불어넣은 '사이신'(거룩한 실, 聖絲)이라는 것도 있다. 성사는 태국인이 삶의 여러 정황 가운데서 자신을 보호하기 위해 사용한다. 이를테면 아픈 어린이의 손목에 성사를 매어주는 것이다. 그리고 결혼할 때도 성사를 매는데, 주례자의 의도에 따라 두 가지 경우가 있다. 하나는 신랑과 신부 두 사람이 하나가 되었다는 의미로 신랑과 신부의 손목을 성사로 연결하는 경우이고, 다른 하나는 앞으로 헤어지지 않고 잘 살라는 의미로 두 사람의 머리를 성사로 연결하는 경우인데, 이것을 '몽콘팯'이라고 부른다. 한 편으로 시체의 손목과 발목에도 성사를 매고, 지방마다 조금씩 다르지만, 화장용 장작더미에 성사를 매기도 한다. 집을 건축할 때 가장 먼저 세우는 대들보(사우엑)에도 성사를 맨다. 송끄란 축제(4월 13-15일) 등의 특별한 모임 때에는 불교 승려가 '남몬'(聖水)을 사람들을 축복하기 위하여 뿌리기도 한다. 무당들도 치료하기 위하여 성수를 사용하는 경우도 있다. 이처럼 태국은 성수를 뿌리면 재물의 복이 들어오고, 아픈 사람을 낮게 하며, 위험으로부터 보호해 준다고 믿는다. 결혼식과 각종 축제 때에는 성사와 성수를 동시에 사용한다.

(2) 브라만교

아유타야왕국(1351-1767) 때, 크메르와의 전쟁에서 승리해 크메르 지도층을 포로로 태국에 잡아 왔는데, 그 사람들 가운데 일부가 태국인들에게 브라만교를 소개하였다. 당시 크메르인 사이에 브라만교가 널리 퍼진 상태였다. 이에 따라 브라만교는 태국 역사에서 불교와 함께 발전하게 된다. 1851년부터 1868까지 왕위에 있었던 라마 4세, 몽꿋 왕이 태국 불교에서 미신적 요소를 몰아내고자 시작한 '탐마윳띠까니까야'는 바로 불교 안에 들어온 브라만교의 미신적인 부분을 배제하기 위한 시도였다. 1932년 혁명 후에는 브라만교 승려들의 숫자를 줄였고, 오늘날은 브라만교 승려들이 태국 왕가의 통제하에 있다.

태국의 브라만교 체계와 기능은 인도와는 다르다. 태국의 브라만교는 두 가지 종류로 나눌 수 있는데, 하나는 왕실에서 행사를 주도하기 위해 만든 '왕실 브라만교'이고 다른 하나는 일반 대중 가운데 퍼져 있는 '민속 브라만교'이다. 태국 브라만교의 많은 의식이 특별히 왕을 중심으로 하고 있고, 동시에 다른 많은 의식들은 정부의 관심을 반영하고 있다. 그런 예로는 정부가 사회 전반을 통제하기 위해 왕을 신적 위치에 올려놓기 위한 '피티렉나콴'(첫 경운(耕耘) 의식) 등을 들 수 있을 것이다. 이렇듯 왕실 브라만교는 왕실의 통치를 합리화하며, 왕을 중심으로 한 왕국의 영향력을 확장하는 데 중요한 역할을 하고 있다.

반면 민속 브라만교는 다음 세상이 아니라 이 세상의 것을 강조하는 특징이 있다. 종교 의식은 질병, 여행, 결혼, 생애 주기나 한 해(연도)의 특별한 날이 왔을 때 건강, 장수, 미래에 대한 특별한 지식 등을 얻기 위해 행해진다. 민속 브라만교의 핵심은 수호 정령인 '콴'인데, 사람에게 '콴'을 묶어 놓기 위해 콴을 부르는 의식인 '수콴' 의식을 하기도 한다. 이 의식은 마을 사람들에게 존경받는 잘 알려진 방문객이 있을 때 습관적으로 행해지는데, 이때 브라만교 전문가인 '모수콴'이 정치, 종교적 역할을 수행하는 것을 볼 수 있다. 민속 브라만교의 브라만이 집례하는 의식은 개인적으로 행해지며 이들의 다수는 남자이다. '모수콴'과 '모두'(점쟁이, 점성술사)는 마을에서 평판이 좋은 사람이고 전문 지식 때문에 존경을 받는 사람이다. 불교 승려 역시 브라만교 종교 전문가의 역할을 대행할 수 있다.

태국인들은 한 사람에게 32개의 '콴'이 있다고 믿는다. 초혼 의식을 거행하는 것을 '탐콴' 예식이라 부르며, 가족에 따라 절차가 다르기 때문에 표준의식은 없다. 태국인들은 사람뿐만 아니라 집, 동물, 땅, 나무 등에도 '콴'이 있다고 믿는다. 태국에서는 다른 사람의 머리 부분을 함부로 만지면 안 되는데, 이것은 개인의 수호 정령이 정수리에 있다고 믿기 때문이다. '콴'은 눈에 보이지 않지만, 인간이 태어날 때부터 함께 한다고 믿는다. 만약 '콴'이 사람 안에 있을 때는 복을 받고 마음에 행복이 가득하지만, 갑자기 놀라거나 하면 '콴'이 몸 밖으로 빠져나가 '콴'을 잃어버릴 수 있다고 한다(시아콴). 만약 어떤 사람이 '콴'을 잃어버리면 안 좋은 일을 당한다. 수호 정령으로서의 '콴'은 그 소유자에게 건강과 번영을 가져다주는 것이다.

어떤 사람에게 나가버렸던 '콴'을 불러들이는 의식을 치르는 사람을 '모콴'이라고 부르며, 이 의식을 '탐콴'이라고 하는데, 탐콴 의식은 크게 세 가지로 구분할 수 있다.

첫째, 인생에 중요한 변화가 있을 때 행하는 '탐콴' 의식이 있다. 첫 아기가 태어났을 때, 남자가 20세가 되어 승려로 출가할 때, 남녀가 결혼을 결정했을 때, 가족들 가운데 여러 가지 변화의 시기(여행, 취직, 군 입대 등)에 탐콴 의식을 행하는 것이다. 남자들이 불문으로 출가할 때 치러지는 '탐콴' 의식은 특히 '탐콴낙'이라고 불린다. 뱀을 뜻하는 '낙'은 산스크리트의 '나가'(nāga)에서 파생한 단어로서 불교적 설화에 근거하여 출가 후보생을 가리킨다. '탐콴낙' 의식은 남자가 절에 들어갈 때 그의 수호 정령인 '콴'이 함께 들어가 절 경내에서 생활하는 가운데 질병이나 불행이 닥치지 않도록 하기 위한 것이다.

둘째, 제물(祭物)을 바치기 위해 행하는 것으로 벼 추수가 끝나는 12월에서 1월 사이나 이사를 하거나 새로 집을 건축했을 때 '탐콴' 의식을 행한다.

셋째, 병자를 위한 '탐콴' 의식이 있다. 태국인들은 악운(惡運)을 만나거나, 사회의 기본 윤리를 지키지 않았다거나, 마을의 주민들이 섬기는 영험한 신적 존재들을 섬기지 않고 무시하였다면 병이 와서 '콴'을 잃어버리게 된다고 믿는다.

태국인들은 '콴'이 사람에게만 국한된 것이 아니라, 코끼리, 물소, 말 등의 동물과 논, 나무, 집의 기둥, 마을, 도시 등도 '콴'을 지니고 있다고 본다. 이들은 모두 사람의 생활과 직접적인 연관이 있는 동물이거나 땅, 지역 혹은 숲의 나무라는 점이 눈길을 끈다. 집 기둥의 '콴'과 관련하여, 집을 지을 때 서로 다른 숲에서 베어온 나무들로 집의 기둥을 세우는 것은 위험하다. 왜냐하면 각각 다른 숲에 거하는 나무의 정령들이 싸우게 되면 새집에서 살 수 없기 때문이다. 땅 혹은 어떤 지역의 '콴'의 경우 그곳을 지키는 지역신의 기능을 갖는다.

2) 미얀마의 민간신앙

역사가들은 미얀마에 불교가 공식적으로 전파되기 이전에 이미 부파불교와 대승불교, 밀교, 그리고 힌두교가 들어온 흔적을 발견해 내고 있다. 미얀마에서도 우리처럼 일 년에 두 번 새해를 맞이하는데, 태양력으로 1월 1일과 미얀마력으로 4월 중순에 찾아오는 4일 동안의 띤쟌 축제가 바로 그것이다. 띤쟌 축제가 끝나고 맞이하는 날이 미얀마의 진정한 새해인 것이다. 띤쟌 혹은 드쟌이라 불리는 물 축제는 한 해의 끝과 새로운 해를 맞는다는 의미를 담고 있다. BC 6세기경, 고대 도시국가 뜨가웅에서 이미 이런 물 뿌리기 행사를 했다고 하며, 11세기 버간 왕국에 와서 더욱 활성화되어 현재에 이르고 있다. 기간은 보통 3-4일 정도인데, 일정한 날짜는 정해져 있지 않고 매년 뽕나라고 불리는 힌두 점성술사가 태양이 백양궁에 들어가는 때를 살펴 기일을 정하는 것으로 알려져 있다.

띤쟌이란 말은 팔리어의 '건네주다'란 뜻의 단어인 띤간다 혹은 띤간다띤쟌에서 유래되었다. 힌두교에서 우주의 창조신으로 받드는 브라흐만이 나중에 불교에서 제석천으로 받들어지는 인드라와의 내기에서 져 목이 베이게 되었다. 그런데 브라흐만의 머리가 바다로 떨어지면 바닷물이 모두 말라버리고, 육지로 떨어지면 온 육지가 불바다가 될 위험이 있었다. 이에 낫(nat: 정령 중 한 종류)의 왕인 드쟌민은 여성 낫 일곱에게 브라흐만의 머리를 받들고 있도록 했다. 이 일곱 낫이 번갈아 차례로 브라흐만의 머리를 받듦으로써 지상의 사고를 막고 있다는 것이다. 낫들은 1년 동안 브라흐만의 머리를 받들다가 1년이 지나면 다음 낫에게 브라흐만의 머리를 넘겨주는데, 이 시기가 띤쟌 기간이다. 이렇게 띤간다띤쟌에서 띤쟌이란 용어가 나온 것이다. 그래서 띤쟌 축제는 인도 문화가 기반이 된 것으로 추측할 수 있다. 왜냐하면 고대 인도에서도 태양이 백양자리에서 황소자리로 옮겨갈 때 새해가 시작된다고 여겼기 때문이다.

앞에서 잠깐 언급했지만, 미얀마에는 낫이라고 불리는 정령신앙이 있다. 낫은 '주인'이라는 뜻인 산스크리트어 나따(Natha)에서 유래하였는데, 귀신을 대하는 것처럼 낫을 통하여 보은을 받거나 해악을 받는다고 여긴다. 미얀마에서는 불교가 이런 낫 신앙과 많이 결합하였다. 미얀마 최대의 축제인 띤쟌 때가 되면 많은 사람들이 사원에 가거나, 선한 행위를 함으로써 자신이 쌓은 악업을 없애려 한다. 이는 물 축제 기간 중 낫의 지배자인 드쟈민이 하늘에서 내려와 인간들의 사후 세계를 결정짓는 명단을 작성한다고 믿기 때문이다. 물 축제의 시작 전날은 아쪼네라 하여 드쟈민을 환영하는 의식을 치르는데, 주로 아이들만 물을 맞는다. 그러나 최근에는 이런 의미가 없어지고 남녀노소에 상관없이 첫 번째 날부터 축제 분위기로 열심히 물을 뿌린다. 본격적으로 물 축제가 시작되는 날은 아짜네라 하여 드쟈민이 도착하는 것을 환영하는 행사를 치른다. 도착하는 정확한 시간은 점성술사가 알려준다. 물 축제 두 번째 날은 아짯네라 하여 드쟈민이 정보를 수집하는 날이다. 마지막 날은 아뗏네인데, 드쟈민이 임무를 마치고 하늘나라로 올라가는 날로 기린다. 이렇게 물 축제 기간이 끝난 다음 날이 새해의 첫날이 된다. 이날이 되면 물 축제 기간 중의 떠들썩함은 사라지고 모든 사람이 수행자와 같이 공덕을 빌며 조용히 새해를 맞는다. 드쟈민은 평화와 번영의 상징인 물항아리를 들고 날개가 달린 황금 말을 타고 내려온다고 하여 사람들은 드쟈민을 맞기 위해 집 앞을 꽃으로 장식하기도 한다. 드쟈민은 지상세계로 내려올 때 개가죽으로 장정된 공책과 금장이 된 공책을 가져오는데, 죄를 지은 사람들은 개가죽 공책에, 선한 행위를 한 사람들은 금장 공책에 그 이름을 적어넣어 내세를 결정짓는 중요한 근거로 삼는다는 것이다.

사람들은 붓다가 깨끗한 물로 목욕했던 이미지와 결부시켜, 청명함의 상징인 물을 자신뿐만 아니라 상대방에게도 뿌려줌으로써 죄와 악업을 함께 씻어 내리고자 했다. 이렇게 물로 씻는 행위는 신성시되어 과거에는 띤쟌뿐만 아니라 대관식에서도 왕이 왕관을 쓰기 전에 깨끗한 물로 머리를 감는 관습이 있었고, 지금도 결혼식을 올리는 신랑 신부가 식전 행사로 손을 씻는 관습이 이어지고 있다. 미얀마에서 가장 더운 시기인 4월 중 물 축제 때 뿌리는 물은 상대방의 더위를 없애주기 위하여 서로에게 부어주는 의미도 있지만 각 사람의 묵은 악행이나 더러움을 씻어내고자 하는 의미도 크게 작용하고 있다.

낫 중 미얀마인들에게 훨씬 인기 있는 존재는 전설적인 인물들의 망령이다. 이들의 특징은 대부분 비극적인 최후를 맞이했으며, 낭만적인 성격을 보여 준다는 것이다. 따라서 낫 신앙의 의례에는 한이 서려 있는 한국의 무속신앙에서처럼 굿(nat pwe 낫브웨)과 굿판을 주관하는 무당(낫꺼도 nat kadaw), 및 낫을 위무하는 무가(巫歌 nat than 낫탕)가 존재한다. 미얀마의 낫브웨는 신과 무당과 단골과 마을 사람들이 어우러져 노는 하나의 축제이다. 이처럼 낫 신앙은 엄격하고 비타협적인 윤리 질서를 강조하는 미얀마의 불교 사회에 파격의 공간과 해방감을 제공한다.

낫 신앙이 미얀마에 언제부터 비롯되었는지는 불분명하나 일반적으로 인정되는 주장은 낫 신앙이 불교의 도입 이전부터 있었으며, 버마족이 11세기에 지배적인 민족이 되기 이전 미얀마 중부를 무대로 활동하였던 뷰(Pyu)족 사회에서 이미 성행했었다는 것이다. 현재 알려진 37낫의 체계는 보도파야(Bodawpaya) 왕 재위(1781-1819) 시기에 확정되었다. 낫 신앙에는 미얀마 토착의 정령신앙과 샤머니즘 외에도 인도의 영향을 받은 점성술과 연금술과 주술신앙의 요소들이 포함되어 있다. 37낫들은 그 각각의 운명과 관련하여 신상의 부속물이나 낫브웨 시 그를 연출하는 무당의 복식에서뿐만 아니라, 바쳐지는 제물에서도 서로 구별된다.

3) 라오스의 민간신앙

라오스는 태국과 문화적, 종교적으로 유사한 면이 많은 국가이다. 라오스인들은 태국 사람들처럼 개인의 안녕을 위하여 콴이 인간의 몸에 통합되어야 할 필요가 있다고 믿는다. 이러한 목적을 달성하기 위하여 '바이시' 혹은 '수콴' 의식이 광범위하게 행해지고 있다. 이것은 라오스 문화권, 중국 운남성 지방의 십송빠나(Sipsong Panna), 태국의 북부와 이산 지방(태국 동북부) 등에서 행해지고 있는 중요한 의식이다. 바이시는 출생, 결혼, 출가, 어떤 일을 위해 집을 떠날 때와 집으로 돌아올 때, 새해, 환영이나 초대 등 인생의 중요한 때에 행하는 '피이'(귀신) 의식이다. 이 의식은 행운을 빌기 위하여 사람의 손목에 성사(聖絲)를 매어주는 행위를 포함하는데, 이는 현대에는 전국적인 관습이 되었다. '바이시'라는 영적 의식은 라오스에 불교가 들어오기 전부터 성행하였고, 태국과 라오스 등 동남아시아 국가들의 공통된 유산이다. '바이시' 의식은 영혼의 구성

성분인 '콴'이 인간 신체의 32개 기관과 통합되어야 한다는 옛 믿음과 연결되어 있다. '콴'은 인간 존재를 실증하는 것으로 '바이시' 의식은 개인과 공동체의 균형과 화합을 유지해 사회와 가족을 결합해 주는 역할을 하는 것이다.

라오스 학자 푸미랏은 '수콴' 의식은 라오스의 모든 행사나 축하연 등에 혼재되어 있고, 라오스인들의 생활에서 빼놓을 수 없는 부분이라고 주장했다. 따라서 라오스의 '수콴'은 송별회, 환영회, 아기의 출생, 집들이, 승진, 추수기, 새 차의 구입 및 결혼식처럼 다양한 경우에 행해진다. '수콴'의 문자적 의미가 '영혼을 부르는 것'이듯이 라오스 사람들의 일상생활은 물론, 다양한 지역 및 국가적 행사에 깊이 관련되어 있다. 이 의식은 심지어 국가 정체성의 한 부분으로까지 여겨지고 있다. '수콴' 의식은 인간의 영혼을 다루는 눈에 보이지 않는 세상과 관련된 정령신앙으로서 라오스의 정체성을 가장 잘 묘사할 수 있는 전통인 것이다.

'수콴'은 주로 인간의 영혼과 연결되어 인간의 안녕과 건강에도 영향을 미친다. 조상 숭배를 포함하는 정령신앙은 라오스 종교의 중층구조 중 첫 번째 층이다. 라오스는 힌두교에 독실했던 캄보디아의 영향으로 힌두교를 받아들이고 있었다. 그러던 중 13세기부터 스리랑카에서 불교를 받아들인 캄보디아의 영향으로 라오스의 라오롬 족에게 불교가 소개되었다. 라오롬 족은 14세기에 파응움 왕의 강력한 장려 하에 불교를 국가 종교로 채택하였다. 파응옴 왕은 캄보디아 왕실에서 양육되었고 캄보디아 공주와 결혼하였다. 라오롬 족이 불교를 받아들였을 때 이미 먼저 받아들였던 여러 가지 신앙들은 수정, 변경되어 불교에 통합되었다. 정령숭배는 라오스인들의 이 세상에서의 안녕을 추구한 것이었다면 불교는 삶의 본질적인 문제에 반응하여 초현세적인 구원을 추구한다.

'수콴' 의식은 정령숭배, 힌두교, 불교적 요소들이 통합되어 하나의 의식으로 나타나기 때문에 각각의 다른 종교적인 요소를 분리하는 것은 불가능에 가깝다. '수콴' 의식은 라오스 전역에서 행해지는데, 각 지방마다 세부 사항들은 상당한 차이가 있다. 1975년 12월 불교를 옹호하였던 사방 와타나 왕(King Savang Vatthana)이 폐위되고 공산주의 정부가 들어서면서 불교는 더 이상 라오스의 국교가 아니게 되었고, 불교 승려에게 시주하는 것도 금지당했다. 동시에 '수콴' 의식도 억압되었지만, 라오스인들은 그러한 의식들을 지금까지도 계속 행하고 있다.

'콴'에 대한 신앙은 라오스 문화 속에서 오랫동안 강한 영향력을 행사해 왔는데, 콴은 중국의 혼(魂)과 비슷한 개념이다. 중국인들은 혼이 없으면 질병과 불행에 취약해진다고 믿었다. 그래서 잃어버린 혼을 부르기 위해서 초혼(招魂) 이라는 의식을 행하였다. 이 의식은 병든 사람의 방황하고 있는 혼을 다시 몸으로 불러들이거나 죽은 사람의 혼을 불러들일 때 사용된 것으로서 수천 년 동안 중국의 관습이 되었다.

라오스인들은 사회적, 종교적 믿음과 건강과 행복이 '콴'의 신앙에 의해 좌우된다고 믿는다. 라오스인들은 '콴'이 하나라도 부재할 경우 건강이 무너지기 쉽고 개인이 원하지 않는 영향에 노출될 수 있다고 믿기 때문에 '수콴' 의식을 행하는데, 이는 환자 또는 의식을 행하고자 하는 사람의 '콴'이 육체에 돌아오도록 하는 행위이다. 이처럼 '콴'의 부재는 나쁜 결과를 초래한다고 믿지만, 어떤 사람은 정상적인 수인 32개 이상의 '콴'을 소유하게 된다고도 믿는다.

4) 캄보디아의 민간신앙

캄보디아인들에게는 매일 일상의 삶에 영향을 미치는 신들이 많다. 그래서 집의 수호 영인 쫌니응프떼아나 중국식 조상 정령인 껑마를 집집마다 모시고 있고, 틍아이 썰(음력으로 매달 4번, 즉 8일, 15일, 23일, 그믐에 사원에 가는 날)이 되면 신에게 제사를 드린다. 사람들의 일상에 문제가 생기면 그것을 영적으로 해석해 줄 무당도 마을 내에 함께 살면서 캄보디아인들과 밀착해 있다. 무엇보다 캄보디아인들의 마음속에는 정령숭배 신앙, 특히 '네악따' 신앙이 자리 잡고 있다. '네악따'는 남성인 할아버지 정령이라는 뜻이지만, 원래는 할머니라는 뜻을 가진 '네악더온'이라는 의미도 포함되어 있었다. 그러나 보통은 할아버지, 할머니 정령을 통틀어서 '네악따'라고 부른다.

네악따는 캄보디아 전역, 모든 마을에서 숭배되는 정령이다. 그래서 네악따는 자신들이 다스리는 지역을 책임지는데, 만약 마을 사람 중 누군가 네악따의 마음에 들지 않는 행동을 하면 그는 벌을 받게 된다. 그러나 네악따에게 제사를 드리고 나면 저주에서 벗어날 수 있다. 캄보디아인들은 네악따에게 기도하는 여러 가지 이유가 있다. 그들은 첫째, 자신과 가족의 평안, 둘째, 풍작, 셋째, 가축들의 질병 방지, 넷째, 충분한 비, 다섯째, 해충들에 의한 농산물 피해 방지, 여섯째, 전쟁 방지, 일곱째, 평화를 위해서 기도한다. 산스크리트어와 팔리어에서는 네악따는 낮은 계급의 천사로 분류되고, 사람들 안에 더불어 살면서 나라와 지역을 지키는 때입 네악레악사라는 이름을 가진다.

네악따는 지신(地神)의 성격을 띠면서도 동시에 조상의 정령으로 묘사되고 이해되기도 한다. 네악따는 정치적인 유력자, 보통 주민들을 위해 숲이나 산의 나무를 자르고 개간해서 마을을 조성한 마을의 설립자, 그리고 나라를 지키기 위해 전장에서 죽은 장군들이나 지역을 다스렸던 귀족이 죽은 이후, 마을 사람들에 의해 네악따가 된다. 이는 캄보디아의 조상 정령과 자손의 관계가 직접적인 혈연관계를 반드시 수반하지 않는다는 것을 보여준다. 만약 사람들이 다른 마을로 이사해서 새로운 지역의 새로운 네악따를 조상으로 부르면 자신의 조상신이 될 수 있다는 것이다. 이 외에도 네악따라고 부르지는 않지만, 민간에 퍼진 조상숭배에 대한 예는 많다. 캄보디아인들은 죽은 부모의 영혼이 신처럼 자식들을 보호하고 돌본다고 믿는다. 그래서 부모를 화장한 후 어떤 사람들은 부모의 이빨에 금을 씌우거나 신의 모양으로 깎아서 자신을 보호하는 부적처럼 목걸이로 만들어 목에 걸기도 한다.

'매이바'라는 정령은 죽은 친척들의 영혼으로서 자식들이 서로 다퉈서 말을 하지 않거나, 혼인 전인 남녀가 혼전순결을 지키지 않았거나, 부인이나 남편이 불륜을 저질렀을 때 벌을 내린다고 한다. 또한 '쭈어쫌부어'라는 정령도 매이바와 비슷한 죽은 친척들의 영인데, 아버지 쪽 정령과 어머니 쪽 정령으로 구분한다. 만약 가족 중 누가 아프면 꾸루띠어이(동네무당)가 어느 쪽의 정령이 화가 났는지를 알아내고, 화가 난 정령이 무당에게 옮겨 가면 그 정령을 달래기 위해서 제사를 드린다.

캄보디아에서는 힌두교의 파괴의 신인 쉬바신을 네악따로 여기며 네악따쁘레아아이쏘라고 부른다. 유지신인 비쉬누신도 네악따로 여기며, 네악따니어리어이이라고 부른다. 또한 시바신의 부인인 칼리도 네악따로 믿고 네악따나응크마으라고 부른다. 그러나 브라만 신은 네악따로 받아들이지 않는다. 쉬바신은 토착적인 요소와 뒤섞이는 과정에서 우주의 신, 땅의 주인, 만물의 보호자, 은총을 주는 자, 달의 상징을 가진 자, 산의 주인 등 많은 별명을 얻게 된다. 이렇듯 땅, 만물, 산과 관련된 쉬바신의 이미지는 상좌부불교가 영향력을 확대하면서 더 이상 토착 종교 위에 있는 존재가 아닌 토착 종교의 강력한 정령 중 하나인 네악따와 동일시된 것으로 추정된다.

네악따는 세 가지 종류로 분류할 수 있다. 첫째, 자연과 연관된 영들, 즉 산, 강, 나무, 논, 습지, 숲과 관련된 네악따들로서 고대로부터 지금까지 존재해 오는 전형적인 캄보디아 전통 네악따들이다. 둘째, 중국의 영향으로 만들어진 조상의 네악따들로서 남자와 여자 모두 포함되어 있다. 셋째, 브라만교와 힌두교의 신들, 특히 쉬바신과 그의 부인인 흑색의 여신, 칼리로부터 나온 네악따들과 신화 속의 영웅들로서 인도의 영향을 받아 나타난 네악따들이다.

일상생활에서 네악따의 영향을 살펴보면 밥을 먹기 전 한 숟가락의 음식을 바위 위나 사당에 바치고, 술이나 차의 첫 잔을 헌물로 땅에 붓기도 한다. 또한 우물이나 정미기가 작동하고 있을 때 향을 종종 옆에 피우기도 하는데, 캄보디아인들에게 정령들을 인지하고 그들과 관계하는 일은 매일의 삶의 일부분이다. 자동차나 오토바이를 타고 가다가 길가에서 대소변을 보는 경우에 사람들은 그 지역을 관할하는 네악따에게 양해를 구하고 용변을 보기도 한다. 강이나 호수로 멀리 고기를 잡으러 가는 어부들은 자신들의 지역을 벗어나면 어업을 하는 지역의 수호신인 네악따에게 평안과 안녕을 빈다.

캄보디아 전통 네악따든, 중국이나 인도의 영향을 받은 네악따든, 대부분의 캄보디아인들이 숭배하는 네악따는 철저히 불교의 권위 아래 있다. 그러므로 캄보디아인들은 불교의 승려는 정령들의 세계에 영향을 받지 않는다고 믿는다. 네악따를 위한 사당을 세울 때는 불교신자들에 의해 준비되며 항상 승려들을 초청하여 봉헌식을 한 후에 마무리 짓는다. 네악따에게 제사하는 날도 불교에서 정해주는 선행을 하는 날인 틍아이 썰이다. 한편 네악따와 관련된 많은 종교적 활동들이 불교의 것이 아님에도 불구하고 네악따의 사당은 종종 불상 가까이에 세워지는데, 개념적으로는 네악따가 부처와 승려들의 구원을 베푸는 능력을 보완하는 힘을 할당받는다고 여겨진다. 불교의 환생과 죽은 자를 위한 공덕의 회향 교리의 영향으로 네악따는 다른 형태로의 변화, 즉 낮은 계급의 정령에서 높은 계급의 네악따로 변신할 수 있어 네악따들은 모두 같은 지위에 있지 않고 각자의 위치에 따라 높고 낮은 계급으로 분류된다고 믿는다. 그리고 불교의 대부분의 축제들은 비참한 정령들이 다른 형태의 정령들로 변화되는 것과 연관이 있다.

네악따 신앙은 무수한 세월을 거치면서 인도의 힌두교와 중국의 조상 숭배, 그리고 밀교화된 불교와 혼합되면서 변형되어 왔다. 초기 푸난 왕국에 힌두교, 특히 쉬바 신앙이 들어오면서 토착적인 네악따 신앙 및 정령숭배 신앙과 혼합되었고, 이미 들어와 있던 대승불교는 쉬바 신앙의 영향을 받으면서 밀교화가 시작되었을 것이다. 상좌부불교가 캄보디아의 국교가 된 후에도 이미 민간에 널리 퍼져 막대한 영향력을 행사하고 있던 네악따 신앙은 불교의 공덕, 환생 등 밀교화 된 불교의 교리와 혼합되면서 낮은 계급의 정령들이 바러마이로, 바러마이가 네악따로 변형될 수 있다는 믿음으로 캄보디아인들의 마음에 자리 잡게 된 것으로 보인다. 결국 정령숭배적인 네악따 신앙은 전혀 불교적이지 않은 신앙이지만 불교의 권위 아래 현재에 이르고 있다.

5) 베트남의 민간신앙

미국 정부 산하 독립기구인 국제종교자유위원회(USCIRF)의 2017년 조사에 따르면 베트남의 종교 분포는 불교 10.5%, 천주교 9%, 호아하오교 2%, 개신교 0.8% 기타 및 무종교는 70%로 나타났다. 기타 70% 중 무종교의 일부는 도교 또는 유교적 성향이 높은 민간신앙으로 분류됐다. 베트남의 이러한 종교 분포는 중국의 영향과 프랑스의 지배 그리고 인도차이나 2차 전쟁(베트남 통일전쟁) 같은 역사적 사건에 영향을 받았다. 그 결과 베트남에서는 한때 불교와 천주교 등이 성행했지만, 베트남이 통일되면서 다시 일신숭배를 금지하는 사회주의 교육이 자리잡고 여기에 전통적인 유교와 도교 사상도 결합되면서 현재 베트남의 종교는 여러 사상이 혼합된 형태를 보여 주고 있다. 베트남은 중국과 마찬가지로 하나의 사원에서 유교와 불교의 교리가 혼합되어 정령숭배와 함께 공유되는 형태를 보인다. 베트남의 불교는 국경을 접하고 오랫동안 교류가 많았던 중국의 영향으로 북방불교라고도 하는 대승불교가 주를 이룬다. 이러한 역사적 배경 덕분에 베트남에서 공식적인 불교 인구는 적지만 불교 관련 건축물, 문화재, 출판물은 많다.

베트남에서 시작된 신흥 종교들도 있다. 베트남 남부지역에서 성행하는 까오다이교와 호아하오교가 대표적이다. 까오다이교는 1926년 베트남 남부의 떠이닌에서 응오반쩨우에 의해 창시된 혼합적 유일신교로 세계 5대 주요 종교(유교, 불교, 기독교, 도교, 이슬람교)의 신앙을 절충해 만들어졌다. 1939년 후인푸소가 창시한 호아하오교 역시 베트남 남부에서 시작됐다. 두 종교 모두 신자 수는 200만 명 이상으로 추산된다.

베트남의 어디라도 가면 건물 한편에 작은 사당을 모셔두는 모습을 볼 수 있다. 특히 가정에는 가장 중요한 자리에 집안의 조상들이 놓여 있다. 이는 사찰에 가면 불상 등 다양한 신상들이 놓여 있지만, 가정에서는 조상 숭배 정신이 지배하고 있다는 의미이다. 이러한 조상 숭배는 머우, 토꽁, 옹따오, 꽌탄데뀐, 린선탄머우 등을 숭배해 왔던 민간신앙에 뿌리를 두고 있고, 각 읍이나 마을에서는 지금까지도 그 전통에 따라 마을의 모든 재난과 역병에서 지켜주고 보살펴 주는 영적 주체인 탄황을 숭배하고 있다. 베트남 사람들은 그들의 신앙과 오래전부터 내려온 영적 문화에 근거해 자신의 조상들을 돌아올 수 없는 다른 세상으로 떠났지만, 늘 자녀와 손주들 옆에서 함께하며 어려운 일에서 지켜주는 신령한 존재라고 믿어 왔다. 여기에 더해 조상들은 자녀와 손자들이 도덕적으로 옳지 못한 일을 하거나, 다른 잘못을 범했을 때는 충고를 할 수도, 심지어 노하며 꾸짖을 수도 있다고 믿었다. 조상 숭배의 개념은 적당한 비와 바람을 주어 풍요로운 삶을 허락하고 신들과 민족의 독립과 조국을 위해 희생한 왕들과 영웅들을 기리고 감사하는 의미까지 포함한다.

54개 민족으로 구성된 베트남은 대부분의 민족들이 모두 각자에 맞는 조상숭배 의식을 가지며, 조상과 우상 숭배에 사용되는 신상이나 숭배 공간은 여전히 그 종류 또한 매우 다양하다. 베트남 최대 명절인 텟(Tet) 기간은 이러한 조상숭배의 정신이 나타나는 절정의 날이다. 이때가 되면 거의 모든 가정과 기관에서 조상의 제단에 꽃과 과일을 바치고 기도하기 때문에 각 가정의 특색을 한눈에 보고 느낄 수 있다.

베트남은 농경문화의 바탕 위에서 전통적인 마을공동체의 촌락 제도가 발전했는데, 이러한 전통적 문화가 중국의 침략으로 위협당했을 때 중국에 대해 저항할 수 있었던 근거가 되었다. 마을공동체의 전통은 무엇보다도 마을 신(神)의 사당, 마을 사람들의 회당(會堂), 그리고 부락 센터의 세 가지 기능을 담당하는 딘(dinh, 亭)에서 뚜렷이 드러난다. 중국의 영향을 받기 이전부터 존재했던 딘은 대개 마을의 중심에 세워졌다.

이러한 대륙 동남아시아 문화의 중층적 구조는 특히 종교와 신앙에서 명백해진다.

베트남인들에게는 신앙 자체가 다종교 융합 상태로 뿌리가 깊고 복잡해 상대방 종교에 대한 반발심이나 배타성이 없고 평화롭게 공존하는 특징을 보인다. 결국 이러한 배경들이 베트남에서 종교는 기존 교리의 엄격함보다 전통 신앙과 어울려 의무와 예, 미덕을 강조하는 하나의 생활 규범으로 정착했다.

베트남에는 다양한 민간신앙이 존재한다. 대부분의 동남아시아권 나라들에서 발견할 수 있듯이 집집마다 작은 신전을 모시고 있고, 영험한 나무나 장소에는 어김없이 신을 모신 흔적이 있다.

6) 대륙 동남아시아 민간신앙 종합

조흥국 교수는 태국과 미얀마의 민간신앙은 제도 종교로서의 불교와의 연관성 속에서 이해되어야 한다고 강조하면서 민간신앙의 특징을 세 가지로 언급하였다. 첫째, 민간신앙은 제도 종교에 비해 현세 지향적 성격이 강하다. 둘째, 민간신앙은 제도 종교에 비해 다른 종교 및 문화에 대해 수용적이다. 셋째, 민간신앙은 제도 종교에 의해 일정 부분 수용되면서 제도 종교가 정통종교와 민간종교의 이중적 구조를 갖는데 기여했다. 태국과 미얀마의 민간신앙들은 모두 각각의 나라들에서 지배적인 제도종교인 불교와 긴밀히 결합되어 있다. 태국의 '피이' 신앙 및 '콴' 신앙과 미얀마의 '낫' 신앙 사이에는 문화적인 차이가 존재하며 시대에 따라 변화해 왔다. 사람들이 섬기는 '피이'와 '낫'의 종류는 시대와 상황에 따라 지속적으로 변화하며, 그에 따라 '피이'와 '낫'에 대한 접근 방식도 달라졌다. 그것은 불교와의 결합 양상과 '피이' 신앙과 '낫' 신앙을 일상생활에 적용하는 방식에서, 그리고 새로운 '피이'와 '낫'의 등장에서 나타난다. 우리는 이러한 민간신앙을 통해 타이인들과 미얀마인들이 변화하는 사회에 대해 적응하는 한 면모를 볼 수 있다.

베트남의 대승불교나 미얀마, 태국, 라오스, 캄보디아의 상좌부불교를 막론하고 불교의 특성상 무엇이든지 절충하고 혼합하는 경향이 있다. 불교는 아무런 갈등도 없이 현지에서 자생한 정령숭배, 힌두교, 귀신숭배, 조상숭배 등과 화학적 결합이 일어나 원래 불교와는 전혀 다른 제3의 종교적 모습으로 재탄생했다. 그러므로 인도차이나반도 5개 불교국가의 불교는 정통 불교에서 한참 벗어난 그 국가 혹은 어느 지역의 독특하고 고유한 종교적 모습을 가지고 있다. 또한 그 종교는 어떤 기준을 가지고 정확한 형태로 고정되는 것이 아니라 살아 있는 생물처럼 시간이 흐르면서 끊임없이 변형되고 있다.

Part. 06

불교와 기독교의 비교

붓다가 시작한 불교는 눈에 보이는 유한한 피조 세계에 초점을 맞추고, 죽음 이후 영원한 세계나 눈에 보이지 않는 형이상학적인 개념은 중요하게 취급하지 않았다. 하지만 기독교는 피조 세계뿐만 아니라 눈에 보이지 않는 창조주 하나님과 영원한 나라에 대하여 말하고 있다. 붓다는 당시 브라만교/힌두교의 유신론과 유아론을 반대하여 무신론과 무아론을 주장하며 브라만교/힌두교로부터 종교개혁을 시도한 결과 붓다가 원래 가르쳤던 상좌부불교는 기독교와 가장 거리가 먼 종교가 되고 말았다.

이제열은 『불교 기독교를 논하다』에서 불교와 기독교의 차이를 의미심장하게 표현하였다. 그는 말하기를 사람들은 종교 다원주의자들이 주장하는 것처럼 모든 종교는 산의 정상에 오르는 길은 달라도 산의 정상은 같다고 말하지만, 그것은 섣부른 주장이며 불교와 기독교는 오르려는 산 자체가 다르다고 언급하였다. 필자도 그의 주장에 전적으로 동의한다. 필자가 방콕에서 반숙까셈교회를 개척하면서 전도할 때 가장 힘들었던 점은 태국 불교도들에게 장시간에 걸쳐 복음을 상세하게 설명하면 "불교와 기독교는 차이점이 없어 보이고, 두 종교가 모두 착하고 선하게 살라고 하는 것이네요"라고 스스로 결론을 내려버리는 것이었다. 복음 전도자가 불교와 기독교의 차이점을 강조해도 듣는 사람들이 두 종교가 같거나 비슷하다고 단정해 버려서 자주 답답함을 느꼈다. 태국 불교도들은 출생 이후 지금까지 살아오면서 조상 때부터 현지에서 자생한 정령숭배 형태의 민간신앙, 힌두교, 불교 등 각종 종교에 영향을 받아 두 종교의 차이점이 상이한 것으로 들리지 않을 만큼 영적 귀머거리가 된 상태였다고 판단된다. 이제열의 말대로 불교와 기독교는 올라가는 산이 다름에도 불구하고 무엇이 그들로 하여금 같은 산을 오르고 있다고 착각하게 만드는 것인지 복음 전도자는 이해해야할 필요가 있다.

필자가 선교지에서 전도를 통한 교회 개척, 기존 교회에서의 목양적 돌봄, 신학교 사역 및 목회자 훈련 사역을 한 경험을 배경으로 불교권에서 사역하는 선교사에게 꼭 필요하다고 판단되는 내용을 중심으로 불교와 기독교의 다른 점 다섯 가지를 비교하겠다.

1. 불교와 기독교의 명칭에서 나타나는 차이

서재생 목사는 『불교와 기독교의 비교론』에서 불교란 "부처의 가르침에 대한 종교"임과 동시에 "부처가 되기 위한 종교"라고 설명하였다. 여기서 전자의 부처는 창시자 가우타마 싯다르타를 가리키는 고유명사로 쓰였지만, 반면 부처의 의미가 보통명사로 쓰이는 경우에 부처의 뜻은 '깨달은 자, 눈 뜬 자'를 의미하므로 창시자 가우타마 싯다르타를 포함한 모든 부처를 가리킨다. 한편 기독교는 그리스도의 가르침이 핵심이지만, 그리스도가 되기 위한 종교는 아니다. 이 점에서 기독교와 불교의 커다란 차이가 있다.

강남포교원장 성열 스님은 그의 저서 『고따마 붓다』에서 "이 땅의 대부분의 불자들이 가지고 있는 불교신행(佛敎信行)은 역사적 존재로서 인간 고따마 붓다가 가르친 방식을 체험을 통해 자기화하기보다는 신격화되고 초인화된 붓다를 믿고 의지하는 것이 보통이었다. 한마디로 불교학이라기보다는 불교신학(佛敎神學)의 성향이 짙다. (중략) 불교의 신학화야말로 불교 타락의 극치라 하겠다"라며 한국의 불교 신자들의 불교 자체에 대한 잘못된 이해를 안타까워하였다. 또한 『붓다 다르마』에서는 불교의 핵심은 붓다의 가르침인 붓다 다르마(Buddha dharma), 즉 불법(佛法)이라고 주장하며 불교가 종교화되는 것을 다음과 같이 설명하였다. 불교를 영어 릴리전(religion)이라는 신학적 개념으로 이해하면 붓다는 신격화가 되고 불교도들은 신불(神佛)을 믿는 현상이 나타나 기독교의 하나님처럼 붓다는 믿음의 대상이 된다. 붓다는 법을 보는 자가 나를 볼 것이요, 법을 보지 않으면 나를 볼 수 없다고 말하며 자신의 신격화를 극구 부인하였다. 성열 스님은 한국의 불교도들은 법은 보려 하지 않고 붓다를 맹목적으로 신앙하는 이들이 너무 많다고 안타까워하였다.

성열 스님은 "릴리전 개념으로 종교를 설명하면 유대교, 기독교, 이슬람교, 힌두교, 시크교 등과 같이 인격신을 신앙하는 것을 종교라고 부르는 것이 타당할 뿐 인격신을 전제하지 않는 불교, 유교, 도교 등을 종교라고 말하는 것은 원칙적으로 맞지 않다"고 주장하였다. 그는 계속하여 "

불교는 인간의 아들로 태어나서 존재의 실상을 깨달아 생사의 불안과 공포로부터 자유를 얻은 고따마 붓다의 가르침을 믿는 것이지 어떤 신이나 절대자를 떠받들지 않는다. 고따마 붓다는 자신을 신격화하거나 절대화하는 것을 극구 반대했던 분이다. (중략) 오직 고따마 붓다가 깨달은 법을 터득하는 것이 붓다를 만나는 유일한 길임을 분명하게 밝히고 있다. (중략) 불교에서 말하는 믿음은 계시종교에서 말하는 믿음과는 다르다. 한 마디로 기독교에서 말하는 믿음과 불교의 믿음은 같지 않다는 뜻이다. 계시종교의 믿음은 신앙이지만 불교의 믿음은 신해(信解)이다. 신앙은 객관적 검증이 불가능한 것을 사실인 양 무조건적으로 받아들이고 복종하는 믿음이지만, 신해는 이해하고 납득하기 때문에 확신하고 받아들이는 믿음"이라고 하였다. 그는 또한 불교에서는 맹목적인 믿음은 또 하나의 번뇌일 뿐이라고 하였다.

불교와 기독교 명칭의 차이를 이렇게 설명할 수 있다. 불교라는 종교는 붓다가 가르친 내용을 이해하고 받아들이는 것이 핵심이고, 붓다라는 인격 자체를 높이고 예배하는 것은 중요하지 않다. 반면 기독교는 그리스도라는 인격 자체를 신앙하는 종교라고 할 수 있다. 신학을 영어로 'theology'라고 하는데, 이는 헬라어로 신을 뜻하는 "theos(데오스)"와 학문 혹은 말을 뜻하는 "logos(로고스)"의 합성어이다. 기독교 신학의 특징을 둘로 나누어보면 첫째, 학문적 타당성(학문성)을 가지며, 둘째, 신(

하나님)에 대한 종교적 고백인 주관적 신앙의 차원을 포함한다. 기독교 신학이 학문적 타당성만 가진다면 아무런 의미가 없다. 앞에서 성열 스님이 불교의 믿음은 신해라고 주장한 것은 불교란 붓다라는 인격 자체보다 붓다가 가르친 내용에 대한 학문적 타당성만 가져도 된다는 의미일 것이다. 그러나 기독교 신학은 학문적 타당성도 필요하지만, 더 중요한 것은 삼위 하나님에 대한 신앙, 즉 하나님을 믿고 고백하고 그분의 거룩한 이름을 높이고 우러러보며 예배하는 부분이라 할 수 있다.

2. 불교와 기독교의 출발점의 차이

불교와 기독교는 인생이 해결해야 할 가장 중요한 근원적 문제를 보는 시각 또한 완전히 다르다. 따라서 두 종교의 출발점이 다르기 때문에 해결법도 다를 수밖에 없다.

1) 불교의 출발점, 고(苦)

붓다가 출가를 결심하게 된 원인은 동문에서는 늙은이를 보고, 남문에서는 병든 이를 보고, 서문에서는 죽은 사람을 보고, 북문에 나가서는 수행자를 통해 출가수행만이 이 고통에서 벗어나는 길임을 확신한 것이다(四門遊觀). 인간의 생로병사라는 고난이 그를 출가하게 만들었다. 그는 29세 때 출가하여 35세 때 깨달음을 얻었고 80세 때 입멸하였다. 그는 인생의 근원적 문제인 고(苦)에서 벗어나 완전한 깨달음인 해탈 혹은 열반에 이르렀다고 주장하였다. 이처럼 불교는 인생의 근원적 문제를 고난으로 보고 그것으로부터 벗어나는 것을 최종 목적으로 하고 있다.

상좌부불교는 개인의 철저한 노력으로 고를 해결하고 완전한 깨달음에 이르러 불교의 창시자 붓다와 같은 경지에 도달할 수 있다고 주장하는 것이고, 대승불교는 개인의 노력만으로 고(苦)를 해결하는 데는 한계가 있으므로 창시자 붓다를 어느 정도 대속자의 반열에 올려놓고 붓다를 의지함으로 구원에 이르려고 하는 차이점이 있다. 결국은 불교의 가르침은 인간의 힘으로 스스로를 구원할 수 있다는 것이다.

2) 기독교의 출발점, 죄(罪)

루이스 벌코프가 『벌코프 조직신학(상)』에서 "세상에 존재하는 악의 기원에 관한 문제는 언제나 철학과 신학의 가장 난해한 문제 가운데 하나였다. (중략) 왜냐하면 악이 가진 힘은 크고 보편적인 것으로서 인간의 삶 전반에 드리워져 있는 어두운 그림자일 뿐만 아니라 일상적으로 체험하고 있는 현실이기 때문"이라고 말했듯이 기독교의 출발점은 죄이다. 그리고 죄에 대하여 말하기를 "죄는 행동과 태도와 본성에 있어서 하나님의 도덕적 법에 일치하지 못하는 것이다. (중략) 이 죄는 도적질이나 거짓말, 살인과 같은 개인적인 행동만을 의미하는 것이 아니라 하나님께서 우리에게 요구하시는 태도에 역행하는 태도까지도 내포한다.”고 했다. 이처럼 죄란 행동, 태도뿐만 아니라 도덕적 본질에 있어서도 하나님의 도덕법을 닮지 못한 것을 말한다. 성경에는 세상에 들어온 죄가 하나님의 율법을 범한 것으로 분명하게 말씀하고 있는데 요한은 죄를 불법이라고 했고(요일 3:4), 바울은 온 인류의 죄성을 말하는 가운데 유대인에게 주어진 구약의 율법이든(롬 2:17-29), 이방인의 양심 안에서 역사하는 기록되지 않은 법이든(롬 2:15) 하나님의 법에 호소한다. 죄는 하나님의 도덕적 성품의 위대하심에 반대되며, 하나님의 성품 가운데 좋은 모든 것들을 직접적으로 대적하며, 하나님은 필연적으로 그리고 영원히 죄를 미워하신다.

불교는 인생의 근원적 문제가 고난이라고 하지만 성경은 인간에게 고난이 찾아온 것은 인간이 하나님을 떠났기 때문이라고 답한다. 피조물인 첫 인간이 창조자 하나님을 떠난 것 자체가 죄의 뿌리이다(창 3장). 인간 스스로가 하나님을 떠난 것이므로 인간이 하나님께로 다시 돌아오면 죄의 문제가 해결된다고 성경은 말씀한다. 인간이 하나님께 직접 나아갈 수 있는 길이 없으므로 성부 하나님은 성육신하셔서 스스로 인간이 되셔서 구원자로 이 땅에 오셨는데 그분이 바로 독생자 예수 그리스도이시다. 인간은 하나님을 떠난 후 전적으로 타락한 존재가 되어 도덕적 수준이나 능력이 하나님께서 원하시는 수준에 도무지 도달할 수 없으므로 하나님이신 예수 그리스도가 인간을 위한 대속의 죽음을 죽으시기까지 복종하시기 위하여 십자가에서 죽으심으로(빌 2:8) 인간의 근본적인 죄의 문제를 해결하신 것이다. 인간이 구원을 받기 위해 해야 할 일은 율법을 지켜서 자신의 공로를 쌓는 것이 아니라 갈보리 십자가 위에서 화목제물이 되신 예수 그리스도를 구세주로 받아들이고 믿으면 하나님 보시기에 의롭게 되어 구원을 받을 수 있게 되는 것이다(롬 3:24-26).

3. 불교의 불(佛)과 기독교의 하나님(神)

1) 불교의 불(佛)

(1) 불(佛)의 이중적 의미

불(佛)은 산스크리트어 붓다의 음을 한자로 불타(佛陀)라고 음역한 것에서 유래하였다. 불교에서 불, 불타, 붓다, 부처는 다 같은 의미를 지니고 있다. 불 혹은 붓다는 창시자를 일컬을 때는 고유명사로, '깨달은 사람'을 나타낼 때는 보통명사로 쓰인다. 그런데 불교에서는 깨달음을 얻으면 불(佛)이 된다는 입장을 취하고 있다. 보통의 인간도 자신의 능력으로 얼마든지 성불(成佛)하여 완전한 자가 될 수 있다는 말이다. 이에 대하여 이제열은 그의 저서 『불교 기독교를 논하다』에서 "불교에서의 완전한 자는 일체의 욕망과 번뇌를 끊고 생각과 느낌과 감정에 휩싸이지 않는 깨달은 자"라고 말했다. 기독교식으로 표현하면 순수한 인간의 노력으로 흠이 없는 완전한 성화에 이르러 인간이 타락하기 전에 하나님께서 원래 창조하셨던 온전한 상태의 인간이 될 수 있다는 의미이다. 인간이 신이 될 수 있으므로 신이 있다고 해도 구태여 신의 도움이 필요가 없다는 말이다.

(2) 역사적 흐름에 따른 불교의 창시자 붓다의 신분 변화

주로 붓다가 생전에 말한 이야기들로 이루어져 있는 팔리어 5부 경전에는 다음과 같이 기록하고 있다. "붓다가 자신을 최고의 존재로 생각하고 말한 적이 없으며, 그의 제자들도 큰 깨달음을 얻은 선생님으로 존경했으나 그를 구원자로 생각하고 말한 적이 없다. 붓다 자신은 스스로가 신앙의 대상이 되기를 거부하였고 마지막 설법에서 붓다는 일체의 권위를 배제하고 있다."

붓다 입멸 후 약 500년 지났을 무렵 인도 서북 지역에서 대승불교가 일어났는데 민중의 종교적 요구에 부응하기 위하여 주술적인 요소를 많이 가미하게 되었다. 민간에는 불탑과 불상이 출현하여 예배의 대상이 되었고, 붓다의 생애 등을 이야기 형식으로 마을들을 돌아다니며 들려주는 역할을 했던 찬불승(讚佛乘)의 영향으로 붓다는 신격화되었다. 처음 반야경(般若經)계의 대승 경전이 불멸 후 400, 500년경에 나타났고 불멸 후 600년경(AD 100-150)에 법화경이 출현하였는데 거기에는 불교의 창시자 붓다를 구원불(久遠佛), 영원불(永遠佛)로 신격화시켰다. 대승불교는 붓다를 명실 공히 절대자라는 의미의 신(神)으로 만들었다.

(3) 대승불교의 확장된 유신론(有神論)으로의 변화

대승불교의 가르침에는 많은 부처와 보살들이 나타나고 이들 가운데 초월적인 절대자의 모습이 나타난다. 정토신앙이나 미륵신앙과 같은 타력신앙에서는 초월적인 절대자의 힘에 의한 인간의 구제(구원)를 말하고 있다. 죄를 많이 지은 사람도 절대타자(絶對他者)인 아미타불(阿彌陀佛)이나 미륵불(彌勒佛)의 본원력에 의하여 구제받을 가능성을 주장하게 되었다. 대승불교는 아미타불이나 미륵불 등을 예배의 대상으로 신앙화하고 있는데, 불교의 창시자 붓다와 같은 실존 인물이 아니라 가공의 부처인 것이다.

2) 기독교의 하나님(神)

성경 시편 14:1절은 "어리석은 자는 그의 마음에 이르기를 하나님이 없다 하는도다"라고 말씀한다. 사도 바울은 인간의 죄가 하나님에 대한 지식을 부인하게 만든다는 사실을 깨닫고 "불의로 진리를 막는 사람들"이라고 했다. 하나님은 인간을 만드실 때 인간이 하나님의 존재를 인식할 수 있는 내적 감각을 주셨다는 것을 이렇게 증거하고 있다. 로마서 1장 19절은 "하나님을 알 만한 것이 그들 속에 보임이라 하나님께서 이를 그들에게 보이셨느니라"고 했고, 그뿐만 아니라 로마서 1장 20절은 "창세로부터 그의 보이지 아니하는 것들 곧 그의 영원하신 능력과 신성이 그가 만드신 만물에

분명히 보여 알려졌나니 그러므로 그들이 핑계하지 못할지니라"고 하며 하나님의 피조물인 자연 만물에 하나님의 실존을 기정사실로 전제하고 있다. 다윗은 "주의 손가락으로 만드신 주의 하늘과 주께서 베풀어 두신 달과 별들을 내가 보오니"라고 고백하면서 하늘과 달과 별들을 볼 때 하나님의 위대하신 창조 솜씨를 볼 수 있다고 하였다. 성경은 인간을 포함하여 지구와 온 우주에 존재하는 모든 것들이 하나님의 실존을 증거하고 있음을 제시하면서 바른 마음을 가지고 참된 믿음의 눈으로 보는 사람은 능력 있고 지혜로우신 창조주 하나님을 알 수 있다고 말씀한다.

성경의 첫 구절인 창세기 1장 1절은 "태초에 하나님이 천지를 창조하시니라"는 말씀으로 시작하면서 하나님의 실존을 증명하기보다는 하나님께서 하신 일에 대해서 바로 증거한다. 하나님께서는 천지 만물을 말씀만으로 무에서 유로 창조하셨다. 다시 말해 하나님은 친히 우주 만물을 창조하신 분이시다. 반면 불교는 연기론을 주장하여 모든 존재가 서로 원인과 조건에 의지하여 생기고 사라진다는 관계성을 말한다. 그러나 첫 존재 혹은 물질이 누구 혹은 무엇에 의해서 출발하는지를 밝히지 못하고, 12연기론에서 순관(順觀)과 역관(逆觀)이 있다고 말하면서 끊임없이 돌고 도는 것으로 인식한다. 이에 반하여 하나님은 역사를 주재하시는 분이시며 인간을 구원하기 위해 친히 인간이 되신 분이시다. 인간이 되신 하나님은 바로 예수 그리스도이시며, 십자가의 대속으로 말미암아 죄인을 값없이 의롭게 하시는 분이시다. 무엇보다 하나님은 인간을 개인마다 인격적으로 만나주시는 분이시다. 하나님은 영이셔서 눈에 보이지 않으나 실재하시는 분이시며 공간적인 제한을 받지 않으셔서 무소부재하신 분이다.

4. 불교의 경전과 기독교의 성경

1) 불경(佛經)

(1) 불경이란 어떤 책인가?

김중영 목사는 『불교와 기독교를 해부한다(상)』의 800-899쪽에서 "불경은 어떤 것인가?"라는 제목으로 약 5,000여 권에 달하는 방대한 불교의 경전들을 분석하고 있다. 필자는 그의 책을 중심으로 불경에 대하여 정리해 보고자 한다.

불교의 경전 곧, 불경은 창시자 붓다와 그의 제자들의 교설(教說)을 문자화한 것뿐만 아니라 후대 불교도의 저술, 불교의 역사, 전기, 기타 불교에 관계된 일체의 저술을 포함하는 개념이다. 불교 성전은 주로 고(古) 인도 불교의 경, 율, 논(經.律.論) 세 종류(三藏)의 저작과 인도 이외의 중국, 한국, 일본 등지의 2,600여 년 동안 불교학자들의 저술(著述)을 포함하기 때문에 헤아릴 수 없을 만큼 방대한 분량이다. 이 중에서 불경은 불교 성전의 중심이 되는 중요한 부분이며 불교사상의 원류인데, 그 분량은 5,000여 권에 달하며 중국에서 한문으로 저술한 불경의 수는 모두 4,172권에 달한다.

삼장(三藏)은 불교 경전 모두를 경장(經藏), 율장(律藏), 논장(論藏)의 3종류로 분류한 것을 말한다. 경장은 붓다가 설(說)한 경을 총괄한 것으로《법화경(法華經)》,《화엄경(華嚴經)》,《금강경(金剛經)》등과 같이 '경(經)'자가 붙은 것을 말하고, 율장은 교단의 규칙 집성서로 계율은 비구, 비구니가 지켜야 할 불교의 제도적인 계율로 5분율(五分律), 5계(五戒), 10계(十戒) 등과 같은 것을 말한다. 논장은 붓다가 경과 율의 이해를 깊게 하기 위하여 주석이나 해설을 달아 놓은 것과 붓다의 제자나 불멸 후 여러 보살들이 경의 뜻을 해석하고 변론한 것을 모아 놓은 것으로『대지도론(大智度論)』,『아비달마구사론(阿毘達磨俱舍論)』,『유가사지론(瑜伽師地論)』등과 같이 '논(論)'자가 붙은 것을 말한다. 하지만 현존하는 경전과 율전(律典) 중에는 붓다의 교설을 그대로 기술한 것은 하나도 없다. 붓다의 교설을 근본으로 하여 후세의 개인 혹은 단체가 편집한 문서이므로 경전과 율전은 붓다의 순수한 교설이 아니라고 할 수 있다.

대장경(大藏經)은 경, 율, 논의 삼장이나 여러 고승들의 저서를 모아 만든 것으로 거란대장경(契丹大藏經), 고려대장경(高麗大藏經), 일본의 대정신수대장경(大正新脩大藏經) 등이 있다.

(2) 불경의 성립

① 원시불교 경전의 성립 : 원시불교 교리는 4아함(阿含)과 5니카야

(nikāya)에 기록되어 있는데, 붓다의 깨달음 이후 입멸할 때까지 45년 간의 설법과 제자들의 설법을 모아놓은 것이다. '아함(阿含)'이란 산스크리트어의 아가마(agama)의 음역으로 '가르침' 또는 '전해짐'이란 뜻이며, 중국에서는 교법(敎法), 전교(傳敎), 법귀(法歸), 법장(法藏)으로 의역되기도 한다. 아가마는 고대 인도에서 원래부터 전해온 성인(聖人)의 말씀을 일반적으로 지칭하는 용어이다. 불교에서는 불멸 후 100-200년경 스승과 제자 사이에 서로 전해져 내려오던 붓다와 제자들의 교설을 집성(集成)하여 '아가마(阿含)'라고 총칭한다.

② 부파불교 경전의 성립 : 경장과 율장의 원형은 원시불교 시대에 성립되었지만, 논장이 확정된 것은 부파불교 교단이 성립된 이후이다. 따라서 논장의 내용은 각 부파마다 다르다. 논장의 제작은 BC 250년경 근본 분열 이후부터 시작되어 기원 전후의 무렵까지 완성되었다고 생각된다. 부파불교는 처음에 근본분열을 통해 상좌부와 대중부의 두 파로 나뉘었다가 지말분열 시대에는 20개의 부파로 나뉘었다. 부파가 분열함에 따라 각각의 부파는 율장과 경장을 전승하여 성전을 증보하거나 개편하기도 하였다.

③ 대승불교와 비밀불교 경전의 성립 : 대승불교 경전의 성립은 AD 1세기경부터 약 1,000년간이라고 하지만 상세한 내용은 밝혀지지 않고 있다. 비밀불교 경전의 성립 시기는 약 AD 7세기로 추산하며, 경전의 저작 연대와 장소는 알 수가 없다.

 붓다를 넘어 복음으로

(3) 불경의 특징

첫째, 5,000여 권에 달하는 불경에는 몇몇 경우를 제외하고 저작자를 거의 알 수 없다.

둘째, 불경은 스승과 제자 간의 대화가 구전되는 사이에 고의적 또는 무의식적으로 경전의 문구와 형식이 변화하였고, 주석을 가하고, 요약 혹은 윤색하여 경전은 점점 원형과 멀어지게 되었다. 대승 경전의 성립 시기는 AD 1-10세기의 약 1,000년간으로 창시자 붓다의 직접적인 가르침은 아니며 붓다의 입멸 후 장구한 세월 동안 단계적으로 첨가되어 오늘날의 방대한 분량이 되었다. 따라서 불경은 원래의 원본에 많은 부분이 더해져 변질되었다고 할 수 있다.

셋째, 시대와 민중의 종교적 요구에 따라 주술적 요소가 많이 가미되었다. 이러한 주술적인 요소가 대승불교 속에서 점차 우세해져 AD 6세기경부터는 차츰 밀교(密敎)가 왕성해지게 되었다.

넷째, 많은 불경이 불설(佛說), 곧 붓다가 말한 것이라고 하지만, 붓다의 교설을 직접 기술한 것은 하나도 없다.《아함부경전》은 그나마 창시자 붓다의 교설이 가장 많이 포함된 경전이다.

다섯째, 불경 중에는 후세의 불교도들이 붓다를 신격화하기 위하여 창작한 것도 있고 심지어 성경을 모방한 구절들도 있다.

여섯째, 불경의 시작 부분과 끝마치는 부분은 "이와 같이 나는 들었

다(如是我聞)”로 시작하여 “붓다의 말씀을 듣고 기뻐서 받들어 행하였다
(歡喜奉行)”는 식으로 끝나는데, 여기의 ‘나’는 누구인지 밝히지 않고 있
다. 이것은 후대에 누군가가 의도적으로 편집하였다는 증거이다.

(4) 불경을 기록한 언어

불경은 산스크리트어(梵語), 팔리어, 한자, 티베트어 외에도 구미어,
일본어, 한국어로 기록되어 있다. 산스크리트어는 고대 인도의 브라만교
의 성전어(聖典語)였는데, 제4차 결집 때 불교의 성전어로 채택되어 불
교의 전파와 더불어 중앙아시아 및 동북아시아로 전해져 중국어, 티베트
어로 번역되어 북방불교 경전의 원서가 되었다. 한역(漢譯)된 경전은 종
류와 분량에 있어서 어떤 언어보다 완비되어 있고 중국, 일본, 한국 등 여
러 나라에서 발달된 대승불교의 근본성전(根本聖典)이 되었다. 티베트에
서는 토속종교인 본(Bon)교가 새로 전래 된 불교와 융합하여 라마교라
는 티베트만의 독특한 불교가 탄생했는데, 라마교에서는 서장대장경(西
藏大藏經)을 간행하였다.

2) 성경

성경은 거룩한 하나님의 말씀을 기록한 책들을 말한다. 성경은 전
세계 모든 책 중 가장 많은 출판과 판매 그리고 가장 많은 언어로 번역되

었고 인간이 저술한 다른 어떤 책과도 비교 불가능한 독보적인 책이다.

(1) 성경의 특징

① 통일성: 성경은 적어도 40여 명의 각기 다른 사람들에 의해서 1,600년 이상의 기간에 걸쳐 기록된 66권의 책을 말한다. 성경 말씀은 죄인인 인간이 예수 그리스도를 믿음으로 얻는 영원한 구원이라는 단일 주제를 중심으로 상호 연결된 통일성을 보이고 있다. 성경을 기록한 사람들은 왕들, 선지자들, 목자들, 교육을 많이 받은 사람들, 배우지 못한 사람들 등 다양한 부류의 사람들이지만 그 내용에 있어서는 서로 상치되거나 모순되는 점이 없이 통일을 이루고 있다. 이러한 성경의 통일성은 각 책들 간의 조화와 더불어 성경의 초자연적인 기원을 증거하는 것이다.

② 권위성: 성경의 기록자들은 모두 성경의 모든 내용이 하나님에 의해 주어졌으며(딤후 3:16, 벧후 1:21) 하나님의 메시지를 전달하고 있다(고전 2:9-12)고 말하고 있다. 성경은 바로 하나님의 말씀이라는 사실 위에 근거하는 독특한 권위를 스스로 주장한다.

③ 계시성과 예언성: 성경은 생의 의미뿐 아니라 하나님 자신의 생각, 동기, 의도 그리고 계획을 드러내고 있다(고전 2:9-12). 성경의 내용들은 하나님의 계시로 인정하고 받아들일 때만이 적절히 설명될 수 있는 많은 예언을 담고 있다(사 46:10). 성경은 계시의 점진성을 가지고 있다.

④ 역사적 진정성: 모든 경전들 가운데 오직 성경만이 역사 가운데 근거를 두는 역사적인 문서로 시공간에서 실제로 발생한 사건들을 기록하고 있다. 하나님의 역사들과 그 속에 들어 있는 의미들은 이스라엘 백성들의 역사 가운데 드러나고 있으며, 그것들은 예수 그리스도의 역사적인 출생, 십자가의 죽음, 장사지냄과 부활 속에서 정점을 보이고 있다. 이처럼 성경은 세계의 다른 어떤 책들 가운데서도 발견될 수 없는 역사적인 진정성을 가지고 있다.

⑤ 실증성: 역사 가운데 기록된 성경의 내용들은 성경을 독특하게 실증할 수 있는 책으로 만들어준다. 특히 고고학은 성경을 역사적인 문서로 지지하는 정보를 제공하고 있다.

⑥ 구원에 대한 강조성: 오직 성경만이 죄 가운데 죽을 수밖에 없는 인간들의 실상을 묘사하고 있다. 성경은 사람들 스스로 구원에 이를 수 없으며 오직 하나님의 아들 예수 그리스도만이 구세주이심을 증거하고 있다(요 20:31; 행 16:31).

⑦ 철학적인 완전성: 성경만이 인류를 괴롭히는 기본적인 문제들에 대하여 답변을 하고 있다. '나는 어디서 왔는가', '무엇이 생에 의미를 주고 있는가', '왜 세상에 악이 존재하고 있는가', '무엇이 올바르며 무엇이 그른가', '내가 어떻게 하면 진실로 선한 삶을 살 수 있는가', '우주와 한 개인으로서 나에게 무슨 미래가 펼쳐질 것인가', '하나님

은 누구이시며 내가 어떻게 그분을 알 수 있을 것인가' 하는 등의 질
문들은 오직 하나님의 말씀 안에서 만족할 만하고 완전한 방법으로
알 수 있다.

(4) 성경을 기록한 언어

구약성경은 대부분 히브리어로 기록되었으며, 부분적으로 아람어
(스 4:8-6:18, 7:12-26, 렘 10:11; 단 2:4-7:28)로 쓰였다. 신약은 고전 헬
라어와는 달리 1세기 당시 일반 사람들에 의해 사용된 언어인 코이네
(koine) 헬라어로 기록되었다. 이렇게 히브리어와 헬라어로 기록된 성경
이 다시 각 나라 말로 번역되어 각국 언어로 읽혀지게 된 것이다.

2022년 1월 기준, 총 7,376개의 언어 가운데 성경전서는 719개의
언어로 번역되어 보급되었다. 신약성서는 1,593개 언어로, 단편성서는
1,212개의 언어로 번역되었고, 아직 3,852개의 언어는 단편성서조차 번
역되지 않았거나 번역 중에 있다. 이처럼 성경은 세계의 어떤 다른 종교
와도 비교할 수 없을 만큼 많은 수의 언어로 번역되어 보급되고 있다.

5. 불교와 기독교의 핵심 키워드, 자비(慈悲)와 사랑

1) 불교의 자비

(1) 자비의 의미

불교와 기독교를 핵심 키워드로 표현하면 불교는 자비의 종교라고 말하고, 기독교는 사랑의 종교라고 할 수 있다. 자비라는 단어의 어원을 살펴보면 자(慈)는 산스크리트어로 마이뜨리(maitrī)인데 중생에게 즐거움을 주고, 비(悲)는 산스크리트어로 까루나(karuṇā)인데 중생의 괴로움을 없애는 것을 말한다. 마이뜨리는 특정인만 대상으로 하는 것이 아니라 모든 사람에게 우정을 갖는 것을 말한다. 까루나의 원래 뜻은 탄(歎)으로 인생의 괴로움에 슬퍼하는 것이 아니라 나아가 불쌍히 여기고 동정한다는 의미이다. 임헌준은 그의 저서『아는 만큼 보이는 기독교와 불교』에서 다음과 같이 말한다. "슬픔을 함께 나누는 감정을 통하여 모든 생명체로 확대하여 가는 자비는 불교에서 보편적인 사랑의 근본 구조라고 말할 수 있다. 자비는 다른 사람과 함께 더불어 사는 이 세상에서 인간관계에 대한 불교의 실천 원리로 강조된다. (중략) 불교에서는 종종 동체자비(同體慈悲)라는 말을 쓴다. 다른 사람을 나 자신으로 여기고 자비를 베풀라는 것이다."

(2) 기독교 사랑의 의미에 대한 불교의 오해

존 데이비스(John Davis)는 그의 책『Poles Apart』에서 상좌부불교권에 속한 태국 불교도들이 복음의 핵심이라 할 수 있는 요한복음 3장 16절의 "하나님이 세상을 이처럼 사랑하사 독생자를 주셨으니 이는 그를

  붓다를 넘어 복음으로

믿는 자마다 멸망하지 않고 영생을 얻게 하려 하심이라"는 말씀을 들을 때 '하나님께서 세상을 사랑하셨다'는 부분을 어떻게 받아들이는지 다음과 같이 설명하였다. 태국인들의 입장에서는 인격적 개념의 신을 상상하지도 못할 것이고, 설사 그런 인격신이 있다고 하더라도 불교에서는 모든 고통의 근원이 사랑, 집착, 욕망인데 그리스도인이 말하는 하나님이라는 존재가 세상을 사랑한다면 붓다가 해탈하기 전의 상태에 머물러 있는 부족한 하나님이라고 폄하할 것이다. 그들은 하나님이란 분이 아직도 욕망을 버리지 못한 단계에 머물러 있는 저급한 신이라고 여길 것이다. 불교에서는 해탈이나 열반에 이른 존재는 더 이상 사람이나 세상에 대한 애착과 사랑을 가질 수 없는 법인데 어떻게 그리스도인의 하나님은 사람과 세상에 대한 집착을 버리지 못하고 아직도 사랑하는 단계에 머물러 있을까라고 오해한다. 불교는 사랑을 욕망의 일종으로 보면서 사랑해서는 안 된다고 가르치고, 집착된 사랑을 갈애라고 하면서 사랑을 부정한다. 또한 사랑은 본질적으로 자기애(自己愛)라고 본다.

기독교 십계명 중 제6계명은 "살인하지 말라"(출 20:13; 신 5:17)이다. 그러나 불교의 오계(五戒) 중 가장 먼저 나오는 것은 불살생(不殺生, 살아 있는 생명을 죽이지 말라)이다. 불교인들은 기독교의 십계명 중 제6계명은 '인간만 죽이지 말라'는 것이지만, 불교는 '인간을 포함한 모든 생명 있는 것들도 죽이지 말라'는 것이므로 불교의 자비가 기독교의 사랑보다 더 우월하고 높은 가르침이라고 주장한다. 원래 불교는 하나님을 인정하지 않을 뿐만 아니라 다른 피조물들과는 차원이 다른 하나님의 형상대로 지음 받은 인간의 고귀함을 인정하지 않기 때문에 어쩌면 그들의 오해는 당연한 것이라 할 수 있다.

초기 불교는 자불사상(自佛思想), 즉 '내 마음에 스스로 부처가 있다'고 주장하면서 개인의 구원을 강조하여 다른 사람과의 관계를 중요하게 생각하지 않았기 때문에 자비라는 개념이 비집고 들어갈 여지가 없었다. 상좌부불교는 출가 중심의 불교로서 출가하지 않으면 구원받을 가능성이 없는 자력 구원관을 가지고 있었다. 그러므로 다른 사람을 기다리고 있을 여유가 없었다. 반면 대승불교는 재가신도, 즉 출가하지 않고 혹독한 수행을 하지 않는다고 할지라도 모든 사람에게 자비를 베푸시는 부처님의 공덕으로 구원을 받을 수 있다고 하는 타력 구원을 강조하면서 자비 개념을 강조하기 시작하였다. 무신론적이고 자력 중심의 원시불교가 유신론적 불교, 즉 부처는 우주의 어느 곳이든 살고 있다는 사상을 주장하면서 아미타불, 지장보살, 약사여래불, 관음보살 등을 가르치며 자비의 보살상에 대하여 말하고 있다.

2) 기독교의 사랑

사랑은 하나님의 속성 중 하나이다. 신학자들은 하나님의 속성을 여러 가지로 설명하였다. 많은 개혁파 신학자들은 비공유적 속성과 공유적 속성으로 구분하는데 이런 구분이 조직신학에서 가장 일반적으로 쓰인다. 비공유적 속성이란 자존성과 단순성, 무한성 등과 같이 피조물에서는 어떤 비유도 찾을 수 없는 속성들이며, 공유적 속성이란 능력과 선과 자비와 의(義)와 같이 인간 정신의 특성들이 어떤 비유를 가지고 있는 속성들이다. 그러나 엄밀하게 따져보면 하나의 신적 속성 안에 비공유적인 속성인 동시에 공유적 속성을 동시에 포함하는 경우가 허다하다.

공유적 속성은 인격적인 영으로서의 하나님을 말하는데, 하나님의 인격적 본성을 강조한다. 공유적 속성에는 하나님이 의식적이고, 지성적이며, 자유로우며, 도덕적인 존재, 즉 지고의 의미에서 인격적인 존재로 나타난다. 하나님의 도덕적 속성들은 가장 영광스러운 신적 속성으로 간주되며 하나님의 선, 하나님의 거룩함, 하나님의 의(義)로 구분할 수 있다. 사랑은 하나님의 도덕적 속성에 속하는 하나님의 선에 속하는데, 이는 하나님이 선의 최종 기준이 되시며 하나님이 하시는 모든 일과 하나님의 모든 것은 다 인정을 받기에 합당하다는 의미이다. 하나님의 선하심을 언급할 때 가장 먼저 떠오르는 것은 바로 사랑으로 분류할 수 있는 일단의 속성들이다. 하나님의 사랑이라는 속성 안에 하나님의 선하심, 인애, 은혜, 자비, 인내, 긍휼 등이 다 포함되어 있다고 할 수 있다.

(1) 하나님의 사랑 혹은 인애

하나님의 일반적인 선과 달리 하나님의 사랑은 하나님으로 하여금 영원히 자기 전달을 하게 하는 속성으로 정의될 수 있다. 사랑이란 다른 사람의 유익을 위하여 자신을 주는 것인데 하나님의 이 속성은 다른 사람의 선이나 복을 위해 자신을 주는 것으로서 그의 성품의 일부를 보여준다. 요한은 하나님은 사랑이시라고 했고(요일 4:8), 요한은 "창세 전부터 나를 사랑하시므로 내게 주신 나의 영광"(요 17:24)이라는 예수님의 기도를 기록함으로 영원 전부터 성부와 성자 사이에 사랑이 있었고, 영광을 주고받는 일이 있어서 하나님의 속성이 창조 전에도 삼위일체 안에서 활발하게 진행되었다고 증거하고 있으며, 지금까지도 계속되고 있다. 성부와 성자 사이의 사랑은 성령과의 관계에도 적용된다. 성자를 위한 성부의 사랑, 성부를 위한 성자의 사랑, 성령을 위한 성자와 성부의 영원한 사랑은 천국을 사랑과 기쁨의 장소로 만들어주는데 이는 성부, 성자, 성령 삼위 하나님이 각기 다른 두 위에게 행복과 기쁨을 가져다주는 것을 추구하기 때문이다.

하나님의 사랑은 우리를 위한 그리고 우리를 향한 이타적인 관심이다. 그것은 '에로스'가 아니라 '아가페'이다. '아가페'는 신약성경 기록 당시 성경 외의 문헌에서는 단 한 번 발견되는 독특한 단어로 일반 사회에서는 널리 통용되는 용어가 아니었다. 명사 '아가페'는 신약성경에서 116

회 사용되었으며 하나님과 그리스도의 사랑에 대하여 특별하게 사용되었던 독특한 단어이다. 신약성경에 가장 일반적으로 사용된 단어는 '아가페'로 구약성경의 사랑에 해당하는 대부분의 단어가 이 단어에 해당하며, 인간에 대한 하나님의 사랑, 하나님에 대한 인간의 사랑, 이웃에 대한 인간의 사랑 모두에 해당하는 단어이다. 자기를 내어주는 일은 삼위 하나님의 인간과의 관계, 특히 죄인과의 관계에서 더욱 선명하게 나타나는데(요일 4:10, 롬 5:8-10, 요 3:16, 갈 2:20) 하나님께서 성육신하셔서 연약한 인간의 몸을 입고 자신을 죽기까지 복종하시고 죄인들을 살리신 예수 그리스도의 십자가의 사랑에서 하나님의 풍성하신 사랑이 가장 잘 나타나 있다. 우리에게 참된 기쁨과 행복을 주기 위하여 자신을 주는 것이 성부와 성자와 성령의 목적이며 사랑하는 자를 위해 그렇게 행하시는 것이 하나님의 성품이고 영원토록 그렇게 행하실 것이다. 요한은 "사랑하는 자들아, 하나님이 이같이 우리를 사랑하셨은즉 우리도 서로 사랑하는 것이 마땅하도다"(요 4:11)라고 증거하고 있다. 믿는 자들의 교제에서 서로 사랑하는 것은 그리스도를 본받는 일로서 그러한 행동을 통해 세상은 우리가 하나님의 것임을 알 수 있게 된다(요 13:35). 그리고 하나님은 우리로 하여금 서로 사랑할 수 있도록 우리에게 사랑을 주시며(요 17:26, 롬5:5), 원수를 향한 우리의 사랑은 분명한 하나님의 사랑을 반영한다(마 5:43-48).

예수님께서 이 땅에 오신 것 자체가 하나님의 사랑을 보여주신 사건이요(요 3:16, 롬 8:37, 요일 4:9), 하나님의 사랑을 확증하신 사건이다(롬 5:8). 그리스도를 통하여 사랑은 새 이스라엘, 곧 교회에 주어졌을 뿐만 아니라 각 사람들에게 개인적으로 주어진다(요 14:23, 16:27, 17:23, 갈 2:20). 하나님은 우리를 사랑하실 뿐만 아니라 그 자신이 사랑이시다(요일 4:8). 그리고 그의 사랑은 모든 사랑의 기초, 원천, 본보기이다(요일 4:10). 사랑의 기원은 성부 하나님에게 있고, 독생자 예수 그리스도를 보내어 십자가에 죽게 하신 것은 전적으로 타락한 인간을 용서하시는 가장 큰 사랑의 표현이다(사 53:5).

(3) 하나님의 자비(긍휼)

하나님의 자비는 불행과 환난 중에 있는 사람들을 향한 하나님의 선하심을 의미한다. 하나님의 긍휼 혹은 자비의 뜻으로 가장 흔히 사용되는 히브리어는 '헤세드'로 이는 하나님의 깊고 부드러운 연민을 표현하는 단어이다. 다른 말로는 '라함'이 있는데 영어 성경에서는 온화한 긍휼(tender mercy)이라고 번역되었다. 신약성경은 하나님의 긍휼을 '엘레오스'라는 헬라어 단어를 사용하였다. 이 말은 하나님께서 인간을 죄의 결과로 비참한 상태에서 하나님의 도우심이 필요한 존재로 바라보고 있다는 의미이다. 이것은 그들의 공과에 관계없이 곤궁과 비탄에 빠진 자들에게 보여주시는 하나님의 선과 사랑을 나타낸다. 하나님의 온화한 긍휼은 하나님의 모든 피조물 위에(시 145:9) 그리고 하나님을 경외하지 않는 사람에게도 임하였다(겔 18:23, 32, 33:11, 눅 6:35-36). 하나님께서 자기 이름을 모세에게 알리실 때 "여호와라 여호와라 자비롭고 은혜롭고 노하기를 더디하고 인자와 진실이 많은 하나님이라"(출 34:6)고 했고, 다윗은 "여호와는 긍휼이 많으시고 은혜로우시며 노하기를 더디 하시고 인자하심이 풍부하시도다"(시 103:8)고 노래하였다. 하나님의 자비의 특성은 고난과 환난 중에 있는 사람들에게 초점이 맞추어진다. 다윗은 "내가 고통 중에 있도다. 청하건대 여호와께서는 긍휼이 크시니 우리가 여호와의 손에 빠지고"(삼하 24:14)라고 했고, 소경 두 사람은 "다윗의 자손이여 우리를 불쌍히 여기소서"(마 9:27)라고 부르짖으며 예수께서 자기들의 곤고를 보시고 고쳐주시기를 원하였다. 바울은 고난 중에 있는 사람을 위로하신다는 사실을 말하며 "자비의 아버지시요 모든 위로의 하나님"(고후 1:3)이라고 불렀다. 예수께서 무리들이 목자 없는 양과 같은 무력함을 보셨을 때 무리를 보시고 불쌍히 여기시고 그들의 회당에서 가르치시며 천국 복음을 전파하시며 모든 병과 모든 약한 것을 고쳐주셨다고 했듯이(마 9:35-36) 우리는 자비와 은혜를 주시는 하나님의 은혜의 보좌 앞으로 담대하게 나아갈 수 있는 것이다(히 4:16).

(4) 하나님의 은혜

하나님의 은혜는 심판을 받기에 합당한 자들을 향한 하나님의 선하심을 의미한다. 은혜는 구할 권리가 없는 사람에게 값없이 베푸시는 인자라고 할 수 있다. 은혜는 사랑을 상실했고 본성상 정죄 아래 있는 사람들에게 대한 하나님의 선 또는 사랑을 나타내기 위하여 사용하고 있다. 하나님의 은혜는 죄인들에게 주어지는 모든 영적인 복들의 근원이다(엡 1:6-7, 2:7-9, 딛 2:11, 3:4-7). 하나님의 은혜로 인하여 구원의 길이 열렸으며(롬 3:24, 고후 8:9), 구원의 소식이 세상에 선포되었고(행 14:3), 죄인들은 예수 그리스도 안에서 하나님의 선물을 받는다(행 18:27, 엡 2:8). 그리고 궁극적으로 은혜로 인하여 하나님의 선물인 구원을 상속받는다(딛 2:11). 만약 하나님께서 모든 사람에게 행한 대로 갚으신다면 아무도 구원받을 수 없었을 것이고 모두가 멸망 받고 정죄를 받을 수밖에 없을 것이다. 바울 서신에서는 죄사함 뿐만 아니라 그리스도인의 삶 전체가 하나님의 지속적인 은혜의 결과라고 말씀한다. 바울은 "내가 나 된 것은 하나님의 은혜로 된 것"(고전 15:10)이라고 고백했다.

(5) 하나님의 인내(오래 참으심)

하나님의 사랑의 마지막 차원은 오래 참으심인데 인간의 계속적인 불순종에도 불구하고 완고한 자와 악인에 대해 참으시는 하나님의 선 혹은 사랑의 측면이다. 성경에서 하나님의 오래 참으심에 대하여 여러 번 볼 수 있듯이(출 34:6, 시 86:15, 롬 2:4, 9:22, 벧전 3:20, 벧후 3:15), 하나님은 오랜 기간에 걸쳐 심판을 철회하시고 계속해서 구원과 은혜를 베푸시는 분이시다(벧후 3:15). 이스라엘 백성들은 반복해서 여호와께 반역하였고, 애굽으로 돌아가기를 바랐다. 우상을 섬겼으며, 주변의 이방인의 관습에 빠졌고, 그들과 혼인하였다. 그럼에도 불구하고 여호와께서는 그들을 영원히 버리지 않으셨다. 하나님의 오래 참으심은 이스라엘에게만 국한되는 것은 아니다. 사람들에게 구원을 제공하기 위하여 홍수가 지연되었음을 암시하고 있다(벧전 3:20). 베드로는 주님의 재림이 하나님의 오래 참으심으로 지연되고 있다고 주장하며 "아무도 멸망하지 아니하고 다 회개하기에 이르기를 원하시느니라"(벧후 3:9)고 하였다.

6. 불교와 기독교의 궁극적 목적의 차이, 해탈과 구원

1) 불교의 궁극적 목적, 해탈

(1) 해탈(解脫)의 의미

불교의 궁극적 지향점은 해탈 혹은 성불(成佛)이라고 한다. '해탈'은 고통에서 벗어나는 것이고, '성불'은 무명에서 벗어나 깨달음을 이루어 부처가 되는 것을 말한다. 해탈이란 산스크리트 원어로는 '모크샤'(mokṣa)로 '해방하다'를 의미하는 동사 어근 'muc'에서 파생된 명사이다. 이는 '해탈, 해방, 자유' 등을 의미하는데, 즉 번뇌 등의 속박이나 결박으로부터 벗어난 상태를 의미한다. 해탈은 욕망과 번뇌의 속박으로부터 벗어남과 동시에 윤회 세계로부터의 해탈이다. 윤회란 중생이 해탈하여 열반에 이르지 못하고 삼계(三界: 欲界, 色界, 無色界) 육도(六道: 地獄, 餓鬼, 畜生, 修羅, 人間, 天上)로 태어나고 죽는 것을 반복하는 것을 말한다. 윤회 세계로부터의 탈출이 불교의 이상이다. 붓다는 고통과 생존으로부터 해방되려면 집착하는 마음을 버리고 욕망을 끊을 때 윤회 세계로 다시 태어나게 하는 업이 소멸되어 윤회에서 해탈(해방)하여 열반에 들어갈 수 있다고 주장하였다. 해탈의 개념은 종종 열반과 거의 동일한 의미로 혼용해서 쓰이는 경우가 허다하나 어떤 경우에는 해탈에 근거하여 열반(涅槃)이 일어난다고도 한다. 열반은 '불어 끈다'는 뜻으로서 번뇌의 뜨거운 불길이 꺼진 고요한 상태를 가리킨다.

붓다는 불교가 인생이 가장 긴급하게 해결해야 할 문제가 무엇인지 유명한 '독화살 비유'를 통해 자신의 의견을 피력하였다. 앞에서 살펴본 대로 붓다의 제자 만동자(말룽끼야뿟따)가 '세계는 영원한가? 무상한가? 영혼과 육체는 하나인가? 둘인가?' 등의 형이상학적 질문을 했을 때 붓다가 대답하기를 사람이 사냥을 하다가 독 묻은 화살을 맞았다면 가장 먼저 할 일은 화살을 쏜 사람의 신분이나 활의 종류 등을 알아내는 것이 아니라 독 묻은 화살을 뽑는 것이라고 하면서 만동자의 질문에 직접적인 대답을 회피하였는데 이것을 14무기(十四無記)라고 불렀다. 가시적으로 확인할 수 없고 단지 인간이 이성적으로 생각만 할 수 있는 신의 존재, 사후 세계의 유무 등에 관한 답변은 시급한 것이 아니라는 것이다. 붓다에게 있어서 우리의 존재나 사후 세계에 대한 관심보다 더 시급한 것은 우리의 내면에 잠재해 있는 번뇌의 화살, 즉 감각적 쾌락의 욕망을 뽑아버리는 것이었다. 붓다는 '박혀 있는 화살', 즉 쾌락의 욕망을 제거하면 마음에 평안을 얻고 슬픔이 제거되어 마음의 고통에서 자유를 얻는 해탈, 즉 인간 스스로 욕망을 제거하므로 열반에 도달할 수 있기에 굳이 신의 도움이 필요하지 않다는 것이다. 그러므로 세상을 향한 갈망과 욕망을 제거하지 않은 상태에서 영혼이나 사후세계에 관심을 가지는 것은 인생의 고통을 해결하는데 전혀 도움이 되지 않으며, 최우선순위는 인간의 고통의 문제를 해결하기 위한 실질적인 방법을 찾는 것이었다.

(2) 해탈의 방법

해탈의 길은 경전이나 종파에 따라 다르게 제시되는데, 구체적으로 살펴보면 다음과 같다. 붓다가 깨달음을 얻은 후 그전에 만난 다섯 수행자에게 처음으로 가르친 교설을 초전법륜(初轉法輪)이라고 하며, 그것은 사성제와 팔정도이다. 사성제와 팔정도는 앞에서 상세하게 살폈으나 한 번 더 간략하게 살펴보도록 하겠다. 사성제란 네 가지의 성스러운 진리라는 말로서 고성제, 집성제, 멸성제, 도성제를 말하며, 이를 간단하게 고집멸도라고도 하며 각각 고, 고의 원인, 고의 소멸, 고의 소멸에 이르는 방법을 내용으로 한다. 근본불교에서 해탈을 이루기 위해 구체적으로 실천해야 하는 것은 바로 팔정도의 수행이다.

첫째, 대승불교에서는 해탈에 이르기 위하여 이상적인 보살의 수행법인 여섯 가지 실천 덕목인 육바라밀을 제시한다. 육바라밀이란 생사의 고해를 건너 이상의 세계인 파라다이스로 가는 길, 즉 열반의 세계에 이르는 길을 일컫는다. 육바라밀은 보시바라밀(布施波羅蜜), 지계바라밀(持戒波羅蜜), 인욕바라밀(忍辱波羅蜜), 정진바라밀(精進波羅蜜), 선정바라밀(禪定波羅蜜), 반야바라밀(般若波羅蜜)을 말한다. 육바라밀의 가르침도 인간의 노력으로 온전히 선한 삶을 살 수 있어서 해탈에 이를 수 있다는 것이다. 둘째, 참선(參禪)을 강조한다. 불교의 선은 인도의 요가로부터 기원하는데 붓다는 해탈에 중점을 두고 선을 수행하였다. 셋째, 간경(看經)을 강조한다. 간경은 경전을 통해 불법을 공부하는 것으로 머리로 붓다의 가르침을 배우고 끝나는 것이 아니라 생활 속에서 실천을 통해 배운 내용이 몸과 마음에 배도록 수행하는 것을 말한다. 넷째, 염불이다. 염불이란 부처의 이름을 소리 내어 부르거나 상호를 관상하거나 공덕을 생각함으로써 불국토에 왕생한다는 수행법이다.

불교의 구원인 해탈의 세계는 어떤 세계일까? 해탈의 세계는 기쁨도 슬픔도 없는 절대적인 정적인 절대 무(無)의 상태이다. 윤회의 바퀴에서 벗어나는 해탈은 태어남도 죽음도 없는 무생무사(無生無死)의 세계이기 때문에 생명에 관한 모든 것들이 끊어진 상태이다. 열반의 세계는 생사가 소멸되어 모든 생명의 불이 꺼진 정적(靜寂)의 상태이기 때문에 결국 무존재(無存在)의 세계인데 이것을 과연 구원이라고 할 수 있을까?

2) 기독교의 궁극적 목적, 구원

기독교는 구원의 종교이다. 베드로전서 1장 9절은 "믿음의 결국 곧 영혼의 구원을 받음이라"고 말씀한다. 믿음의 궁극적인 목표는 영혼의 구원이다. 믿음은 죄악된 인간들이 감히 그리스도께 나아가 하나님께서 주시는 구속의 사랑을 힘입을 수 있는 유일한 방편이다. 믿음의 대상은 예수 그리스도이고, 믿음은 하나님의 선물로서 인간에게 주어지는 것이다. 우리의 구원은 하나이지만, 그 하나의 구원 안에는 많은 단계가 있다. 이것을 '구원의 순서' 혹은 '구원의 서정'(라틴어 ordo salutis, 영어 Order of Salvation)이라고 부르는데 '그리스도 안에서 행해진 구원의 사역이 죄인들의 심령과 삶에 주관적으로 실현되는 과정을 서술하는 용어'라고 정의할 수 있다. 구원의 순서는 인간이 하나님의 은혜를 획득하기 위하여 무엇을 행하는가가 아니라 하나님께서 인간에게 구원을 적용하시는 과정에서 성령의 다양한 활동들을 논리적 순서로 표현한 것이다. 성경은 완전한 구원의 순서를 명시적으로 제공하고 있지는 않지만, 그 순서에 대한 충분한 기초를 제공해 준다. 구원의 순서에 관한 교리는 종교

개혁의 산물로 신학의 전통에 따라 상이한 의견이 있기도 하다. 구원의
순서가 정확한 단계와 순서로 이루어지는 것은 아니지만 필자는 개혁주
의 전통을 기준으로 구원의 순서를 다음과 같이 일곱 단계로 나누어 기
술했는데, 필자의 저서『불교권 선교 가이드』에 설명되어 있으므로 세부
내용은 생략한다. 일곱 단계는 부르심 혹은 소명, 중생 혹은 거듭남, 회
심(회개와 믿음), 칭의, 양자됨, 성화, 성도의 견인 혹은 인내를 말한다.

Part. 07

불교권 선교 전략 서론

전략이란 원래 군사학과 경영학에서 먼저 쓰였던 용어로, 특정한 목표를 수행하기 위한 행동 계획을 가리킨다. 전략은 기본적으로 다음의 두 가지를 포함해야 하는데, 즉 '미래지향적'이라는 것과 '과정을 위한 하나의 계획'이라는 것이 그것이다. 군사학이나 경영학은 교회의 선교 전략과는 직접적인 관련은 없으나 선교 전략을 이해하는데 있어서 유용한 통찰력을 제공해 줄 수 있다. 군사학과 경영학에서 사용되고 있는 전략을 선교 분야에 적용하면 "선교 전략은 주님께서 분부하신 모든 민족을 제자로 삼는 과업을 성취하기 위한 포괄적인 과정을 말한다." 이것을 불교권 선교 전략에 적용하면 "불교권 선교 전략이란 주님께서 분부하신 불교권에 속한 모든 민족을 제자로 삼는 과업을 성취하기 위한 포괄적인 과정"이라고 정의할 수 있다. 선교사가 기도하면서 말씀과 성령의 인도하심을 받아 건전한 신학적, 선교학적 기초 위에 전략을 개발할 때 주님께서 교회에 주신 자원들을 지혜롭게 사용하는 청지기가 되어 주님의 교회를 세우기 위한 유용한 도구로 쓰임 받을 수 있을 것이다. 이런 의미에서 선교 전략을 개발하는 것은 선교사역에 있어 매우 중요하다.

1. 불교권 선교의 여덟 가지 장애물

불교권의 영혼들에게 복음을 전함에 있어 장애물이 무엇인지를 알면 불교권 선교 전략을 논하는데 도움이 될 것이다.

1) 생활 불교

한국사회에서 불교를 믿는다고 주장하는 다수의 사람들은 사월초파일이 되어야 절에 가고 일상생활 가운데 불교의 가르침을 철저하게 실천하지 않는 경우가 대부분이다. 그러나 상좌부불교권인 태국에서 살아가고 있는 사람들은 자신들이 이해하고 있는 불교의 가르침을 일상생활 가운데 실천하는 생활 불교인이라고 할 수 있다. 사람에 따라 차이는 있지만 아침에 일어나서 잠자리에 들 때까지 개개인이 가정, 학교, 직장, 마을 공동체 등 삶의 환경 가운데 자신이 불교도라는 정체성을 가지고 살아간다. 태국의 가족은 주부가 새벽에 일어나 밥을 지으면, 이른 아침 탁발하는 스님들에게 시주한 후 온 가족이 함께 식사하고 하루 일과를 시작한다. 학생은 학교 정문에 들어갈 때 불상에 합장하고 통과하여 아침 조례 시간에는 불교식 기도로 마치고 교실에서는 불교 과목을 필수로 배운다. 직장인도 회사 안과 밖을 가릴 필요 없이 불교적인 환경에서 일한다. 농촌에는 불교사원 입구와 마을 입구가 같은 경우도 허다하다.

2) 불교도의 일치단결

상좌부불교권에서 살아가고 있는 불교도들은 연대 의식은 매우 강하고 일치단결하여 혼자 예수를 믿을 경우 "모난 돌이 정을 맞는다"는 우리말 속담처럼 주위 사람들에게 많은 눈총을 받게 되어 공공연하게 예수 믿는 티를 내기 힘들고 적극적인 신앙생활을 하려면 순교적 각오가 필요하다.

3) 기독교를 서양 종교로 인식하는 것

상좌부불교권에 속한 불교도들은 불교는 동양 종교이고 기독교는 서양 종교로 인식한다. 현지인들이 그런 식으로 불교와 기독교를 대비하는 배경에는 서구 열강이 인도차이나반도를 식민 통치할 때 서구인들은 모두 기독교인이라고 간주하고 행동한 것과 밀접한 관련이 있다. 그래서 인도차이나반도 불교권에서 살아가고 있는 사람들은 여전히 기독교가 서양 종교라 인식하고 있다. 태국인(미얀마인, 라오스인)이 되는 것은 불교인이 되는 것이다. 그런 분위기 가운데서 살아가는 사람이 예수를 믿을 경우 자기 민족을 배반한 매국노쯤으로 취급을 당한다.

정확한 통계를 낼 수는 없지만, 인도차이나반도 5개 불교 국가(미얀마, 태국, 라오스, 캄보디아, 베트남)에 한국 선교사가 약 4,000명이 나가 있다고 보면 한국 선교사의 가장 큰 기여는 기독교가 서양 종교가 아니라 얼마든지 동양인의 종교도 될 수 있다는 가능성을 현지인들에게 보여준 것이다.

4) 문화와 종교(불교)가 분리되지 않고 하나가 됨

상좌부불교권에서 살아가는 사람들의 삶은 사회 가운데 개인적 선택보다 그 사회의 종교적 문화적 환경이 개인을 빚어낸다고 볼 수 있다. 문화와 종교는 개인의 선택이 아니라 태어남과 동시에 그 영향권 안에서 살아갈 수밖에 없다. 어느 것이 문화이고 종교인지 구분할 수 없을 만큼 한 덩어리가 되어 사회적 결속력의 토대가 되어 개개인이 동질성을 형성하도록 작용한다.

5) 불교의 절충주의적 성격

불교는 주위의 환경에 따라 색깔이 수시로 변하는 카멜레온과 같은 특성을 가진다. 불교는 역사적으로 종교 문화적인 환경에 잘 적응하였다. 불교가 중국에 들어갔을 때 기존의 도교, 유교와 결합하였고, 일본에 들어갔을 때는 신도 및 조상 숭배와 결합하였다. 한국의 불교는 샤머니즘과 유교와 결합하였다. 인도차이나 5개 불교국가의 불교는 불교의 창시자가 가르쳤던 정통 불교가 아니라 기존의 원시 신앙, 힌두교, 대승불교, 상좌부불교 등이 아말감처럼 희석되어 각 지역별로 다른 돌연변이 형태의 불교가 되었다.

6) 신학적 장애물들

붓다가 주창한 불교와 현재로서는 가장 가까운 교리를 유지하고 있는 상좌부불교는 교리적으로 기독교와 가장 먼 거리에 있다고 할 수 있다. 원래 불교는 인격적 신개념이 없는 무신론적 경향을 띄고 있다. 신, 인간, 죄, 구원, 사후의 세계 등에 있어서 불교의 교리는 성경의 진리와 배치된다.

7) 복음의 의사소통이 어려움

투명한 유리컵에 물을 붓고 젓가락을 담그면 젓가락이 굴절되어 보인다. 불교인들에게 복음 전도자가 A라는 복음의 진리를 전달하면 청자는 전혀 엉뚱하게 Z라는 의미로 받아들인다. 김치를 담은 후 오랜 시간이 지나면 용기에 양념이 배어 김치 냄새를 쉽게 뺄 수 없게 되는 것처럼 불교의 영향이 깊이 스며든 불교도들이 복음을 들을 때 복음의 내용을 왜곡해서 받아들여 전도자의 말뜻을 제대로 알아듣지 못하게 된다. 불교도들에게 복음으로 효과적인 의사소통을 하지 못하는 문제가 복음화의 속도를 늦추는 가장 중요한 원인이다.

8) 불교의 자비와 기독교의 사랑의 차이 때문에 생기는 장애

불교는 자비의 종교이며 기독교는 사랑의 종교라고 말한다. 불교에서는 불쌍히 여기는 것을 자비라고 말하고, 애착과 애욕을 뜻할 때 부정적인 의미로 사랑이라는 단어를 사용한다. 사랑이란 불교에서 일종의 욕망이며, 번뇌에 지나지 않는 부정적인 것이다. 법구경에는 "사랑으로부터 근심이 나오며, 사랑으로부터 두려움이 나온다. 사랑을 멀리하는 사람에게는 근심이 없으며 두려움도 또한 없다"고 가르친다. 불교에서는 사랑을 집착하는 마음으로 보기 때문에 사랑을 멀리하는 것을 이상적으로 보고 있다. 상좌부불교권의 불교도들은 하나님이 세상을 사랑하셨다(요 3:16)는 말을 들으면 하나님을 집착에서 벗어나지 못해 깨달음에 이르지 못한 존재로 이해한다. 그리하여 하나님은 붓다보다 열등하며 기독교는 불교보다 저급한 종교라고 오해하는 것이다.

2. 선교전략 이전에 복음 전도자가 염두에 두어야 할 사항

1) 복음 전도자의 신앙 인격

인격과 신앙이 자라는 주된 환경은 엄밀하게 구분하기가 쉽지 않지만, 일반적으로 인격은 한 개인이 자라온 환경인 가정에서 연마되고, 신앙은 바른 교회 생활을 통해 연마된다고 볼 때, 성령의 열매(갈 5:22-23) 같은 신앙 인격을 갖추려면 출생 이후부터 현재까지 평생이 걸린다고 할 수 있다. 사람의 행동은 오랫동안 내재되었던 인격이 삶의 열매가 되어 겉으로 드러나는 것이다. 복음을 전하는 자가 불교권에서 살아가는 영혼들에게 복음 전달의 통로로 쓰임 받으려면 그리스도의 인격을 닮은 건강한 인간성을 먼저 갖추어야 할 것이다. 영혼 구원은 영적인 일이다. 영적인 일을 하는 선교사는 영적인 존재이며 복음을 받아들일 선교지의 사람들도 영적인 존재이다. 그러므로 복음 전달자인 선교사의 신앙 인격은 매우 중요하다. 선교사는 선교지의 문화, 사람들의 가치관, 국민적 특성 등을 감안하여 그들에게 복음을 효과적으로 전달할 수 있도록 적응하며 자신이 변화해야 한다. 베스트셀러 작가 팀 켈러(Timothy J. Keller, 1950-2023)는 "설교를 준비하려 하기보다 설교자의 사람 됨됨이를 더 잘 준비하라(Prepare the preacher more than you prepare the sermon.)"고 말했다. 팀 켈러의 가르침은 설교자가 설교를 잘하기 위해 설교의 테크닉을 갈고 닦는 것보다 더 우선으로 갖추어야 할 것은 설교자의 삶이 먼저 그리스도인다워야 한다는 의미를 포함하고 있다. 선교사에게 "선교 사역을 잘 하려 하기보다는 선교사로서 예수를 닮은 신앙 인격을 갖추는 것이 더 중요하다."고 적용할 수 있을 것이다.

선교사는 예수 그리스도께서 성육신하셔서 겸손하게 인간의 모습으로 이 땅에 오셔서 자신을 버리시고 완벽하게 인간 세계에 적응하신 모습과(빌 2:5-8) 사도 바울이 모든 사람에게 종이 되어 더 많은 사람을 얻고자 하여 유대인에게는 유대인같이, 약한 자에게는 약한 자같이, 여러 사람에게 여러 모습이 되어 아무쪼록 몇 사람이라도 더 구원하고자 한 마음(고전 9:19-22)을 가지고 복음을 들어야 할 불교도들에게 다가갈 수 있어야 할 것이다.

2) 조급하지 않은 태도

사람이 섭취하는 음식이 자기의 몸에 영향을 미치듯이 인간은 자신이 속한 사회의 영향을 받고 살아가는 존재이다. 한국선교사도 한국의 사회와 문화 속에서 숨 쉬고 성장한 결과 한국의 사회, 문화, 가치관, 국민성 등에 영향을 받을 수밖에 없다. 한국의 문화 중 외국인들에게도 알려진 유명한 문화는 '빨리빨리 문화'이다. 동남아시아 등 외국을 나가보면 현지 상인들이 한국인인 줄 알면 '빨리빨리'라는 단어를 사용하기도 한다. 한국인 밑에서 일하는 외국인이 가장 먼저 배우는 한국어가 '빨리빨리'라는 말이다.

한국 사회와 한국교회는 다른 문화권과 비교하면 빨리 변한다. 특히 한국교회가 양적으로 급속하게 성장하던 시대에 파송되었던 선교사들은 선교지에서도 교회의 빠른 성장을 기대하는 경향이 있다. 태국의 경우 복음화가 얼마나 늦게 진행되었는지 태국교회 역사를 보면 알 수 있다. 미국장로교회(PCUSA)는 1837년 교단 자체적으로 해외선교부를 조직한 후 1840년 8월 미국장로교선교부에서 태국에 윌리암 뷰엘(William Buell)목사 부부를 파송한 이후 안수 받은 목사와 의사 선교사를 부지런히 파송하였다. 하지만 미국장로교 선교사들은 1859년 8월 3일 태국인으로서는 처음으로 회심한 나이춘에게 세례를 베풀 수 있었다. 미국장로교 선교부에서 파송된 선교사들이 첫 태국인 회심자를 얻는 데 거의 20

년이 걸린 것이다.

불교의 왕국 태국에서 개척 후 교회의 성장이 얼마나 느린지 사역자들은 우스갯소리로 "감기약을 먹으면 일주일 걸리고 먹지 않으면 칠일 걸리듯이 교회 개척 후 10년이 지나면 교인 20-30명이 모이고 20년이 지나면 스무 명에서 서른 명이 모인다."는 이야기를 하곤 한다. 불교권에서 사역의 열매가 예상외로 더딜 수도 있다는 것을 기억하고 처음부터 빠르게 열매를 맺으려는 조급한 마음을 버리고 인내하며 사역을 진행해 나가야 할 필요가 있다.

봄, 여름, 가을, 겨울 사계절이 뚜렷한 환경에서 자란 한국 선교사는 계절이 바뀔 때마다 적응하고 준비하는 것이 몸에 배어 있다. 반면에 열대지방의 사람들은 행동이나 의사결정 과정이 느리고 무엇을 미리 준비하는 것을 힘들어한다. 그러므로 선교사는 현지인이 일을 빨리하도록 재촉하지 않고 인내하며 기다리며 여유를 가지는 태도가 필요하다. 불교도들이 삼위 하나님에 대한 지식이나 성경의 지식도 없는 상태에서 성급하게 예수를 개인의 구주로 영접시키고 "당신은 이제 거듭났습니다. 오늘 밤 죽어도 천국에 갈 수 있습니다."는 식으로 영적 확신을 심어주면 오히려 그들이 온전한 구원에 이르지 못하도록 방해하는 결과가 생길 수 있다. 한국교회에서 최찬영 선교사 다음으로 1956년 11월 태국으로 파송되었던 김순일 선교사는 "태국은 쉽게 불에 타지 않는 젖은 장작에 비유할 수 있다”고 태국선교를 비유하였다. 이것은 태국뿐만이 아니라 모든 불교권에 해당한다. 성문화된 경전과 교리 체계를 구비하고 있으며 상당한 윤리 의식을 가진 종교를 고등종교라 한다면 불교는 고등종교에 해당한다. 고등종교는 하등종교에 비하여 종교적 체계가 견고하기 때문에 고등종교에 빠진 사람을 전도하여 회심시키는 것은 더 힘들다. 그러므로 불교권 선교는 무엇보다도 인내가 요구된다.

3) 윤리적 삶

“태국인들은 귀로 복음을 듣지 않고 눈으로 복음을 듣는다.”라거나 “태국인들은 귀로 예수를 믿지 않고 눈으로 예수를 믿는다.”라는 말을 하곤 한다. 전도자가 태국 불교도들에게 복음을 전하면 그들은 짧은 시간 안에 복음을 귀로 듣고 이성적으로 바로 이해하여 예수를 믿는 것이 아니라 오랜 시간 복음 전달자인 선교사의 삶을 지켜보고 비로소 예수를 믿기로 작정한다. 왜냐하면 불교는 율법적인 종교이기 때문에 불교도들은 전도자가 유창한 말로 조리 있게 복음을 설명한다고 믿는 것이 아니라 전도자의 삶을 율법적인 시각에서 장기간에 걸쳐 자세히 살펴본 후 전도자가 자신들보다 더 윤리적인 삶을 산다고 판단될 때 예수를 믿겠다고 결정하기 때문이다.

“내 안에 거하라 나도 너희 안에 거하리라 가지가 포도나무에 붙어 있지 아니하면 스스로 열매를 맺을 수 없음 같이 너희도 내 안에 있지 아니하면 그러하리라. 나는 포도나무요 너희는 가지라 그가 내 안에, 내가 그 안에 거하면 사람이 열매를 많이 맺나니 나를 떠나서는 너희가 아무것도 할 수 없음이라"(요 15:4-5)는 말씀처럼 예수 믿는 자의 열매는 예수님과 나의 관계 속에서 일어나는 것인데 무엇보다 내면의 변화, 성품의 변화를 말씀하고 계신 것이다. 내면의 변화는 우리의 삶 가운데 시간이 지나면서 자연스럽게 드러나는 것이므로 다른 사람들도 알아볼 수 있는 것이다. 내면의 변화를 "그리스도의 장성한 분량이 충만한 데까지 이르는 것"(엡 4:13)이라고 볼 때 예수님을 닮는 것은 나의 옛사람이 죽고 예수로 사는 것이며(갈 2:20) 하나님의 형상을 회복하는 것과 직결된다. 태국인의 특징은 불교의 영향으로 늘 미소를 짓고 화를 버럭 내는 사람은 감정을 조절하지 못하는 천박한 사람으로 취급한다. 태국 사회는 인격적으로 성숙한 사람일수록 웬만해서는 화를 내지 않는다는 가치관이 자리잡고 있다. 선교사가 태국인 동역자나 교인들에게 화를 내면 선교사가 그 이전에 쌓아온 신뢰를 스스로 무너뜨리는 결과를 가져온다. 선교사라는 사람의 윤리적 수준이 불신자인 태국인에게 미치지 못할 뿐만 아니라 자신들의 영적 스승이라고 할 수 있는 승려들보다 훨씬 못한 단계에 머물러 있다고 취급받고 그가 전하는 복음의 가치를 싸구려로 전락시켜 버리기 때문이다. 불교의 영향 때문에 윤리적이고 율법적인 불교권 사회에서 복

음 전도자는 불교도들보다 더 윤리적인 삶을 살아서 복음 전파의 걸림돌
이 되지 않아야 할 것이다.

4) 영혼들을 하나님의 형상(Imago Dei)을 가진 존재로 환대하고 경청함

인간 안에 있는 하나님의 형상에 관한 교리가 신학에서 매우 중요한
이유는 그 형상은 다른 동물이나 피조물에는 없는 인간만이 가진 특징이
기 때문이다. 하나님의 형상으로서의 인간은 모든 다른 피조물로부터 구
별되며, 모든 피조물의 왕의 입장에 선다. 성경적인 인간론을 다룸에 있
어 가장 핵심적인 개념은 인간이 하나님의 형상을 따라 창조되었다는 사
실에 있다. 하나님의 창조 행위의 절정은 인간의 창조이며, 그것은 인간
이 하나님의 형상으로 지음 받은 것을 말하는데, 이것은 구약성경에서 단
세 번 나타난다(창 1:26-28; 5:1-3; 9:6). 인간의 합리적이고 도덕적인 성
품이 죄로 인해 손상을 입은 것은 사실이지만 타락 이후에도 하나님의 형
상은 여전히 인간에게 남아 있다.

하나님의 형상은 창세기 1장 26절-28절에 기초해서 기능적, 관
계적, 선교적 측면으로 나눌 수 있다. 기능적 측면의 하나님의 형상은 인
간이 하나님의 형상대로 지음을 받았기에 이 세상에서 하나님의 통치를
대행하는 존재이다. 인간은 온 세상의 경작자로 세움을 받았고 모든 동물

의 이름을 지어줌으로 피조 세계에 대한 통치권을 행사하였다. 관계적 측면의 하나님의 형상은 하나님과 사람의 관계, 사람과 사람 사이의 관계, 사람과 세상의 관계이다. 각 사람은 자체의 존재만으로도 하나님의 형상이지만 관계적 존재로 지음을 받았기 때문에 관계를 적절하게 세움으로 하나님의 형상됨을 더욱 드러낸다. 마지막으로 선교적 측면의 하나님의 형상은 첫 인간이 거주하는 출발점이 에덴동산이었지만, 온 땅에 하나님의 다스림이 이뤄질 수 있도록 온 우주 만물의 왕이신 하나님을 대표하여 이 땅에서 작은 왕으로 역할을 해야 하는 존재로 부르심을 받았다.

한 민족이 다른 민족보다 더 낫다고 생각하는 것 자체가 하나님의 형상이라는 성경적 개념을 제대로 받아들이지 못하였기 때문에 생겨난 것이다. 20세기 중후반에 정치적 제국주의가 몰락한 이후 나타난 것은 경제적, 정신적 제국주의이다. 한국 선교사가 선교지에서 선교지 주민들보다 민족적 우월성을 가지거나 경제적인 능력 등 다른 힘들을 은연중에 과시한다면 과거 제국주의자들이 가졌던 태도와 무엇이 다를 것인가? 선교지 주민들한 사람 한 사람이 모두 고귀한 하나님의 형상대로 지음 받은 존귀한 인격체라는 성격적 믿음을 선교사가 확고하게 가진다면 현지인들을 대하는 태도가 근본적으로 달라지지 않을까? 필자를 포함하여 지금까지 한국 선교사는 겸손하게 현지인의 내부로부터 이끌어내는 것과는 정반대로 선교사의 의견, 충고, 답변을 제시하여 상대방이 하나님의 형상대로 지음 받은 존귀한 인격체라는 것을 무시하고 일방적으로 선교가 진행되어 온 부분이 많았다는 사실을 인정하고 반성하는 것이 필요하다. 선교사가 복음을 전해야 할 대상이 하나님의 형상대로 지음 받았다는 성경적인 확신이 있다면 그들을 일방적으로 가르치고 훈계하고 강압적으로 밀어붙이는 태도 대신 환대하는 태도를 취하게 될 것이다. 환대는 경청과 밀접한 관계가 있다. '경청(傾聽)'의 '청(聽)'은 듣는다는 뜻인데 임금(王)이 귀(耳)를 기울여 백성의 소리를 듣듯이 상대방의 말에 귀 기울여 듣고, 열 개(十)의 눈(目)으로 상대를 집중해 바라보며, 상대와 마음(心)이 하나(一)가 되는 것이다. 상대방의 인격을 존중한다면 내가 일방적인 주장을 하거나 가르치려고만 하지 않고 존중하는 마음으로 먼저 상대의 말을 경청하는 것이 필요하다. 그렇다면 선교사가 갖추어야 할 가장 중요한 덕목 중 하나가 경청이 아닐까? 이제부터 한국 선교사는 한국교회의 성장에 자부심을 가지는 우월주의, 승리주의를 버리고 현지인들을 환대하며, 그들의 말을 경청하고 문화를 존중하며, 타종교를 일방적으로 공격하지 않으며, 그들이 하나님의 형상을 가진 존귀한 인격체라는 의식을 가지고, 현지인들을 참된 동역자로 취급하고, 겸손한 모습으로 그들과 함께 세계 선교를 완성하고자 하는 노력을 해야 할 때가 되었다는 인식을 가지는 것이 필요할 것이다.

선교사가 개인의 내면세계에 하나님께서 주시는 평안을 간직하면서 사역하는 것도 중요한 일이다. "평안을 너희에게 끼치노니 곧 나의 평안을 너희에게 주노라 내가 너희에게 주는 것은 세상이 주는 것과 같지 아니하니라"(요 14:27)고 하신 예수님의 말씀은 신자가 예수께서 내려주시는 평안을 마음속에 간직해야 타인에게도 그 평안을 전달할 수 있다는 의미이다. 그 평안은 사람에게 분명하게 존재하는 내면세계의 영적 중심부, 즉 영원한 것으로 하나님 아버지와 가장 친밀하게 교통하는 인간의 영(spirit)에 임하는 것이다. 내면세계의 영적 질서를 잡는 것은 영적인 정원을 가꾸는 작업이다. 그것은 마치 정원사가 정원을 꾸밀 계획을 잡고 땅을 갈고, 잡초를 뽑아내고, 돌을 골라내고, 씨를 뿌리고, 물을 주며, 비료를 주어 그 결과 잘 가꾸어진 정원을 즐기는 것과 같다. 마찬가지로 내면의 영적 정원은 섬세한 곳이라 잘 가꾸지 않으면 자신도 모르는 사이에 가시가 제멋대로 자라 난잡하게 되어버려 하나님께서 신자의 영적 정원을 거닐지 않으실 것이다. 영적 정원을 정리하는 것은 훈련을 통해 가능해진다. 먼저 신자의 내면세계에 있는 정원은 그리스도와 살아 있고 생명력 있는 교제로 인하여 잘 가꾸어질 수 있다. 신자는 이때 마음의 평안을 유지할 수 있을 뿐만 아니라 타인을 존귀하게 여기고 환대하고 남의 말을 잘 경청하여 건강한 인간관계를 가질 수 있게 된다. 선교사는 내면세계가 잘 정돈되어 하나님과의 수직적인 관계와 이웃과의 수평적인 관계가 원만할 때 용기, 희생, 사랑, 인내, 기쁨의 열매를 거둘 수 있을 것이다. 선교사가 말씀 묵상과 기도를 통하여 하나님이 주시는 평강을 마음에 채워야 타인을 향한 환대와 경청이 가능해질 뿐만 아니라 고난을 인내하며 계속해서 사명을 감당할 수 있는 것이다.

선교사는 자신과 하나님의 관계도 중요하지만 다른 사람과의 관계도 매우 중요하다. 왜냐하면 선교사가 가진 복음의 영향력은 다른 사람을 어떻게 대하는지와 직결되기 때문이다. 선교사는 선교지에서 하나님을 대표하는 존재로서, 선교지 영혼들을 하나님의 형상을 지닌 인간으로 대우하고 그들과 환대를 주고받음으로써 "네 이웃을 네 자신 같이 사랑하라"(마 22:39)는 하나님의 계명을 이루어드릴 수가 있게 된다. 환대는 부드러움, 따뜻함, 달콤함, 친절함, 아늑함까지도 포함하는 다양한 의미를 포함하고 있어 결국 환대는 이웃에 대한 사랑의 표현이다. 그렇다면 왜 우리는 먼저 남에게 환대를 베풀어야 할까? 그것은 하나님께서 먼저 우리를 사랑하시고 환영하셨기 때문이다(요일 4:10). 신약성경에서는 완전한 하나님의 형상이요(요 14:9, 고후 4:4, 골 1:15) 둘째 아담이신 예수 그리스도께서 새로운 인류의 대표자로 오셨기 때문에(롬 5:14-21) 사도 바울은 모든 성도의 목표는 '아들의 형상'을 본받는 데 있다고 말하며(롬 8:29) 모든 성도의 새로운 표준이 되신다고 했다. 창조 때 하나님의 형상이 죄와 타락의 가능성을 가진 존재였다면, 그리스도 안에서 새롭게 회복된 하나님의 형상은 완전하다. 그러므로 참 인간됨의 회복은 예수 그리스도를 믿음으로 창조 때 하나님께서 인간에게 의도하셨던 목적을 성취하신 부활하신 예수 그리스도를 닮아가는 것을 의미한다. 따라서 모든 신자는 인간의 목표요 표준이신 부활하신 예수 그리스도께로 변화되어 가야 한다.

5) 하나님의 말씀, 현지어, 불교 연구

"하나님의 말씀과 기도로 거룩하여짐이라"(딤전 4:5)는 말씀은 선교사의 영적인 권위가 하나님의 말씀과 기도로 세워져야 함을 말한다. 선교지의 언어를 구사하고 현지 문화와 사람들의 특성을 이해하는 등의 일은 선교사가 평생 노력해도 현지인의 수준에 미치기가 힘들기 때문에 선교사에게 영적 권위가 필요한 것이다. 선교사의 영적 권위는 선교사가 하나님의 말씀을 가르치고 말씀에 순종하는 것이 현지인보다 뛰어날 때 자연스럽게 생긴다. 다시 말해 선교사의 영적 권위는 하나님의 말씀에 근거한 영적자산(靈的資産)으로부터 연유한다고 해도 과언이 아니다. 선교사가 현지인들에게 매력을 주고 그들이 선교사와 가까이하는 이유가 선교사가 가진 집, 자동차, 재산, 해외 방문의 기회 등 외적인 조건들이 되면 곤란하다. 현지인들이 선교사를 자신들의 재정적 필요를 채워주는 현금 자동 입출금기(ATM: Automated Teller Machine)쯤으로 취급하면 현지인 동역자가 자주 바뀌고 선교의 열매는 미미하게 될 것이다.

필자가 수년 전 선교 현장의 선교사들에게 성경에 대한 전문적인 지식을 갖추도록 돕기 위하여 성경 전문 강사를 모시고 어느 선교지를 방문한 일이 있었다. 열심 있는 선교사들이 나이와 경력의 길고 짧음에 관계없이 원하는 사람은 누구나 참석하였다. 그런데 강사의 강의가 진행되면서 나는 참석한 선교사 중 현지어로 설교할 수 있는 사람이 매우 소수라는 놀라운 사실을 알게 되어 충격을 받은 적이 있다. 선교사가 성경을 우리말로 배워도 현지인들에게 그들이 알아들을 수 있는 언어로 전달하지 못하면 현지인들에게는 아무런 유익이 없다. 선교사는 선교 현지의 영혼들에게 하나님의 말씀을 전달하여 그들이 구원받을 수 있도록 안내하는 사람이다. 그런데 선교사가 현지어를 구사하지 못한다면 언어를 익히지 않아도 가능한 사역, 예를 들어 땅을 사고 건물을 짓는 프로젝트 위주의 사역 등만 현지인들을 앞세워 할 수 있을 뿐이고 직접 영혼들에게 하나님의 말씀을 선포하여 영적으로 그들을 살리는 가장 중요한 사역은 할 수 없게 된다. 주님은 말씀이 육신이 되어 우리 가운데 거하셨던 분이시다(요 1:14). 선교사가 어떤 종류의 사역을 하던 상관없이 하나님의 말씀을 가지고 선교지의 영혼들에게 접근하여야 한다. 그러므로 하나님의 말씀을 무시한 선교란 상상할 수도 없다. 그것도 선교지의 영혼들이 태어나면서부터 사용하는 모국어로 선교사가 그들에게 접근하여야 영혼 구원이 효과적으로 이루어진다.

우리나라 불교 역사를 살펴보면 현재에 이르기까지 불교가 융성하고 쇠퇴함을 거듭하기는 했지만, AD 372년(소수림왕 2년)에 처음 불교가 전래된 이래 1,600년 이상 불교의 영향을 받았다. 우리 민족의 오랜 역사 가운데 백성들이 오랜 세월 동안 불교의 영향을 받았다고 해서 한국교회에서 불교권에 선교사로 파송된 사람이 자동적으로 불교를 알 수 있는 것은 아니다. 선교사 스스로 불교를 공부해야만 불교를 이해할 수 있다. 불교권에 파송된 선교사가 불교를 공부하지 않고 선교하는 것은 토양의 성질, 기후, 농작물의 특성 등을 고려하지 않고 개념 없이 농사를 짓는 지혜롭지 못한 농부와 같다. 불교권 선교를 계획하는 선교사가 불교에 대하여 귀동냥으로 들은 수준으로 사역을 시작한다면 아무런 준비 없이 사업을 시작하는 것과 같다. 군대가 적군을 이기려면 먼저 적의 동향을 파악하고 거기에 맞는 대처를 해야 마땅한 것처럼 선교사도 선교 대상자들과 관련된 여러 가지 중요한 사항들을 사전에 인지하고 준비하는 것이 당연하다고 하겠다. 불교권을 목표로 한 선교사는 사명을 잘 감당하기 위하여 불교의 기본 교리, 현지인들이 받아들인 불교의 특성, 기독교 복음과 불교의 차이점 등을 파악해야 그들과 대화할 때 좋은 접촉점을 마련할 수 있으며 복음을 전하는데 유리한 고지를 점할 수 있을 것이다. 현지인들의 심령 속에 무엇이 쌓여있는지 그들의 세계관, 문화, 종교적 경향 특히 상좌부불교권의 경우 민속불교화된 독특성 등이 파악되어야 현지인들이 더 쉽게 이해할 수 있는 방식으로 복음을 전할 수 있을 것이다. 자영업의 실패율이 높을수록 그 사업에 대한 지식과 시장조사 등이 더 많이 필요

하듯이 불교권 선교가 어려울수록 선교사는 불교에 대한 이해가 더 깊어

야 할 필요성이 요청된다.

Part. 08

불교권 전도

1. 서론

전도의 정의는 신학적, 성경적, 역사적, 설교적, 실제적, 사회학적 정의 등 여섯 가지 방향의 접근이 있다. 실제적인 정의에서 전도에 대한 가장 중요하고 포괄적인 의미는 1974년 7월 16일부터 25일까지 스위스 로잔에서 모였던 제1차 세계복음화국제대회(The First International Congress on World Evangelization) 제4조에서 말하고 있는데 그 내용은 다음과 같다.

전도는 예수 그리스도가 우리의 죄를 위하여 죽으셨다가 성경대로 죽은 자 가운데서 다시 사셨다는 좋은 소식의 전파이며, 그분이 현재 통치의 주님으로서 회개하고 믿는 사람에게 죄의 용서와 해방시키는 성령의 은사를 제공하신다는 좋은 소식의 전파이다. 세상에서 우리 기독인의 동참(presence)은 전도에서 없어서는 아니 되며, 이해를 돕기 위하여 예민하게 듣는 그런 대화도 역시 없어서는 아니 된다. 그러나 전도 자체는 구세주와 주님 되신 역사적, 성경적 그리스도의 선포(proclamation)로서, 그 목적은 사람들로 하여금 그분에게 인격적으로 나아와서 그 결과 하나님과 화목하게 되도록 설득(persuade)하기 위함이다. 복음의 초대를 선언함에 있어서 우리는 제자도의 대가를 은폐시킬 자유를 가지고 있지 않다. 예수님은 지금도 그분을 따르고자 하는 모든 사람에게 자기를 부인하며, 자기 십자가를 지고, 그분의 새로운 공동체에 소속될 것을 요청하신다. 전도의 결과는 그리스도에 대한 순종, 그분의 교회에 가입 및 세상에서 책임 있는 봉사 등을 포함한다.

위의 정의에는 전도에 대한 3P 즉, 동참(presence), 선포(proclamation), 설득(persuade)이라는 세 가지 중요한 개념이 포함되어 있다.

첫째, '동참의 전도'는 크리스천이 불신자들 사이에서 드러내는 삶을 말하는데, 전도를 가능하게 하기 위한 '전도 이전의 전도'를 말한다. 그러나 이 단계로는 어떤 불신자들도 구원을 경험할 수는 없다.

둘째, '선포의 전도'는 전도의 심장이라 할 수 있는데, 예수 그리스도가 인간의 죄와 심판을 담당하시기 위하여 십자가에서 죽으시고, 죄와 심판을 해결하기 위하여 죽은 자 가운데서 삼일 만에 부활하셨다는 것을 전하는 것이다.

셋째, '설득의 전도'는 전도의 마무리인데, 복음을 듣고 이해하고 예수님 앞으로 나아와 자신의 구세주와 주님으로 영접하는 것이다. 전도는 여기서 마치는 것이 아니라 이후에는 지속적인 교회 생활과 기초 양육이 뒤따라야 한다. 이는 예수님을 구세주로 영접한 사람이 교회라는 믿음의 공동체에 소속되어 하나님을 예배하고 양육받고 봉사하며(전도와 구제) 예수 그리스도의 제자로 성숙되어 가도록 돕는 것을 말한다. 복음을 전하는 것은 생명의 떡을 얻어먹은 경험이 있는 거지가 다른 거지에게 생명의 빵을 얻을 수 있는 곳을 알려주는 것이다.

홍성철의 『전도학 개론』에는 전도의 동기를 다음 네 가지로 소개하고 있다.

첫째, 안에서 강권하시는 사랑이다. 바울은 "그리스도의 사랑이 우리를 강권하시는도다"(고후 5:14)라고 했다. 그리스도의 사랑을 경험한 사람은 그 사랑이 그를 강권하여 하나님과 화목하도록 하는 직분을 기꺼이 수행하게 된다(고후 5:18).

둘째, 주변의 울부짖음이다. 빌립보 간수는 바울과 실라에게 "선생들이여 내가 어떻게 하여야 구원을 받으리이까"(행 16:30)라고 울부짖었다. 현대인들은 물질적 풍요 속에서도 인생의 의미를 찾지 못하고 영적인 자유를 경험하지 못하고 방황하고 있다.

셋째, 밑에서 들려오는 신음 소리가 있다. 부자는 이 세상이 인생의 종착역이라고 착각했으나 죽음 이후의 고통이 거지 나사로가 이 땅에서 겪었던 고통보다 훨씬 더한 것을 알게 되었다. 그 부자는 음부에서 죽은 자들의 신음 소리를 들었고 또한 아직도 이 땅에 살아 있는 동생들의 구원을 위하여 신음하였다.

넷째, 위에서 내려온 명령이다. 예수 그리스도는 십자가에서 죽으셨으나 죽음을 정복하시고 ㄴ 온 세상의 구세주로 부활하셨다. 그리고 "너희는 온 천하에 다니며 만민에게 복음을 전파하라"(막 16:15)고 마지막 명령을 하셨다. 주님의 그 명령은 제자들에게 주신 것이지만 교회에 주셨고 영적으로 거듭난 모든 성도에게도 주신 것이다.

2. 전도 방법

1) 사영리(四靈理)

'사영리'는 4가지 영적인 원리라는 뜻으로 창조, 타락, 구원, 하나님 나라의 구속사적 성경 원리를 사용하여 대학생선교회(CCC)의 창시자인 빌 브라이트(William R. Bill Bright, 1921-2003)가 1952년 만든 전도지이다. 전도지의 내용을 보면 (1)창조(하나님의 사랑과 계획) (2)타락(사람의 죄) (3)구원(예수 그리스도) (4)하나님 나라(예수 그리스도를 나의 구주, 나의 하나님으로 영접) 순으로 되어 있다. 의심할 바 없이 사영리는 세계에서 가장 많이 사용되었고, 지금도 가장 많이 사용되는 전도지다. 특히 이미 기독교적 배경을 가진 서구에서 효과적으로 쓰이고 있다. 그들은 이미 하나님이란 존재를 인정하기 때문에 바로 사영리의 제1 원리로 들어갈 수 있다. 사영리를 모델로 만든 비슷한 전도지들도 많이 있다. 진기영 선교사는 히브너 리처드(H. L. Richard)의 다섯 가지 복음주의 방법론을 소개하면서 전도 방법을 비상황화 모델과 상황화 모델로 대별(大別)하였다. 비상황화 모델은 단순 복음 전도법, 오순절 능력 전도법, 세계관 대결 전도법의 세 가지가 있고, 상황화 모델은 성취론적 전도법, 총체적 상황화 전도법의 두 가지가 있다. 사영리는 대표적인 단순 복음 전도법으로 비상황화 모델에 해당한다. 선교지에서 다섯 가지 전도 방법이 다 사용되며 선교사는 각 전도 방법의 장단점을 알아 선별적으로 사용할 필요가 있다.

사영리는 단순 복음 전도법으로 어디를 가든 복음은 다 똑같은 것이므로 단순하게 복음 메시지만 있는 그대로 전하면 된다는 방법론이다. 하나님이 창조하셨고 인간이 타락해서 죄를 지었지만, 예수님이 십자가에서 죽음과 부활로 우리 죄를 다 해결하셨기 때문에 예수 그리스도를 주인으로 영접하면 구원받아 영생을 얻는다는 메시지이다. 진기영 선교사는 단순 복음 전도법이 선교지의 기존 신앙이나 철학 등과 타협하지 않고 성경적 진리를 바로 가르칠 수 있는 장점이 있는 반면에 이 방법의 치명적인 문제점은 이 방법이 '비성경적인 방법'이라고 주장한다. 왜냐하면 사도 바울이나 사도 요한도 성육신하신 예수 그리스도처럼 성육신의 원리를 따라 복음 전도 대상자들에게 맞는 방식으로 복음을 전했는데, 사영리는 서양 문화의 옷을 입고 있어서 성경적인 방법이라 할 수 없기 때문이다.

사영리는 성경의 내용을 함축적으로 전달하는 복음적인 전도지임에는 틀림이 없다. 하지만 단순 복음 전도법은 서양인에게는 복음이 될지언정 인도인에게는 복음이 되지 못한다고 진기영 선교사는 말하고 있다. 태국인에게도 사영리가 복음이 되지 못하는 것은 마찬가지이다. 사영리는 상좌부불교 배경을 가진 태국인들에게는 도무지 무슨 말인지 이해할 수 없는 궤변에 불과한 것으로 받아들여진다. 개신교 선교 역사가 2세기에 이른 태국이지만 복음화율 1%에도 미치지 못한 이유 중 하나는 선교사들의 일방 통행식 복음 전달이 현지인들에게는 마치 외계인이 전한 것처럼 이질적으로 느껴져 효과적인 복음의 의사소통에 성공하지 못하였기 때문이라고 할 수 있다. 태국인의 문화화 상황을 전혀 고려하지 않는 가르침은 복음이 될 수 없는 것이다. 완 펫송크람(Wan Petsongkhram) 목사는 태국 사람들에게 복음을 전할 때 그리스도인들이 사용하는 용어가 아니라 일반 사람들이 사용하는 용어를 사용해야 한다고 말했는데 태국인들의 일상용어가 불교적인 배경의 언어이기 때문에 그들이 알아들을 수 있는 불교적인 단어들을 사용해야 할 필요가 있는 것이다.

상좌부불교권에 속한 태국 불교도들에게는 하나님과 같은 인격신 개념이 전무하기 때문에 하나님에 대한 더 깊은 이해가 필요하다. 태국은 원시 민간신앙, 힌두교, 대승불교, 상좌부불교가 중첩된 중층구조 형식의 복잡한 세계관을 가지고 있고, 귀신과 잡신들의 존재를 믿고 두려워하고 있기 때문에 그들의 세계관과 문화에 맞는 상황화된 전도법이 필요하다. 그런 전도법 중 하나인 C2C를 소개한다.

2) 창조에서 그리스도까지의 이야기(C2C: Creation to Christ)

C2C는 미국남침례교 국제선교위원회(IMB: International Mission Board, 이하 IMB) 선교사들이 만들어 사용했던 전도법이다. 2006년

경부터 중국에서 사역하고 있던 선교사들이 사용하였고 그 이전에 인도차이나반도에서 사역하고 있던 IMB 소속 선교사들에 의해 사용되었다고 하나 정확한 시작은 알 수 없다. 전체 내용은 연대기적 성경 이야기(Chronological Bible Storytelling) 형식으로 하나님의 창조부터 예수 그리스도의 부활까지를 다루고 있다. 처음은 조잡한 형태로 사용되다가 점점 발전하여 체계가 잡혔는데 인격신의 개념을 가지고 있는 이슬람권을 제외하고 불교권, 힌두권, 공산권, 무신론, 정령숭배 배경의 영혼들에게 전도할 때 효과적으로 쓰이고 있다. IMB에서는 불교권에서 가장 열매가 많은 전도법으로 알려져 선교사들이 많이 사용하고 있다.

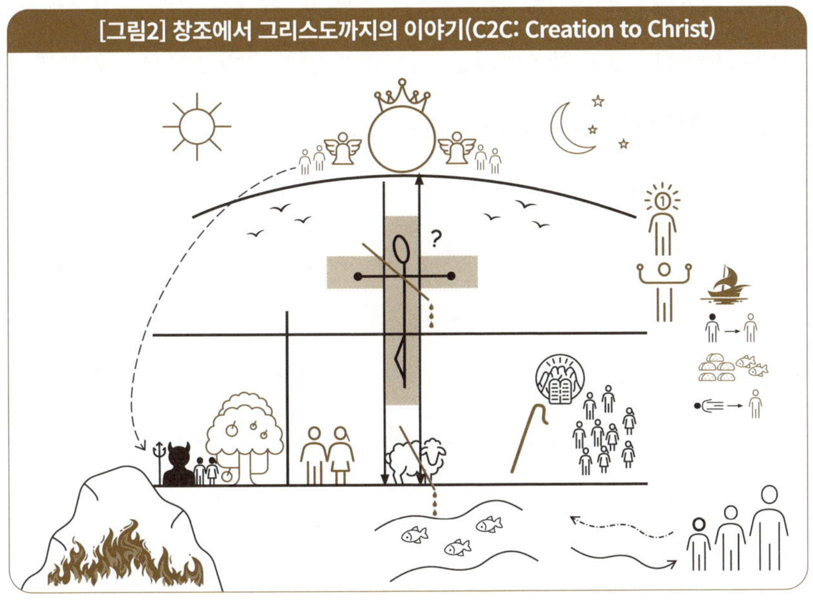

C2C의 내용은 하나님의 천지창조부터 그리스도의 부활까지를 다루고 있어 전체 내용을 들려주는데 15-20분이 걸리며, 시간이 충분하지 않으면 상대방의 상황에 맞는 부분들을 골라 일부를 전할 수도 있다. 전체 내용은 여덟 부분으로 나눠져 있고, 구약과 신약에서 각 부분에 해당되는 성경 구절을 사용하였다.

1부에서는 하나님은 오직 한 분, 가장 위대하시고 높으신 분, 하나님의 능력을 강조한다. 하나님은 국가나, 사람들보다 훨씬 더 크시고, 다른 신들(불, 태양신, 용의 신)보다도 더 크시고, 하나님의 능력은 금, 은, 나무로 만들어 섬기는 우상들보다 더 크다는 사실을 강조한다. 2부에서는 하나님은 창조주, 모든 것을 말씀으로 지으시고, 하늘의 천사도 만드시고, 엿새 동안 모든 것을 창조하시고, 마지막에 인간을 창조하셨음을 설명하고, 3부에서는 인간을 에덴동산에 두심, 선악과를 먹지 말도록 명령하심, 타락한 천사의 우두머리격인 사단이 인간을 유혹하는 장면, 인간이 선악과를 따먹고 에덴동산에서 추방된 사실, 죄를 지음으로 영원한 죽음과 하나님과의 분리, 지옥의 형벌을 받음 등을 설명한다. 4부에서는 하나님께서 십계명을 주시고, 동물 희생 제사 제도를 허락하셨으나 인간을 하나님과 화목하게 할 수 없었음을 설명한 후에 5부에서 하나님께서 인간과 관계 회복을 할 수 있는 길로 하나님의 독생자 예수 그리스도를 주셨고, 예수님은 지혜로운 선생으로서 능력의 기적을 행하실(풍랑을 잔잔하게, 귀신 들린 자 고치심, 오병이어 사건, 죽은 나사로 살리심) 뿐만 아니라 완전하시고 죄가 없으신 분임을 보여준다. 6부에서는 예수님이 십자가에서 죽으셔서 피를 흘리심으로 하나님의 완전한 희생제물이 되셨고, 예수님의 죽음은 대속의 죽음일 뿐만 아니라, 그 피를 통해 하나님께서 인간의 죄를 용서하시고 예수님은 죽은 지 사흘 만에 부활하셨음을 선포한다. 이어서 7부에서는 탕자비유. 8부에서는 우리는 모두 집을 나갔던 작은 아들과 같다는 것을 설명하고 예수님을 통하여 하나님께 돌아가고 싶은지 질문해서 상대방이 동의하면 예수님 영접 기도를 따라하게 한다. 그후에 하나님이 당신을 사랑하신 것처럼 당신의 가족과 친구들에게 복음의 기쁜 소식을 전하도록 하는 것으로 끝이 난다.

훈련시킬 때 둘씩 짝을 지어 중요한 이야기들을 서로가 들려주면서 암기하도록 연습한다. 훈련자는 피훈련생에게 예수님의 이름으로 복음을 전하고자 하는 대상의 필요를 채워주시도록, 하나님께서 그 영혼이 복음을 받아들일 수 있도록 기도한다. 훈련자는 자기가 영향을 미칠 수 있는 사람에게 어떻게 C2C를 통하여 복음을 전달했는지 피훈련자에게 간증한다. 훈련자는 피훈련자가 가족, 친지, 친구들에게 복음을 전할 수 있도록 격려하고, 한 주 동안 다섯 명의 사람들에게 복음을 전할 수 있도록 도전한다.

[그림3] C2C 개요

Ⅰ. 하나님

1. 스스로 계신 분 2. 가장 위대하신 분 3. 능력이 많은 분

> 하나님은 이 세상의 모든 것을 만드신 분

Ⅱ. 창조-심판

1. 창조 : 천사, 만물, 사람(하나님의 모습)   2. 명령 : 선악과 먹지 말라, 먹으면 반드시 죽음
3. 범죄 : 천사타락(사탄, 귀신), 인간타락- 죄(불순종)
4. 심판 : 분리(영원한 죽음), 쫓겨남(관계 깨짐) - 죽음, 영원한 형벌(지옥) - 우리도 불순종한 죄인

> 세월이 흘러 세상에 사람들이 많아졌고 하나님은 사람들을 사랑하셨고 그들과 관계회복을 원하심

Ⅲ. 관계회복을 원하시는 하나님

1. 십계명 : 죄가 없으신 하나님의 회복의 방법 - 누구도 지키지 못함
2. 희생제물 : 하나님의 죄사함 법칙(피흘림이 없이는 죄사함이 없음) - 회개 없는 형식적인 제사
3. 여전히 하나님과 관계회복 안됨

> 그럼에도 하나님은 여전히 사람들을 사랑하셨습니다. 그러나…

Ⅳ. 완전한 회복의 방법

예수님은 누구인가?
1. 하나님의 외아들, 지혜로운 선생님, 죄가 없는 완전한 분
2. 능력(풍랑을 잠잠하게 하심, 귀신 쫓아내심, 오병이어, 죽은 자를 살리심)
3. 선한목자
4. 완전한 희생제물 : 죄 없는 예수님이 우리 죄 위해 십자가에서 죽으심(부활/나타내심/승천/재림)
- 예수님의 피를 통해서만이 죄 용서 받을 수 있다

> 예수님이 살아 계셨을 때, 제자들에게 이야기

Ⅴ. 구원초청/나눔

1. 돌아 온 탕자 이야기
2. 초청 : 우리는 예수님을 통해 하나님께 돌아갈 수 있다(요 14:6)
3. 영접기도 : 롬 10:9~10, 요 1:12
4. 증거하는 삶 : 당신의 가족들을 사랑하십니까

불교의 기초는 인본주의이다. 인간은 근본적으로 악하지 않고 자신의 노력에 의해서 선해질 수 있다고 가르친다. 불교도가 궁극적으로 추구하는 것은 인간의 노력이다. 인간적인 힘과 능력을 통한 해방이 깨달음이요 해탈이다. 불교는 인격적 하나님을 거부하는 대신 우주를 설명하는 배타적 원리로서 업을 지지한다. 하나님과 업을 동일시한다. 이러한 불교의 특성을 감안하여 C2C는 처음 시작하면서 1부와 2부에 상당한 양을 할애하여 창조주 하나님에 대한 내용을 맨 먼저 강조한다. 하나님에 대한 인격신의 개념이 없는 불교도들에게 하나님의 존재, 하나님의 능력, 하나님의 창조에 관한 이야기를 전개함으로 하나님이라는 인격적인 신을 먼저 인식시키는 것에 집중한다.

복음의 초점은 예수 그리스도에게 맞추어져 있는데, 선교의 목표는 율법의 마침이 되신 그리스도께로 인도하는 것에 있다. 왜냐하면 인간의 근본적인 문제에 대한 해답이 그리스도에게만 있기 때문이다. 그러므로 사람에게 복음을 전한다고 할 때 종교로서의 기독교가 아니라 그리스도와 인격적 만남을 하게 하는 것이 핵심이다. 하나님의 신적 계시는 우리 주 예수 그리스도의 성육신에서 절정에 달한다.

C2C의 초점은 바로 예수 그리스도에게 맞추어져 있다. 인간의 죄로 하나님과 분리되었으나 하나님은 간절하게 인간과 관계 회복을 원하시는데 완전한 회복은 바로 예수 그리스도를 통하여 가능함을 이야기한다.

특히 예수께서 능력의 기적을 행하시는 분인데 풍랑을 잔잔하게 하신 사건을 통해 예수님의 능력이 자연의 능력보다 크다는 사실과 예수께서 귀신 들린 사람을 고치심으로 마귀보다 능력이 훨씬 크심을 강조한다. 오병이어의 기적을 통해서는 우리의 필요를 채우시는 분임을, 예수께서 죽은 자를 살리심으로 예수님의 능력은 죽음을 이기시는 분임을 강조한다. 불교권에서 예수를 믿으려는 사람은 가족, 친지 등의 비난이 두려울 수밖에 없다. 또한 그들이 믿는 불교는 원시적인 민속신앙과 힌두교의 영향을 받아 귀신을 두려워하기 때문에 여러 부분에서 예수님의 능력을 강조함으로써 모든 두려움을 이길 수 있도록 배려하고 있다.

마지막으로 탕자 비유에서는 집을 나간 둘째 아들이 아버지께 돌아옴으로써 아버지와의 관계가 회복되었듯이 인간은 예수님을 통해 하나님께 돌아갈 수 있음을 다시 한번 강조한다. 복음을 영접한 영혼이 가족과 친구들을 사랑한다면 복음을 증거하는 삶을 시작하도록 도전함으로 끝을 맺는다.

C2C는 지금까지 나온 전도 방법 중 불교권의 문화, 가치관, 종교 등에 비교적 잘 상황화된 것이라 할 수 있다. IMB 소속 K선교사는 불교권에서 많은 선교사들과 현지 그리스도인들을 훈련시킨 결과 현재로서는 C2C보다 더 효과적으로 열매를 많이 맺는 전도 방법은 없다고 증언하였다. M국에서 사역하고 있는 조영생 선교사는 C2C를 통하여 많은 전도

의 열매를 맺고 있는데, 그는 C2C 전도법의 열 가지 특징을 다음과 같이 소개하고 있다. 첫째, 창조 이야기부터 시작한다. 둘째, 성경 전체의 내용을 전달한다. 셋째, 이야기(Story Telling) 형식으로 전달하기 때문에 흥미진진하다. 넷째, 복음을 끝까지 듣기를 원하고 중간에 질문하거나 끼어드는 일이 거의 없다. 셋째, 그림을 그려가면서 전하므로 듣는 사람들의 집중도가 매우 높다. 여섯째, 남녀노소, 지식인이나 문맹인 누구에게든지 전달이 가능하다. 일곱째, '하나님과 인간과의 관계'를 중심 주제로 복음을 전함으로 관계와 공동체를 우선하는 문화 속의 사람들에게 매우 적합하다. 여덟째, 천사와 귀신 이야기 등 아시아인의 정신세계에 친숙한 내용이 포함되어 있어 복음에 관한 관심과 이해도가 더욱 깊어지게 된다. 아홉째, 어린이나 문맹인이라도 쉽게 배워서 다른 사람들에게 가르치고 훈련시킬 수 있어 재생산에 효과적이다. 열 번째, 결신율이 매우 높다.

3) 능력전도(power evangelism)

능력전도는 하나님의 능력을 나타냄으로서 하나님의 존재와 사랑과 구원의 은혜를 인식하게 하는 접근 방식이다. 하나님의 능력을 보여주는 것은 전도에 있어서 중요한 촉매제가 될 수 있기에 능력전도는 영적 전투와 관련이 있다. 하지만 비현지화되고, 비상황화된 비변증적 방법에 속하는 능력전도의 단점으로는 그 능력이 기대와는 달리 제한적으로 나타나기 때문에 한계에 봉착할 수도 있다는 점을 들 수 있다. 모든 것을 단순화시켜 능력에 초점을 맞추면 성경에서 말하는 윤리와 삶, 성육신의 방법 등을 통해 복음을 포괄적이고 다차원적인 방법으로 전하는 것을 경시하게 될 위험이 있다. 또한 능력전도를 지나치게 강조하면 단순히 복음을 전파하려는 의지를 손상시킬 위험도 있다. 많은 사람들이 예수님의 기적을 봤지만, 주님을 믿지 못한 것을 보면 불교권의 사람들이 복음을 들었어도 믿음을 거부할 수도 있음을 감안해야 한다.

효과적인 선교 방법은 성령의 능력에 달려 있다. 불교권에서 살아가는 사람들이 신봉하는 불교는 순수한 불교라기보다 정령숭배, 힌두교, 잡다한 민간신앙이 혼합된 형태를 띠고 있다. 이런 문화권에서 사람들은 치유, 축사, 꿈과 환상 등 다양한 기적들을 통하여 하나님과 복음의 능력의 우월함을 접할 때 그리스도를 더 쉽게 영접하고 믿을 수 있는 것도 사실이다. 하나님의 능력이 나타나는 것은 인간 전도자가 마음대로 할 수 있는 일이 아니라 전적으로 하나님께 달려 있는 일이므로 전도자는 하나님의 능력의 통로가 되고 열린 마음으로 하나님의 역사하심을 믿음으로 기대할 수 있어야 한다. 왜냐하면 전도자는 능력전도가 일어나게 할 수는 없지만 믿음으로 기대할 수는 있기 때문이다.

필자는 방콕에서 교회 개척을 하면서 OMF 디렉터가 필자에게 조언한 것을 잊을 수가 없다. 전도하다가 만약 "나는 꿈에 예수님을 만날 수 있다면 예수를 믿겠다"는 사람을 만나면 물러서지 않고 바로 그 사람의 손을 잡고 "예수님, 오늘 밤에 이 영혼에게 나타나주셔서 예수를 믿게 해주세요."라고 기도할 필요가 있다고 하였다. 그랬는데 실제로 필자에게 꿈에 예수님을 만날 수 있다면 예수를 믿겠다는 사람이 나타났고 필자는 그렇게 기도해 주었다. 필자가 기도해 준 바로 그날 밤에 그 사람에게 예수께서 나타나신 것은 아니었지만 필자가 안식년을 간 사이에 그 사람의 꿈에 예수께서 나타나셔서 "나를 믿으라."는 음성을 들었다고 한다. 이후로 그 부부는 예수를 믿고 거듭나서 교회의 충성스러운 일꾼으로 변한 것을 볼 수 있었다. 하나님은 택한 영혼을 구원하시기 위하여 오늘날도 꿈을 통해서도 감동을 주시고 영혼을 구원하기를 원하시는 분임을 알 수 있다.

4) 팀전도

필자는 앞에서 '불교권 선교 장애물 8가지'를 언급할 때 제일 먼저 상좌부불교권은 현지인들의 일상생활과 종교가 함께 섞여 돌아가는 생활불교이며 불교도들의 연대의식은 매우 강하여 혼자 예수를 믿을 경우 "모난 돌이 정을 맞는다."는 우리말 속담처럼 주위 사람들에게 많은 눈총을 받게 되어 공공연하게 예수 믿는 티를 내기 힘들고 적극적인 신앙생활이 쉽지 않다고 말했었다. 태국의 경우 대부분의 절기는 불교와 직접 관련이 있다. 상식적으로 볼 때 대소사를 막론하고 불교라는 종교 혹은 문화와 상관이 없어야 할 어린이날, 스승의 날, 개인의 생일 등도 반드시 불교와 연결이 되어 있다. 일반 국민이 살아가고 있는 마을공동체는 불교 행사 중심의 문화와 끈끈하게 연결되어 있다. 이러한 현상은 도시보다 농촌이 더 심하다. 이것은 절 입구가 마을의 출입문 역할을 하도록 꾸며진 것만 봐도 쉽게 알 수 있다. 농촌의 경우 마을의 주부들은 아침에 일찍 일어나 따뜻한 밥을 지어 식구들을 먼저 먹게 하는 것이 아니라 아침 일찍 줄을 지어 탁발하러 다니는 승려들에게 먼저 시주한 후 가족들이 식사를 한다. 이러한 환경에서 어느 한 개인이 "나는 그런 행사가 싫으니까 관여하지 않겠다."라는 생각을 감히 하지 못하는 것이다. 이런 분위기 속에서 혼자 예수를 믿으면서 전도할 용기를 내기 힘든 사람에게 가능한 전도법 중 하나가 바로 팀전도 전략이다.

팀전도 전략을 개발한 래리 길버트는 팀전도 전략은 복음 전하는 방법을 훈련시키는 프로그램이라기보다는 평신도 복음 전도를 위한 새로운 철학을 의미한다고 주장한다. 이 전략은 효과적인 전도를 위해 사람들을 조직화하고 교회를 체계화하여 평범한 그리스도인들이 팀사역을 할 수 있도록 하는 철학에 바탕을 두고 있다. 많은 개인 전도 프로그램은 복음 전도의 은사가 있는 사람들을 세우는 것이 목표이지만 팀전도 전략은 그리스도인이라면 누구든지 은사와 개성에 맞게 평신도의 눈높이에서 사용하기 쉽도록 만든 평신도용 전도 전략이라고 할 수 있다. 여기서 팀(team)이란 의미는 '전체의 유익을 위해 함께 일하는 사람들'이란 뜻이다. 팀을 이루어야 할 대상들을 보면 지역교회 지체들, 서로 다른 은사를 가진 사람들, 평신도와 지도자, 심지어 교회는 하나님과 팀을 이루어 동역(고전 3:9)할 수 있다. 팀전도는 시작하면서 일반 사람들이 가진 전도에 대한 잘못된 오해 혹은 전제조건으로부터 자유하게 함으로써 그리스도인이라면 누구든지 전도에 기여할 수 있다고 용기를 북돋아 준다.

전도에 대한 잘못된 생각으로는 첫째, 헌신된 그리스도인이라면 누구든지 능력 있는 전도자가 될 수 있다는 생각을 들 수 있다. 목회 임상학적 통계를 보면 전도의 은사를 받은 사람은 성도들 중 10%만 해당되는데, 그렇다 하더라도 나머지 90%의 사람들도 누구나 전도가 일어나도록 역할은 할 수 있다. 둘째, 타인에게 그리스도를 효과적으로 전하려면 반복되는 강한 훈련을 받아야만 한다는 생각이다. 하지만 팀전도 전략에서는 강한 훈련을 요구하지 않고 팀전도 원리와 적용에 대한 설명을 듣고 이해하기만 하면 된다. 셋째, 자신의 영적 수준이 높아야만 훌륭한 전도자가 될 수 있다는 생각을 들 수 있다. 하지만 영적 수준이 전도의 전제조건은 아니다. 넷째, 영적인 그리스도인은 우연히 만난 사람의 영적 상태에 관심을 가진다고 생각하지만, 대부분의 사람들은 자기와 교제권 안의 사람들의 영적 상태에 관해서는 관심이 있지만 낯선 사람들의 영적 상태에 관해서는 관심이 없다. 다섯째, 예수를 믿은 지 오래된 사람은 시간이 지나가면서 불신 친구들이 결국 다 교회에 출석하게 될 것이라는 생각이다. 그래서 자신은 앞으로 전혀 모르는 사람을 전도해야 된다고 생각하지만, 팀전도에서는 누구나 이미 관계를 맺고 있는 7명을 개인전도 대상자들을 확인할 수 있게 한다. 여섯째, 타인에게 복음을 전할 때 지금 당장 결신하고 그리스도를 영접하게 해야 한다고 생각하지만, 이것이 잘못된 생각인 이유는 결신을 강요하는 것이 오히려 사람들로 하여금 그리스도를 인격적으로 만나지 못하게 방해하는 일이 될 수도 있기 때문이다. 팀전도의 강점은 전도에 부담을 가진 그리스도인들을 있는 그대로 인정하며, 전도 대상자들을 압박하여 불쾌감을 주지 않고 그리스도께로 인도하는 데 효과적인 방법이라는 것이다.

팀전도의 장점은 평신도라면 누구나 적용하기 쉽고, 은사를 사용하라고 요구하지도 않으며 적용 원리와 설명을 이해하기만 하면 된다는 것이다. 높은 영적 수준에 이르라는 압박감이 적을 뿐 아니라 현재의 영적 수준 그대로를 인정하며 영적 몸인 교회에 속한 모든 지체들을 다 활용한다. 규격화된 내용을 제시함 없이 자연스런 교제를 통해 전도가 되도록 하는 것이다. 팀전도는 다른 복음 전도 방법들을 배척하지 않고 인정하며, 팀원들이 각 개인에게 맞는 방법을 사용하여 함께 일함으로써 사람들을 교회로 연결시키고 계속해서 성숙한 그리스도인이 되도록 돕고, 억지로 어떤 틀 속에 맞추도록 강요하지 않는 장점이 있다.

팀전도 전략은 전도의 은사가 있는 사람이 전도의 은사가 없는 평신도에게 불신 영혼들과 관계를 맺고 교제하는 방법을 알려주어 복음을 전하는 사람도 부담을 느끼지 않고, 대상자 또한 압력을 받아 불쾌하지 않도록 해서 서서히 교회의 교제권 안으로 포섭하여 결국 영혼을 그리스도에게 인도하는 전략이다. 여러 개의 팀이 서로 연결하면 전도의 최대 장애물인 두려움을 극복하고, 서로 격려하며 지속적으로 전도하게 하고, 다양한 은사와 재능과 자원을 공유하고 보완하며, 서로의 약점을 보완해 주며, 개인보다 더 많은 열매를 거두게 한다. 팀전도는 혼자 힘으로는 전도하기 힘든 불교권 상황에 적합한 전도 전략 중 하나인 것이다.

5) CCC가 개발한 뉴노멀(새로운 표준) 시대의 온라인 전도 플랫폼

글로벌 컨설팅 업체 알릭스파트너스(AlixPartners)는 2020년 발간한 ‘디스럽션 인사이트’(DisruptionInsight) 보고서에서 “단 7개월 만에 일어난 7년 치의 변화”라는 부제를 통해 포스트 코로나 시대에 주목해야 할 5대 뉴노멀 트렌드를 제시했는데 그 중의 하나가 ‘디지털 전환 촉진’이었다. 사람들이 집에 머무는 시간이 늘면서 디지털 커머스, 엔터테인먼트 스트리밍 서비스, 온라인 게임 등 다양한 분야의 디지털 전환이 빠르게 진행될 것이라는 분석을 내놓았다. CCC는 오래 전부터 전도지를 사용한 전통적인 전도 방법 외에 대학생들인 신세대들을 위한 온라인 전도

의 도구들도 개발하여 왔다. CCC는 코로나로 말미암은 비대면 상황에서 디지털로 전환이 촉진되는 시대적 트렌드에 맞추어 전도하는 방법들을 더 많이 발전시켰던 것이다. 코로나 팬데믹 상황이 종식되어도 비대면 방식의 전도는 현시대의 문화로 정착되어 앞으로 사람을 만나지 않고도 온라인을 통해 전도해야 할 필요성은 더 높아질 것이다. CCC 사역연구소인 C-Lab 소속 김상일 전임 간사는 해외 선교지에서 사용할 수 있는 다섯 가지의 온라인 전도 플랫폼을 소개하였다.

(1) THE FOUR 홈페이지: https://thefour.com

'THE FOUR'는 ♥~+?라는 네 가지의 심볼에 복음의 메시지를 담아 이미지에 친숙한 현대인들에게 효과적으로 복음을 전한다. 현재 각 대륙별로 각국의 언어로 복음을 전할 수 있도록 돕고 있다.

(2) THE FOUR 유튜브: https://www.youtube.com/watch?v=CMj55JQTqGk&list=PLPY2y4E9AxQq1otMZ2_sS1iY2GGU8uIzG

'THE FOUR'는 현재 한국어뿐 아니라 영어와 프랑스어, 아랍어, 중국어 등 다양한 언어 버전의 'THE FOUR' 콘텐츠를 유튜브에 공개하고 있다.

(3) JESUSFILM 홈페이지: https://www.jesusfilm.org/

모든 국가, 종족, 언어를 통하여 복음을 전하고자 제작된 '예수영화'는 역사상 가장 많은 언어 버전이 있는 영화로 기네스북에 등재되어 있다. 이 영화는 1979년 미국의 250개 영화관에서 상영되었고, 2009년 1,071개의 언어로 번역되었으며 라디오/오디오 판은 423개 언어로 제작되었다. '예수영화 프로젝트'는 2025년까지 또 다른 5억 명이 시청할 수 있게 하는 목표를 가지고 있다. 예수영화는 2022년 2,000개의 언어로 번역이 이루어졌고, 모든 언어권과 상황에서 교회 개척과 제자훈련에 유용한 도구로 사용되고 있다.

(4) 샌드아트사영리　유튜브:　https://www.youtube.com/watch?v=mRFE6dWHvhg &list=PLPY2y4E9AxQqbpciDDYX7Y_d5X6PqjHrx

한국에서 전도지로 사용되고 있는 사영리를 샌드아트 기법을 이용해 만든 영상으로 남녀노소 누구나 볼 수 있도록 만든 전도 영상이다. 유튜브에 여러 가지 언어로 된 샌드아트 영상을 올리고 있기 때문에 선교사는 자기가 속한 선교지의 언어로 전도에 유용하게 사용할 수 있다.

(5) 갓툴스: https://godtoolsapp.com/en/

복음을 전할 수 있는 애플리케이션(application)으로 어디서나 핸드폰만 가지고 있으면 복음에 대해 이야기할 수 있는 앱이다. 언어(영어, 중국어, 멕시코어, 베트남어, 라트비아어)를 변환할 수 있어 선교지에서 효과적으로 사용할 수 있다.

Part. 09

불교권에서의 교회 개척

선교의 최종 목표는 교회를 설립하는 것이다. 필자가 속한 고신세계 선교회(KPM: Kosin Presbyterian Mission)의 정관 제1장 총칙 제3조(목적)에 "본 선교회는 예수님의 지상명령에 따라 전 세계에 선교사를 파송하며 가능한 모든 방법을 동원하여 개혁주의교회를 설립하는 것을 그 목적으로 한다."라고 되어 있다. 교회를 설립한다고 할 때 가장 중요한 것은 교회를 개척하는 것이다. 가장 효과적인 하나님 나라 확장은 사람들에게 전도하여 교회를 개척하는 것이다.

지금까지 선교사들에게 있어서 가장 보편적인 전통적인 교회 개척 전략은 선교사가 물적 자원을 외부에서 들여와 교회 건물을 건축하고, 신학교를 졸업한 유급 전임 사역자를 임명하고, 가능하다면 대형 교회로 성장하는 것을 목표로 삼았었다. 평신도들은 참여자 수준에 머물게 하고, 사역은 풀타임 사역자에게 전적으로 의존하게 만드는 형태였다. 랄프 윈터(Ralph Dana Winter, 1924-2009)는 선교회와 현지 교회의 관계를 4가지 발전 단계(4P)로 분류하였다. 첫 번째 단계는 개척자(Pioneer) 단계이다. 한 명의 신자도 없는 상태에서 선교사가 모든 일을 주도하여 맨땅에서 개척하는 단계이다. 둘째 단계는 부모(Parent) 단계이다. 부모는 자녀에게 일방적으로 공급해 주기만 한다. 어린아이와 같은 현지 교회를 지도하며 장래에 지도자가 될 사람을 지목하여 훈련을 시키게 된다. 셋째 단계는 협력자(Partner) 단계이다. 현지 교회

지도자들이 외국 선교사들과 대등한 입장에서 동역하는 단계이다. 이 단계는 현지인 지도자와 선교사의 성장 배경이 달라 양자 사이에 갈등을 겪게 되는 시기이지만 인내하며 모든 난관을 극복해야 할 단계이다. 마지막 네 번째 단계는 참여자(Participant) 단계이다. 현지인 지도자들이 리더십을 행사하고 선교사는 자신의 사역에서 손을 떼고 또 다른 개척지를 향해 떠나는 시기이다.

주께서 승천하시기 전 모인 무리들에게 "오직 성령이 너희에게 임하시면 너희가 권능을 받고 예루살렘과 온 유대와 사마리아와 땅 끝까지 이르러 내 증인이 되리라"(행 1:8)는 마지막 말씀을 남기셨다. 초대교회 역사인 사도행전을 보면 주님 승천 후 성령이 강림하신 결과는 교회가 탄생하고 사도들을 통하여 교회가 확장되는 것이었다. 그 후에도 교회는 주께서 내리신 지상명령을 실천하기 위해 시대에 따라 그 모습을 바꾸어 가며 선교에 힘을 썼다. 이런 교회의 모습을 선교학에서는 윌리엄 캐리(William Carrey, 1761-1834)의 해안선교를 시작으로 내지선교, 종족중심의 선교, 이주민선교 등으로 패러다임의 전환이 일어났다고 설명한다. 현대 선교 운동의 중심에는 선교사를 통한 교회 개척이 핵심이었다. 세계 선교 역사는 교회 개척을 통한 하나님 나라 확장의 역사라 할 수 있다. 복음주의적 배경의 신자들은 하나님 나라 확장의 가장 중요한 수단은 바로 교회 개척임을 부인하지 못할 것이다.

교회 역사를 보면 교회 개척을 위한 다양한 형태의 운동들이 일어났다. 오늘날 세계 선교지에서 가장 영향력을 크게 미치고 많은 수의 교회를 개척하는 운동은 IMB에 소속된 선교사를 통하여 일어났고 상이한 종교적 문화적 배경에 따라 다양한 형태로 최적화되어 아직도 진행되고 있다. 그러므로 오늘날 불교권에서 교회 개척을 말할 때 IMB를 통한 교회 개척 운동을 이해하는 것은 불교권 선교사에게 필수적인 사항이다.

1. 교회개척운동(CPM: Church Planting Movements)

IMB 소속 데이비드 게리슨(David Garrison) 선교사는 CPM을 "한 종족그룹이나 혹은 행정구역을 통괄하여 교회를 개척하려는 토착 교회들의 급속한 배가 증식 운동"이라고 정의한다. CPM은 선교 현장에서 우연히 발견되어진 면과 선교사가 CPM의 원리를 의도적으로 적용하면서 상황에 따라서 발전시킨 원리들이 합쳐지면서 만들어진 전략이지만, 우연히 발견된 요소가 훨씬 많다. 이 정의의 핵심적 개념 다섯 가지를 살펴보면, 첫 번째는 "빠른 속도로 재생산"된다는 것이다. 새롭게 개척된 교회들은 매우 빨리 자신과 동일한 형태로 역시 빠르게 재생산을 하는 새로운 교회들을 개척한다. 두 번째 핵심 단어는 "배가"이다. CPM은 기존의 교회 개척처럼 1년에 몇 개의 교회가 더하여지는 것이 아니라 하나의 교회가 두 개가 되고, 두 개의 교회가 네 개가 되고, 네 개의 교회가 여덟 개가 되는 식으로 배가 번식되는 것이다. 세 번째 단어는 "토착적"이다. 토착적이라는 말은 '외부자(선교사)에 의해 시작된 것'의 반대 개념으로 '내부자로부터 발원된 것'을 의미한다. 최초의 교회는 외부자에 의해 시작될 수 있지만, 그 추세는 빠르게 외부자들에게서 내부자들에게로 옮겨 간다. 이 토착적인 원리는 사역 현장의 현지인들에 대한 지도자화가 이루어져 현지인이 전도 사역에 있어서 그 주도권을 갖는다는 말이다. CPM은 계속적으로 교회 개척 전문가나 전략선교사(SC: Strategy Coordinator)에 의해서 이루어지는 것이 아니라, 교회 스스로 즉 교회의 구성원 모두가 복음 전도에 대한 긴급성을 인식하는 가운데 주체 의식을 가지고 동참할 때에 가능하게 된다. 네 번째 단어는 "교회를 개척하는 교회들"이다. 이 말은 복음을 전하는 자가 없이도 복음 스스로 저절로 교회 개척을 이룬다는 의미는 아니다. 초기에는 어차피 선교사나 외부인에 의하여 복음이 전파되게 되어 있다. 그러나 CPM이 어느 정도 진행되면서 그 교회들이 스스로 교회 개척 현장에 뛰어든다. 개척된 교회들이 새롭게 교회들을 개척할 때 CPM의 '역동성'은 나타난다. 마지막 다섯 번째 단어는 "종족그룹" 혹은 서로 밀접한 관계가 있는 "행정구역"이라는 단어다. CPM은 복음이 전해지는 것을 중심으로 하기 때문에 언어를 공유하는 같은 종족의 울타리 안에서 자연스럽게 발생한다. 그러나 CPM은 거기서 멈추지 않고 복음을 통해 변화된 새 신자들의 삶에 능력을 불어넣어 그들로 하여금 다른 종족그룹들에게 소망의 메시지를 전하도록 만든다. CPM에 대한 더 세부적인 내용은 필자의 책『불교권 선교 가이드』를 참조하면 된다.

2. 훈련자를 위한 훈련(T4T: Training For Trainers)

CPM으로 인해 급속한 속도로 교회의 재생산이 계속적으로 이루어질 경우 필요한 것은 지도자의 훈련과 수급일 것이다. 지속적인 CPM은 본질적으로 지도자 배가 운동으로 이는 CPM에 동력을 부여하는 영적 기관차와 같다. 이렇게 CPM에 지도자를 공급하기 위한 훈련 방법을 T4T라고 부른다. 그래서 CPM과 T4T는 마치 동전의 양면과 같이 뗄 수 없는 불가분의 관계를 가지고 있다. 한국교회가 지난 30여 년간 미전도종족 선교에 대한 강조를 많이 하였고 CPM이 미전도종족들 가운데 일어나야 한다는 것을 알았으면서도 정작 왕성한 CPM을 그들 가운데 일으키지 못한 결정적인 이유는 바로 CPM의 영적 기관차 역할을 하는 지도자 양성에 실패했기 때문이다.

하지만 불교권, 이슬람권, 공산권 등 복음 전파가 어려운 지역에 서구권 선교사들에 의해 T4T가 성공적으로 적용되었는데, T4T를 완성시킨 사람은 대만 출신의 미국계 선교사인 잉 카이(Ying Kai) 선교사이다. 뛰어난 CPM 훈련자 중 한 사람인 미국인 선교사 스티브 스미스는 잉 카이의 사역 가운데 나타난 T4T를 자신의 경험을 더하여 소개하는『교회를 세우는 지도자 재혁명, T4T』(T4T: A Discipleship Re-Revolution)라는 책을 출판하였다. 두 사람 다 IMB 소속 선교사들이었다. 잉 카이 부부는 마태복음 28:19-20절의 지상대명령 "그러므로 너희는 가서 모든 민족을 제자로 삼아 아버지와 아들과 성령의 이름으로 세례를 베풀고 내가 너희에게 분부한 모든 것을 가르쳐 지키게 하라 볼지어다 내가 세상 끝날까지 너희와 항상 함께 있으리라 하시니라"는 말씀을 통하여 사람들을 오라고 하지 않고 가야 하며, 몇 명이 아니라 모두(모든 민족)를 제자 삼고, 교인이 아니라 훈련자(제자)를 만들어야 함을 깨닫게 되었다. 잉 카이 부부는 믿지 않는 사람에게는 복음을 전했고, 구원받은 사람에게는 훈련을 시켰다. T4T에 대한 상세한 내용은 필자의 책『불교권 선교 가이드』를 참조하기를 바란다.

3. 불교권에 상황화된 교회 개척의 예

각 선교지마다 선교사나 현지 교회 사역자들은 자신이 사역하고 있는 선교지의 문화적, 종교적, 사회적 상황에 맞는 교회를 개척하기 위해 노력하고 있다. 많은 예들이 있겠지만, 필자는 상좌부불교권인 태국에서 강대흥 선교사(2021년부터 한국세계선교협의회 사무총장)에 의해 진행된 선교지에서 상황화된 교회 개척의 모델을 소개하고자 한다.

1970년대 필리핀 교회는 암흑기였다. 천주교 국가인 필리핀에서 교회는 전국에 3,000여 개뿐이었다. 사람들은 예수님을 영접하고도 교회가 없어 예배를 드리지 못했다. 그랬던 필리핀이 2000년에는 교회가 50,000여 개나 되었다. 현재 필리핀 교회는 80,000여 개나 된다. 이것은 미국의 한 선교단체가 진행한 던(DAWN) 운동 덕이다. 'DAWN'은 'Disciples A Whole Nation'의 약자이자 새벽을 뜻한다. 던 운동을 시작한 사람은 미국의 선교단체인 원챌린지(OC: One Challenge)를 창립하고, OC의 필리핀 지부인 필리핀 챌린지(PC)를 시작한 짐 몽고메리(Jim Montgomery)이다. 그는 필리핀의 교회 수가 4,000-5,000개였던 1974년에 던 운동을 시작하여 2000년에는 약 50,000개의 교회로 성장하는데 기여하였다. 강대흥 선교사의 증언에 의하면 2016년 필리핀 OC선교회 소속인 마서진 선교사로부터 필리핀에서 시작되었던 DAWN을 태국에서도 적용하는 것을 제안받았다고 한다. 강대흥 선교사는 태국 교회 지도자들 10명을 데리고 필리핀 교회를 탐방하고, 현지인들이 던 운동을 태국 교회에 적용할 수 있는 동기를 부여하였다. 그 후 필리핀 OC가 사용하는 교재를 집필한 데이브 화이트(Dave White) 선교사를 초청하여 태국 교회 지도자들을 각 지역별로 모아 던 운동을 소개하였고, 미얀마에서 사용한 교재를 태국 상황에 맞게 바꾸는 작업도 진행하였다. 그후, 강대흥 선교사는 던 운동을 모델로 하여 TCP(Thailand Church Planting)를 설립하고, 2017년 9월 15-16일 피사누록도(道)의 크릿크싸누쿤 교회에서 제1차 태국 교회 개척학교를 열었는데, 23개 도의 57개 교회에서 290명의 사역자와 교인들이 참석하였다. 이것은 태국 전체 인구의 95%가 교회가 없는 마을에 사는 문제를 해결하고 2020년까지 100만 명의 성도와 10,000개의 교회를 배출해 민족 복음화 운동을 성취하기 위한 동기 부여가 되었다. 2018년 9월부터 2019년 10월까지 총 14개월 동안 태국 전역에서 태국 교회 개척학교를 열어 태국교회 총연합회에 보고한 자료를 보면 전도된 새신자는 1,375명이고 개척된 가정교회는 276개에 달한다.

강대흥 선교사는 태국 교회 개척학교의 세 가지 특징을 언급하였다. 첫째, 현지화이다. 사역은 선교사가 시작했으나 실제 사역은 현지인들에 의해 진행되었다. 필리핀 OC가 사용하는 교재를 집필한 데이브 화이트(Dave White) 선교사가 코로나로 태국 입국이 불가능하게 되자 태국 그리스도인들은 자기들에게 맞는 방식으로 훈련의 내용을 바꾸어 진행했는데 그것이 오히려 더 효과적이고 열매가 많았다. 둘째, 모든 훈련 가운데 선교사가 재정을 후원하지 않고 스스로 자급자족한다는 사실이다. 셋째, 기도가 TCP운동의 밑거름이 되었다. 강대흥 선교사는 파송교회 최남수 목사와 함께 세계기도자학교(World Prayer School) 사역을 세계 곳곳에 시작하면서 태국에서도 시작하여 기도 운동이 일어나게 되었는데, 그 운동의 멤버들이 TCP운동에 동참하여 핵심적인 역할을 하였다.

4. 불교권에서 자립하는 교회 설립

학계에서는 한국교회가 선교 1세기 만에 세계의 교회들이 깜짝 놀랄 만큼 부흥하고 선교 대국으로 떠오르게 된 것은 '네비우스 선교방법론'을 일찍 도입하였기 때문이라고 인정한다. 삼자 원리인 자립 선교의 정신이야말로 한국교회의 부흥과 선교의 바탕이 되어 왔다는 것은 아무도 부인하지 않는다. 이처럼 한국교회는 자립 선교라는 모범적인 좋은 전통을 이어받았으나, 한국교회에서 파송된 선교사들은 선교지에서 자립 선교를 실천하지 않는 경우가 많다. 선교의 본질은 사람에게 복음을 전하여 그리스도의 제자로 만들고 이어 건강한 교회를 세우는 것이다. 그러나 상당수의 한국 선교사들은 선교지에서 사람을 세우는 것보다는 물량주의 선교라고 할 수 있는 건물이나 프로젝트에 더 많은 것을 투자함으로써 한국교회가 물려받은 성경적인 선교 전략을 포기한 것 같은 생각이 든다.

19세기 중반 세계 선교가 본격화되면서 토착교회 이론인 '자급, 자치, 자전의 삼자 원리'가 미국해외선교연합위원회(ABCFM: American Board of Commissioners for Foreign Missions) 총무인 루푸스 앤더슨(Rufus Anderson, 1796-1880)과 영국의 교회선교사회(CMS: Church Missionary Society)의 회장인 헨리 벤(Henry Venn, 1796-1873)에 의해 공동으로 개발되었고 나중에 미국장로교회 선교사였던 존 네비우스(John Livingston Nevius, 1829-1893)에 의해 한국에 있는 장로교 선교사들에게 영향을 미치면서 한국에 와있던 선교사들은 네비우스 선교 방법을 채택하게 되었다.

윌리엄 콘필드(William J. Kornfield, 1924-2008)는 "재정적 온정주의(financial paternalism)의 증가와 그에 따른 복음의 서구화는 오늘날 세계 선교에서 우리가 직면한 가장 중요한 두 가지 문제"라고 지적하였다. 한국 선교사들은 선교지에서 성도도 없는 상태에서 건물부터 짓는 경우도 왕왕 있는데, 그것은 '교회 개척'이라기보다는 '건물 개척'이라고 해야 맞는 말이다. 재정적 온정주의는 돈을 받는 사람과 그렇지 않은 사람을 구분시킨다. 그것은 현지인들이 선교사를 의존하게 만들고 궁극적으로 선교사로부터 재정의 도움을 받는 사람을 속박하고 억압하게 만든다. 선교사가 현지인들을 계속 돕고 어린아이처럼 대할 때 진정으로 동등한 인간관계가 형성될 수 없는 것이다.

라틴아메리카 안데스산맥 지역의 케추아 인디언 신자들 사이에서 무차별적인 외부 재정 지원이 문제가 되었다. 선교사가 재정적으로 도움을 주기 전에는 케추아 인디언들이 자급자족했지만, 선교사들의 재정적 온정주의 때문에 부족이 분열되기에 이른 것이다. 그리고 외국 기금의 지원을 받는 많은 케추아 족 교회는 재정적으로 자급자족했을 때는 영혼들을 구원하고자 하는 비전을 가지고 있었으나 외부로부터 재정적 지원을 받은 이후부터는 그런 비전을 잃어버리게 되었다. 이처럼 선교사들의 재정적 온정주의는 선교지 교회가 성장할 수 없게 하거나 어떤 경우에는 사라지게 했다. 때로는 선교사가 재정을 모금하여 교회 개척이나 프로젝트를 진행하면 그 프로젝트는 현지인이나 지역사회의 것이 아닌 외부에서 온 선교사의 것이 되는 경향이 있다.

비록 더디고 시간이 걸릴지라도 선교사가 조급한 마음을 버리고 처음부터 자립 선교의 원칙(자전, 자치, 자급)을 가지고 현지인들을 성경적 원리에 따라 가르치고 세우면 그들이 스스로 교회를 세워나갈 것이다. 선교사가 교회 개척이나 다른 사역을 함에 있어서 선교지 교회의 헌신 없이 본국 후원 교회의 전적인 지원으로 일을 진행하면 현지인 스스로 믿음으로 설 수 있는 기회를 박탈하는 결과가 되어버린다. 또한 선교 현장에서 선교사가 선교지를 떠남과 동시에 선교사의 전적 후원으로 시작된 프로젝트나 교회들은 문을 닫거나 현지인 사이에 재산 분쟁을 일으켜 참담한 결과를 맞이하는 경우도 생기는 것이다.

필자가 OMF 소속 선교사로서 1994년 방콕 랑싯 지역에서 반숙까셈 교회를 개척할 때 태국 OMF가 조직한 '태국교회연합'(ACT: Associated Churches in Thailand) 방콕노회에 소속되어 현지 목회자들이 재정, 인사, 전도를 포함한 사역을 주도하도록 시스템화하여 현지인에 의한 자생적이며 재생산적인 교회를 세울 수 있도록 한 경험을 가지고 있다. 태국 OMF는 교회 개척이나 기존 교회 사역을 할 때 '교회 사역 안내서'가 있다. 선교사는 현지인에게 가능한 세례식, 성찬식, 결혼식, 장례식 등을 집례하지 못하게 되어 있다. 선교사의 간섭 없이 현지인이 스스로 리더십을 행사하여 현지인이 사역의 주체이며 자신들의 교회라는 의식을 가지고 자발적으로 전도하도록 하고 있다. 태국 OMF 리더십은 선교사가 안식년을 다녀오면 의도적으로 선교사가 개척한 교회가 아닌 다른 교회나 새로운 교회를 개척하게 하는 경우가 많은데 '선교사가 교회를 개척해도 교회는 하나님의 것이며 현지인의 것이다.'라는 메시지를 주고 싶은 것이다. ACT 방콕노회의 모든 재정은 태국 OMF가 간섭하지 않고 현지인으로 구성된 재정위원회가 관리하고 결정하므로 선교사가 직접 돈을 매개로 현지 교회에 영향을 미치지 못하게 하고 있다. 현지인이 선교부나 선교사의 눈치를 보지 않는 시스템, 그들에게 고용되었다는 느낌을 주지 않는 시스템을 갖추는 것은 매우 중요하다.

선교사는 은퇴 혹은 다른 이유로 언젠가는 선교지를 떠나야 할 입장이지만, 현지인은 계속 현지에 남아 있게 된다. 선교의 진정한 주인은 하나님이시지만, 하나님 나라를 위한 사역의 주인은 현지인이다. 한국교회처럼 한국인이 자발적으로 헌신함으로 교회가 성장하여 더 이상 선교사가 필요 없게 되고, 현지 교회가 선교사를 파송할 수 있는 정도까지 발전할 수 있다면 그것이 진정한 선교의 성공이 아닐까?

5. 불교권에서의 교회 개척 단계

선교지에서 교회 개척 모델을 먼저 소개하고자 한다.

타문화권 교회 개척 사역의 단계에 관한 설명 중 비교적 오래된 것 중 하나인 피터 와그너(Charles Peter Wagner, 1930-2016)의 '선교 사역 진전의 4단계'를 도표로 나타내면 다음과 같다.

[그림4] 교회/선교회 관계에 관한 와그너 모델				
	1단계	2단계	3단계	4단계
선교사의 사역	새로운 그룹의 사람들에게 가서 복음을 전하고 교회를 시작한다.	가르치는 일을 하고 교회를 발전시킨다.	자문 역할	더 이상 관여 하지 않는다.
현지 교회의 사역	복음을 받아들인다.	성숙해 간다.	교회의 모든 영역에 책임을 진다.	선교를 시작한다.

선교회와 현지 교회 사이의 관계에 대한 두 번째 모델은 국제 SIM과 나이지리아 및 인근 국가들의 교회가 참여하는 동아프리카 복음주의 교회연합회 사이에서 이루어진 이양에 관한 경험을 윌리엄 해롤드 풀러(William Harold Fuller, 1925-2020)가 정리한 것이다. 이 모델은 큰 선교단체가 인구가 많은 종족 집단에서 일하는 경우에 도움이 되는 모델이다.

[그림5] 교회/선교회 관계에 관한 풀러 모델			
선교회와 교회의 관계: 발전의 네 단계			
선교회의 역할:			
1단계: 개척자	2단계: 부모	3단계: 파트너	4단계: 참여자
선교회 홀로	선교회가 지도력을 발휘하고 교회가 개발된다.	선교회와 교회가 함께 사역한다.	교회는 성숙하고 지도력을 발휘한다.

마지막으로 필자가 추천하는 톰 스테펜(Tom Steffen)이 『타문화권 교회개척(Passing the Baton)』에서 제시한 스테펜 모델은 다음과 같이 정리할 수 있다.

[그림6] 선교사의 역할 전환에 관한 스테펜 모델				
1단계	2단계	3단계	4단계	5단계
사역 준비	예비 전도	전도	전도 이후	철수
배우는자				
		전도자		
		교사		
		현지 조언자		
			순회 조언자	
			부재 조언자	

첫 단계는 사역 준비 단계이다. 이 단계는 타문화권 교회 개척에 관심을 가진 사람들이 준비할 사항들을 다룬다. 선교사가 타문화권 사역에

 붓다를 넘어 복음으로

필요한 모든 준비들(학문적 준비, 경험적 준비, 기도 후원자 및 재정 후원자 발굴 등)과 함께 현지 언어를 배우고 대상 지역에 관한 다양한 조사를 실시하며 예비적 수준의 개괄적인 단계적 철수 전략을 기획하는 단계이다.

둘째 단계는 예비 전도 단계이다. 이 단계는 팀 구성원들이 사역을 펼칠 지역으로 이주하면서 시작되며 현지의 언어와 문화 그리고 현지인의 가치관 등을 알아가며 현지인들을 사귀고 전도의 토대를 닦는 과정이다.

셋째 단계는 전도 단계이다. 현지인들의 필요를 채워주며, 분명한 복음의 메시지를 전하는 단계이다. 전도는 문화적으로 적절한 방식으로 이루어져야 하는데, 핵심 의사 결정자들을 찾아내어 집중적으로 전도하고 새로운 믿음의 공동체를 형성하는 단계이다.

넷째 단계는 전도 이후의 단계이다. 이 단계에서는 개척한 교회의 질적, 양적 성장을 위해 노력하는 단계이다. 전도를 받아 유입된 현지인들에게 선교사는 신앙생활에 필요한 가장 기초적인 훈련과 함께 모든 사역철학을 처음부터 나누어야 한다. 왜냐하면 선교사는 시작부터 현지인에게 이양을 염두에 두고 사역을 펼쳐가야 하기 때문이다. 교회에서 전개되어야 할 가장 중요한 일은 하나님께 예배를 드리는 일이다. 예배는 하나의 프로그램이 아니라 가장 중요한 교회의 존재 목적이기 때문이다. 선교사는 본국에서 경험하였던 예배의 형식을 뛰어넘어 선교지의 다양한 예배의 형태를 연구하여 성경적으로 부합할 뿐만 아니라 현지의 문화에 상황화된 예배를 통하여 참석자들이 하나님 앞에 참된 예배를 드릴 수 있도록 해야 할 것이다. 불교권의 영혼들에게는 기독교의 교리적 교육도 중요한데 그 이유는 두 종교의 출발점이 확연하게 다르기 때문이다(무신론과 유신론, 무아론과 유아론). 제자훈련 중 전도 분야는 정말 중요하다. 왜냐하면 현지인들에게 재생산이 가능한 전도훈련이 없으면 교회는 더 이상 개척될 수 없고 하나님의 나라는 확장되지 않기 때문이다. 이때는 단계적 철수를 위해 선교사의 사역을 줄이고 현지인들을 사역에 더 깊이 관여하게 하는 단계인 것이다.

다섯째 단계는 철수 단계이다. 사역의 철수는 현지인 기독교인들의 손에 교회가 완전히 이양될 때까지 점차적으로 이루어지게 된다. 선교사는 처음부터 현지 기독교인들을 신뢰하고 교회 개척과 관련된 모든 활동에 참여하도록 하는 것이 중요하다. 선교사는 자신이 주도적 역할을 하기 위해 사역을 움켜쥐지 않고 모세처럼 자신의 업무를 현지인에게 나누어 줌으로써 탈진을 피하고 장차 현지인에게 이양할 준비를 하면서 교회의 모든 사역이 훗날 현지인들의 것이 될 것이라는 비전을 현지 성도들과 끊임없이 나누어야 한다. 선교사는 전도자, 교사, 현지 조언자, 순회 조언자, 부재 조언자 등 다양한 역할을 거쳐 가며 신실한 현지 성도들과 사역자를 세워 자신의 권한을 지속적으로 넘겨주어야 한다. 따라서 시간이 지나면서 선교사는 자신의 사역을 점점 줄이면서 현지 사역자와 성도들이 더 많은 사역에 관여하도록 현지에 함께 하며 현지 조언자 역할을 하고, 일임한 이후에는 가끔씩 만나 조언하는 순회 조언자 역할을 한다. 그리고 마지막에는 현장에서 멀리 떨어져서 전화나 SNS를 이용해 의견을 전하는 부재 조언자 역할을 감당한다. 선교사는 결국은 본국으로 돌아갈 것이고, 아직도 사역의 기간이 남아 있다면 또 다른 곳에서 개척하여 결국에는 현지인에 의하여 재생산할 수 있는 교회가 계속하여 세워질 수 있도록 해야 한다.

지금까지 한국교회의 선교는 오로지 성장 패러다임 일색이었다. 따라서 한국 선교사가 파송되기 전에 선교사의 출구 전략이나 현지인에게 사역을 이양하는 법 등은 훈련을 받아본 일이 없다. 어느덧 한국교회는 급속한 노령화의 길로 들어서고 있고, 선교지에 투입될 인적자원은 감소하고 있다. 선교지에도 사역할 기간이 많이 남지 않은 시니어 선교사들이 많아져 출구 전략과 이양에 대한 선교학적 방향 설정과 선교사들을 위한 재교육이 시급한 시점이다. 또 하나 안타까운 것은 태국의 경우 이미 서양 선교사들이 선교를 끝내고 철수한 지역에 한국 선교사가 뒤늦게 다시 들어가 교회를 개척하는 경우가 많다. 이미 서양 선교사들은 현지인들에게 사역을 이양하여 토착교회가 세워졌는데, 한국 선교사가 현지 목회자에게 돈을 주고 건물을 지어 분열이 생기고 오래 전에 서양 선교사들이 실수하였던 재정적 온정주의를 반복하여 선교의 퇴보를 가져오고 있는 것이 사실이다. 이러한 형태의 사역은 하나님의 나라가 확장되는 것을 방해하며 현지 교회에 혼란을 가져오는 원인이 된다.

6. 현지인을 일당백을 감당할 수 있는 그리스도의 제자로 세움

불교권에서는 많은 전도에도 불구하고 하나님께서 특별한 부흥을 허락하시지 않는 한 한꺼번에 많은 사람이 예수를 믿고 교회로 유입되는 경우는 드물다. 불교권에서의 제자 훈련은 마치 국가무형문화재 기능 보유자가 조상대대로 내려오는 특별한 기술을 도제식(徒弟式) 교육으로 다른 사람에게 전수하는 방식으로 선교해야만 그나마 한 사람이라도 그리스도의 제자로 남길 수 있다. 그 한 사람을 그리스도의 강한 군사로 키워 선교사보다 더 훌륭하게 동족에게 복음의 영향을 끼치도록 하는 것이 선교 전략상 중요하다. 예수께서도 공생애 초기 사역은 대중들을 대상으로 하셨지만, 공생애 말기에 가까워지면서 소수의 제자들에게 집중하신 것을 볼 수 있다.

이런 면에서 붓다의 강조점과 예수님의 강조점은 전혀 달랐다. 붓다가 죽림촌에 안거할 때 병에 걸려 심한 고통을 겪자 아난이 마지막 설법을 청하였다. 이에 붓다는 '자등명법등명(自燈明法燈明) 자귀의법귀의(

自歸依法歸依)'라고 대답했다. 이는 너 자신을 등불로 삼고 너 자신에게 의지하라. 너 자신 밖의 다른 것에 의지하지 말고 오직 너 자신에게 전념하라. 법을 등불로 삼고, 법에 의지하라. 법을 떠나 다른 것에 매달리지 말라는 의미로서 붓다에게 중요한 것은 붓다 자신의 인격이나 붓다 자신이 전혀 아니었다. 그가 중요하게 생각한 것은 다름 아닌 그의 가르침이었던 것이다. 붓다는 자신을 닮은 제자를 세우는 것보다 자신의 가르침을 깨닫고 실천하는 사람을 남기기를 원했다. 그러나 예수께서는 자신의 가르침도 중요한 것이었지만, 그것보다 중요한 것은 예수님 자신이었다. 예수님의 제자도는 곧 예수님을 알고, 사랑하고, 믿고, 예수님께 헌신하는 것이었다. 그레그 옥던(Greg Ogden)은 그의 저서『세상을 잃은 세상을 얻는 제자도』에서 다음과 같이 말한다.

> 예수님은 소수에 초점을 맞추셨다. 그것만이 자신의 마음과 사명을 핵심 제자들의 삶 속에 옮겨 심을 수 있는 유일한 방법이었기 때문이다. 내면화는 청중을 상대로 한 대중 전달의 방식으로는 일어날 수 없다. 그것은 인격 대 인격이 만나는 정황 속에서만 일어난다. 진정한 제자의 증가, 또는 제자의 재생산 역시 제자들이 예수님의 사명을 자신의 내면에 새겨 다른 이들에게 전달하려는 마음을 품게 될 때에야 비로소 가능한 일이다.

특별히 내놓을 만한 배경도 없고 천방지축으로 덤벙거리던 제자들은

3년 넘는 기간 동안 예수님과 함께 있으면서 세상을 변화시키는 사람들로 변모했고 성령께서 그들에게 강림하신 이후에는 겁쟁이던 제자들이 담대하게 그리스도를 전파하는 사람들로 바뀌었다. 그러면 예수님은 제자들을 어떤 방식으로 훈련하셨을까? 예수님은 도제 관계의 장인처럼 제자들을 훈련하셨다. 사역 초기에 해당하는 첫째 단계에서는 제자들에게 삶으로 모범을 보여 주셨는데 "나는 행할 테니 너희는 보고 배우라"로 표현할 수 있겠다. 예수님은 말로 가르치는 것 이상의 본을 보여 주셨다. 내가 선생이 되어 너희들의 발을 씻겼으니 너희도 서로의 발을 씻겨주라(요 13:14-15)는 식으로 스승의 삶을 제자가 그대로 따라 하도록 하셨다. 둘째 단계에서는 예수께서 제자들을 자극하는 스승 역할을 하시며 군중들과 별도로 사도들을 가르치시고 질문을 던지셨다. 이 단계는 "나는 행할 테니, 너희는 도우라"는 말로 표현할 수 있다. 동시에 제자들을 대중의 주목을 받는 자리에 더 많이 노출함으로써 제자들을 향한 기대치를 높이셨다. 셋째 단계에서는 제자들을 뒷받침하는 코치 역할을 하셨다. 이 단계에서는 "너희는 행하라, 내가 도와주마"라고 하신 것이다. 열두 제자와 칠십 명의 제자들을 선교라는 영적 전투 현장으로 보내셔서 돌아와 보고하는 가운데 성공은 격려하고 실패는 극복할 수 있는 해답을 주셨다. 마지막 네 번째 단계에서는 제자들에게 사명을 맡기시고 파송하셨다. 예수께서는 제자들을 준비시켜 지도자 역할을 하도록 하셨다. "너희는 행하라, 내가 지켜보리라"라는 말로 표현할 수 있다. 만일 우리가 철저히 헌신하여 자신과 같은 제자를 길러내고, 그 제자가 또 다른 제자를 길러내려면 우리는 소수의 사람들에게 전심전력을 기울이는 예수님의 모델을 선택해야 한다.

불교권에서 선교사가 복음을 전하여 가능한 한 많은 수의 영혼들을 구원해야 하겠지만 동시에 일당백을 감당할 수 있는 한 명을 그리스도의 제자로 세우는 것이 더 중요한 사명인지도 모른다. 왜냐하면 선교지의 하나님 나라 확장은 궁극적으로 선교사가 아닌 강한 그리스도의 제자로 세워진 소수의 현지인 그리스도인들에게 달려 있기 때문이다. 선교의 완성은 선교지에서 하나님의 복음이 편만하게 선포되고, 많은 사람이 구원을 받고, 현지 교회가 많이 설립되어 선교사가 더 이상 사역할 필요가 없어지는 것이라 할 수 있다. 그렇다면 선교사 한 사람이 은퇴 혹은 다른 이유로 본국으로 철수하더라도 선교사를 통하여 세워진 현지인 제자가 선교사보다 선교지에 더 큰 영적 영향력을 발휘할 수 있다면 선교사의 철수는 결코 억울한 일이 아닐 것이다.

7. 불교권에서 효과적인 복음 전달

복음의 내용은 영원불변하다. 성경은 문화와 역사, 인종을 초월하여 어느 시대, 어느 인종, 어느 문화권에도 적용되는 텍스트이자 초월적인 하나님의 말씀이다. 그러나 변개할 수 없는 절대적인 진리인 복음도 상대방이 알아들을 수 있도록 전달되지 않으면 복음이 그 사람에게는 좋은 소식(Good News)이 될 수가 없을 것이다. 성경의 복음은 오랜 세월 동안 시간적, 문화적, 언어적, 지리적 간격을 넘어 오늘 나에게까지 전달되어 그 소식이 나로 하여금 예수를 믿고 구원을 받게 하였다. 물론 인간의 영혼이 거듭나는 데는 성령 하나님의 역사하심이 필수적이지만, 아울러 복음 전달자가 모든 과정 가운데 성령의 도우심으로 복음을 듣는 청자에게 알아들을 수 있도록 전달할 수 있었기 때문이기도 하다.

불교권 선교에 있어서 가장 어려운 문제는 선교사가 유창한 현지어를 구사하여 불신자에게 복음을 전했다고 하더라도 선교사의 의도대로 복음이 상대방에게 전달되지 않는다는 것이다. 신임 선교사는 종종 선교지에 도착하여 언어 훈련을 하는 기간 동안 현지 언어만 잘하면 선교를 잘할 수 있을 것이라고 생각한다. 필자 역시 언어 훈련 기간 동안 그런 환상을 품고는 시니어 선교사들이 현지어를 유창하게 구사하는데도 왜 복음의 열매가 그렇게 적을까 하는 의구심을 품었었다. 그런데 불교권에서 선교사로 오랜 시간을 보내며 깨달은 것은 현지의 언어, 문화, 현지인의 특성 등을 더 잘 이해하게 된다 하더라도 영혼 구원의 열매가 획기적으로 많아지지 않는다는 사실이다.

불교권에서의 선교는 쉽지 않은데, 그 첫 번째 이유는 선교사가 언어를 잘 구사하고 현지의 문화 등에 잘 적응했다고 하더라도 복음의 원래 의미를 청자에게 전달하는 것이 매우 어렵기 때문이다. 만약 복음 전달자가 A라고 이야기하는데 청자는 Z라고 받아들인다면 복음을 전하는 것이 거의 불가능하지 않겠는가? 예수께서 말씀으로 오셨기 때문에 선교사가 현지어를 잘 구사하여 성경 말씀을 현지인들이 잘 알아들을 수 있도록 하는 것은 매우 중요한 일이다. 하지만 불교권 선교의 성패는 복음 전달자가 효과적으로 복음을 청자의 마음에 깊숙이 심을 수 있느냐 없느냐에 달려 있다.

2020년 10월에 복음화율이 0.1%에 불과한 전 세계 5,000여 미개척종족(under-engaged) 선교를 위한 '2020 세계교회 지도자 미전도종족 개척 선교대회'(2020 Global Assembly of Pastors for Finishing The Task)가 인천에 소재한 필그림선교교회에서 대면과 비대면 방식으로 개최되었다. 대회 둘째 날 비욘드(Beyond) 선교부 소속 스티브 팔라토(Steve Parlato) 선교사는 불교권에서 일어나는 교회 개척 운동 사례를 발표하면서 불교도들이 복음을 받아들이지 못하는 이유를 여러 가지를 언급했는데 가장 중요한 세 가지를 소개하면 다음과 같다. 첫 번째 이유는 불교와 기독교의 가르침이 매우 다르기 때문이고, 둘째는 복음 전달자가 메시지를 불교권에 상황화하는데 실패했기 때문이며, 셋째는 선교사들이 서구 문화를 마치 성경적인 문화인양 비판 없이 이식했기 때문이라고 밝혔다. 앞에서 윌리엄 콘필드는 재정적 온정주의의 증가와 그에 따른 복음의 서구화는 오늘날 세계 선교에서 우리가 직면한 가장 중요한 두 가지 문제라고 지적하였다. 하나의 우수한 문화가 복음을 대신할 수 없기 때문에 문화와 복음은 구별되어야 하는 것이다. 그러나 서구 제국주의는 자신들의 문화를 복음으로 여기는 잘못을 범했다. 복음은 문화로 표현되기에 궁극적으로는 문화를 변화시켜야 하는 것은 맞다. 하지만 모든 문화는 진리를 일부 담고 있기는 하지만 인간의 죄성을 포함하고 있기 때문에 문화는 복음이 아니다. 제국주의 선교의 시대에 서구의 문화는 하나님이 복을 주신 문화라는 자만심을 가지고 문화와 복음을 동일시하여 현지 문화를 무시했기 때문에 복음에 대한 오해를 낳게 하였다. 그러므로 선교사는 문화가 중요하다 하더라도 문화가 바로 복음이 될 수 없다는 것을 깨달아 선교지의 문화를 무시하지 않는 범위에서 복음의 왜곡을 가져오지 않도록 주의해야 한다.

복음이 특정한 문화나 사회에서 살아가고 있는 사람들에게 수용되기 위해서는 복음의 본질을 훼손하지 않는 범위 내에서 적절히 상황화(contextualization)되어야 한다. 필자는 많은 불교도들에게 복음을 전하면서 그들의 반응이 하나같이 비슷하다는 것을 알게 되었다. 복음을 전한 후 "기독교 복음이 불교의 가르침과 달라서 마음이 불편하셨는가요?"라고 물으면 첫 번째 반응은 "괜찮다"(마이뻰라이, You're welcome)였다. 하지만 필자를 힘들게 하는 것은 "모든 종교는 사람들에게 착하게 살라고 가르치지 않나요? 들어보니까 불교와 기독교의 가르침은 같습니다"라는 두 번째 대답이다. 필자가 1시간 동안 복음을 전하며 복음을 듣는 사람에게 강조하고자 한 것은 불교는 무신론과 무아론이지만, 기독교는 유신론과 유아론이라는 것이었는데 어떻게 같을 수가 있는지 도무지 그들의 반응이 용납이 되지 않았다. 한 가지 확실한 것은 필자가 전한 복음이 청자에게 전달(커뮤니케이션)되지 않았다는 것이다. 복음이 왜 불교도들에게 전달되지 않을까? 그것은 청자의 의식, 세계관, 종교관이 불교의 문화로 가득 차 있기 때문에 복음 전달자가 A를 이야기해도 청자에게는 이미 마음과 정신세계를 지배하고 있는 Z라는 의미로 굴절되어 들리기 때문이다.

그렇다면 이런 의사소통의 오류를 어떻게 극복할 수 있을까? 복음 전달자가 잘 설명한다고 해도 빠른 시간 안에 복음의 내용을 바르게 전달한다거나 청자를 설득할 수는 없다. 이러한 이유로 사영리로 된 전도지 같은 이미 유신론으로 세계관이 형성된 서구식의 사고에 맞는 전도방법론이 불교권에서는 효과적이지 않은 것이다. 이렇게 이야기하면 불교권에 단기선교를 가서 현지인에게 복음을 전하니 많은 사람들이 끝까지 복음을 듣고 예수님을 영접했다고 반문하는 사람들이 있을지도 모른다. 태국의 경우 그것은 다른 사람의 감정이나 프라이버시를 존중하여 복음 전하는 상대방의 체면이 손상되지 않도록 하려는 배려(태국어로 시아

나) 때문에 청자가 꺼리는 마음(태국어로 끄랭짜이)이 있거나 받아들일 수 없어도 참고 있었을 뿐이다. 불교와 기독교 교리가 너무 다른 것은 짧은 시간에 해결할 수 없고 한 사람을 복음으로 변하게 하려면 오랜 시간을 두고 접근하여 그들이 오해하는 것을 하나씩 풀어서 이해하도록 하는 방법뿐이다. 이런 경우 복음의 내용을 변질시키지 않으면서도 상황화된 방식으로 의사소통하는 것이 필요하다.

일묵 스님은 자신의 책『사성제: 괴로움과 괴로움의 소멸』에서 사성제가 바로 붓다의 본래 가르침의 핵심이며 붓다가 깨달음을 얻은 후 사십오 년간 제자들에게 베푼 가르침은 모두 괴로움과 괴로움의 소멸에 대한 진리를 다양하게 변주한 것이었다고 주장하였다. 사성제는 앞의 불교의 핵심 교리 부분에서 상세하게 다루었기 때문에 요약만 하겠다. 고성제는 인생의 삶이란 필연적으로 고통을 수반한다는 것이다. 집성제는 고통이 발생하는 원인을 밝히는 진리로, 괴로움의 원인을 한자어로는 갈애라고 하며 무엇에 집착하는 것을 말한다. 갈애에는 세 종류가 있는데, 감각적 즐거움에 대한 갈애(欲愛), 존재에 대한 갈애(有愛), 존재하지 않음에 대한 갈애(無有愛)가 그것이다. 멸성제는 괴로움의 소멸에 이르는 길을 제시한 것이다. 괴로움의 원인인 무명과 갈애가 소멸되면 불교의 이상 세계인 열반에 이를 수 있다는 것이다. 도성제는 괴로움의 원인을 어떻게 소멸시킬 수 있는지에 대한 구체적인 수행 방법인데 열반에 이르는 구체적인 방법은 바로 팔정도이다.

스티브 팔라토는 불교도들에게 복음을 효과적으로 전달하기 위한 상황화된 방식의 의사소통을 제안했는데, 그것은 바로 '예수님의 사성제'를 말하는 것이다. '예수님의 사성제' 방법은 미얀마에서 개발된 것인데 불교 신자였던 사람과 동료 외국인이 함께 복음의 의미에 대해 씨름하는 가운데 예수님의 사성제가 만들어졌다. 예수님의 사성제는 많은 관심을 끌었고 수많은 불교 신자가 예수님께로 돌아왔다고 스티브 팔라토는 증언하였다. 예수님의 사성제는 선교 신학에서 복음의 번역 가능성(translatability)과 구속적 유비(redemptive analogy)와 관련된다. 라민 사네(Lamin Sanneh, 1942-2019)는 기독교 복음의 중요한 속성이 '번역 가능성'임을 말하였다. 이것은 유대인의 메시아가 헬라인에게 그리스도로 전해지고, 또한 자신들의 전통 속에서 참 지혜를 찾던 이들에게 로고스로 설명되는 것과 같은 것이다. 구속적 유비란 하나님께서 이미 각 종족의 고유한 문화 속에 하나님의 구속의 진리를 전달할 수 있는 나름의 문화적 지식인 통찰력을 마련해 놓으심으로써 그들을 복음화시킬 만반의 준비를 미리 갖추어 놓으셨다는 것이다. 이 원리는 돈 리챠드슨(Don Richardson)의 『화해의 아이』(Peace Child)라는 책에서 제안되었다.

돈 리챠드슨과 그의 아내 캐롤은 1962년 네덜란드령 뉴기니아(현재는 인도네시아 영토)의 이리안 자야(Irian Jaya)의 사위(Sawi) 부족이 거주하는 마을로 들어갔다. 사위 족은 적을 죽여 그 해골을 배게 삼아 자는 아주 호전적인 족속이었다. 그들에게는 선교사가 이해할 수 없고 선교의 큰 걸림돌이 되는 아주 독특한 세계관이 있었는데 그것은 "배반"을 그들 부족의 삶의 이상으로 여기는 것이었다. 그들에게 있어 가장 이상적인 살인과 배반의 방식은 오랜 시간 우정을 가장하여 적을 안심시켜 놓고 살해하는 것이었다. 즉 거짓으로 상대방과 친분을 쌓은 후에 배신하고 죽이는 것이다. 이러한 그들의 세계관 때문에 예수님의 수난 사건을 이야기했을 때, 그들은 가룟 유다를 가장 위대한 영웅인 '투위 아소나이 만'(tuwi asonai man, 예기치 않게 잡아먹기 위해 한 인간을 우정으로 살찌우는 것)으로 인정하기에 이르렀고, 그들은 성경의 내용 중에 예수님을 파는 장면에서 환호하며 큰 관심을 보였다. 이처럼 어느 특정 종교와 그 문화권 안에는 현지인들로 하여금 복음의 본질적 진리를 깨닫지 못하게 하고 곡해, 왜곡시키는 방해 요소, 곧 '복음의 광채를 가리우는 수건' 같은 요소들이 있다. 하지만 리차드슨 선교사는 그들의 문화 안에서 하나의 접촉점을 발견하게 되는데 그것이 바로 '화해의 아이'(Peace Child)였다. '화해의 아이'란 두 종족 간에 충돌이 발생했을 때, 두 종족에서 어린아이 한 명씩을 교환하는 것이다. 결국 화해의 아이를 통해 그들은 평화를 이루게 되며 화해의 아이가 살아 있는 동안에는 두 종족 간의 평화가 계속 유지되는 것이다. 리차드슨 선교사는 이러한 '화해의 아이'를 복음을 전하는 선교의 접촉점으로 삼게 되었다. 결국 그는 '화해의 아이'를 통해 예수 그리스도를 제대로 증거할 수 있게 된 것이다. 이처럼 선교사는 선교지 문화 가운데 숨겨져 있는 구속적 유비를 발견해 낼 수 있어야 한다. 그를 통해 성경의 구속적 진리를 전달할 때 보다 효과적인 복음 전파가 가능하게 되기 때문이다. 불교권에서 기독교 복음을 현지인들이 가장 효과적으로 이해할 수 있도록 돕기 위해 그 지역의 불교와 그에 관련된 문화를 연구해 그 안에 있는 구속적 유비들을 발견하고 그것을 복음 전파에 적극적으로 적용함으로써 현지인 중심의 효과적인 복음 전달을 할 수 있다. 하나님은 불교 안에는 물론이고 대부분의 타종교와 타문화 속에도 구속의 유비를 만들어 놓으심으로 그들을 효과적으로 복음화할 준비를 미리 갖추어 놓으셨다. 예수님의 사성제는 불교권 복음화를 위해 사용할 수 있는 구속적 유비의 모범적인 사례라 할 수 있을 것이다.

'예수님의 사성제'는 불교의 사성제인 고제(苦諦), 집제(集諦), 멸제(滅諦), 도제(道諦)의 순서를 따라 복음을 설명한다. 첫째는 고제인데, 사람의 삶이 고통으로 가득 차 있다는 것을 크리스천도 동의한다. 창세기 초반부가 인간의 타락으로 말미암은 고통을 이야기할 정도로 기독교의 경전인 성경도 동의하며, 인간의 고통은 죄와 불순종, 창조주와의 깨어진 관계에서 온 것을 크리스천도 알고 있다는 것이다. 둘째는 집제인데, 인간 내면에 살아 있는 육체의 악한 본성이 바로 욕망이라는 것이다. "세상에 있는 모든 것이 육신의 정욕과 안목의 정욕과 이생의 자랑"(요일 2:16)이라고 성경이 말씀하는데, 인간은 하나님과 분리된 후 욕망으로 가득한 삶을 살아가고 있는 것이다. 셋째는 멸제인데, 괴로움의 소멸에 이르는 열반은 불교도들은 고통이 없는 장소라고 이해한다. 그런데 복음 전달자가 고통이 없는 장소는 천국 혹은 하나님의 나라라고 하는 순간 의사소통의 오해가 생긴다. 왜냐하면 불교에도 여러 단계의 천국이 이미 있다고 믿으므로 기독교 천국은 필요 없다고 오해한다. 따라서 크리스천이 말하는 천국은 완전히 불교의 세계관 밖에 있는 것으로 죄와 업보와 그 결과로부터 벗어나는 것을 말해야 한다. 그리고 예수님의 복음은 죄와 업보로부터 해방해 주는 것인데 하나님과 영원한 삶을 즐길 수 있는 곳이라고 설명해야 한다. 넷째는 도제인데, 괴로움의 원인을 소멸시킬 수 있는 구체적인 수행 방법인 팔정도로 불교도는 팔정도를 완전하게 수행하여 구원을 얻는 것이라고 믿는다. 기독교 복음에는 한 길 즉, 예수님을 따르는 것만 있다는 것을 이야기한다. "예수께서 이르시되 내가 곧 길이요 진리요 생명이니 나로 말미암지 않고는 아버지께로 올 자가 없느니라"(요 14:6)는 말씀에서 인간이 공로를 쌓거나 무엇을 행해서가 아니라 오직 하나의 길과 진리와 생명이신 예수 그리스도를 통하지 않고는 하나님 아버지께 갈 수가 없다는 것이다. 생명으로 가는 길과 문은 좁은데 그 문과 길은 팔정도를 실천함으로가 아니라 예수님이라는 오직 하나의 길이 있다는 것이다.

불교권에서 복음을 전하기 위해 상황화해야 할 것들은 교회 건물의 형태를 현지인들이 이질감을 가지지 않는 양식으로 짓는 것, 서양 음악이 아닌 전통 음악의 선율과 닮은 곡을 예배에 사용하는 것(태국의 전통악기 중 중요한 것으로는 짜케, 라낫, 소삼사이, 삐, 라낫 등이 있다.), 한국의 전통적인 판소리에 성경적 내용을 담아 대중들에게 다가가는 것처럼 태국에서 상연되고 있고 음악과 노래, 문학, 의식, 수공예 요소가 결합된 공연예술인 가면 춤극 콘(Khon Masked Dance Drama)에 기독교의 복음을 실어서 전달하려는 시도 등이 있다. 태국 민속 연극인 리께(Likay)는 연기자가 가면을 쓰지 않고 춤과 전통 음악 및 재미있는 만담 등을 공연하는 가장 인기 있는 예술의 형태로서 태국 교회의 특별행사 때 불신자들을 불러 모을 수 있는 중요한 도구로 사용되기도 한다. 그 외에 태국인들 사이에 인기가 있는 라콘 나이(Lakhon Nai)가 있는데, 교회의 전도 행사 등에 자주 사용된다.

불교권에서 불교도들은 자연스럽게 불교 사찰에 출입하는 것이 일반화되어 있다. 그들에게 불교 사찰은 삶의 중심이며 없어서는 안 될 장소이다. 불교의 사찰에 출입하던 불교도들을 교회라는 생소한 장소로 이끌어 들이려면 그들에게 친숙한 형태의 전통 예술이 과도한 상황화로 복음에 해가 되지만 않는다면 얼마든지 사용하여 영혼 구원의 도구로 사용해야 할 것이다.

불교권에서 복음을 효과적으로 전하기 위해 상황화와 문화의 문제를 다루지 않을 수 없다. 상황화란 성경 속에 나타난 시대적 상황과 인간의 특별한 상황의 상호 관계 속에서 그리스도의 복음을 전하라는 예수 그리스도의 명령에 순종하기 위해 복음의 본질은 변화시키지 않은 채 복음이 복음을 듣는 사람들의 상황 속으로 들어가 그들의 생각과 가치관과 문화를 하나님이 인류에게 원하시는 모습으로 변화시켜가는 역동적인 복음화의 과정을 말한다. 자유주의 신학에서 상황화가 주로 사회, 정치, 경제, 인권과 같은 분야에 초점을 맞추어 인간 삶의 형편과 상황을 증진시키려는 데 목적을 두고 있다면, 복음주의자들에게 상황화는 효과적인 복음 전달에 강조점을 두고 복음을 듣는 대상자들의 문화 이해를 바탕으로 효과적인 복음 전파에 목적을 두고 있다. 상황화는 생각, 가치관, 문화와도 관련이 있다.

폴 히버트(Paul G. Hiebert, 1932-2007)는 문화를 어떤 집단의 사람들이 공유하는 다소 통합된 믿음, 감정, 가치관의 체계 및 그것들과 관련된 상징, 행동 유형, 그리고 그 결과라고 정의하였다. 그렇다면 각 종족은 자신만의 문화라는 틀을 가지고 있어서 그 종족 집단에 속한 구성원들 간에는 의사전달이 가능하지만, 그 문화의 틀은 종족마다 다르기 때문에 복음을 전달하기 위해서는 그 문화에 속한 구성원들이 이해할 수 있는 형식으로 전해야만 한다. 따라서 문화는 한 종족 집단이 가진 이해의 틀이므로 그 틀을 통하지 않고는 복음을 전달할 수 없으므로 문화를 이해하는 것은 중요하다. 또한 문화의 문제를 무시하는 것은 복음이 그 집단 구성원들에게 어떻게 전해지는지를 무시하는 태도이다. 문화는 보통 세 가지 구성 요소로 되어 있다고 본다. 가장 표면에 여러 가지 행동 양식이 있고, 중층에 들어가면 그 행동을 가능하게 하는 여러 가지 가치 체계가 있으며, 가장 중심에는 세계관이라고 부르는 핵심 부분이 자리 잡고 있다. 문화의 삼층 구조를 도식화하면 다음과 같다(정우철,『세계관과 기독교 선교』).

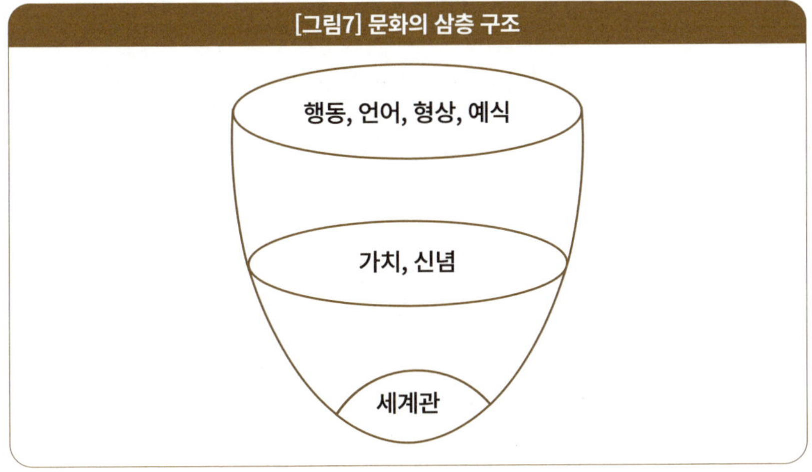

이 도식을 설명하면 문화의 가장 표면적 부분은 사람들의 행동 양식이다. 인사하는 방법은 문화마다 다르다. 고개를 숙여 인사하는 문화, 불교권처럼 손을 합장하여 인사하는 문화, 악수하는 문화, 안아주는 문화 등 사람들이 행동하는 것은 문화의 중요한 부분이다. 인도는 상대방의 의견에 동의할 때 고개를 좌우로 흔든다. 사람들의 이러한 행동은 그 문화 안에서 의미를 가지는데, 그 문화에 맞는 행동을 하지 않으면 올바른 의사 전달을 할 수 없게 된다.

표면에서 중간층으로 들어가면 가치와 신념이 있다. 가치는 인간의 욕구나 관심의 대상 또는 목표가 되는 진, 선, 미 따위를 통틀어 이르는 말인데 다양하게 반응하는 감정의 부분(아름다움, 기쁨, 슬픔 등)을 포함하고 있다. 신념은 옳고 그름에 대해 굳게 믿는 마음으로 서구 문화는 정직을 최고로 중요하다고 생각하는 반면 동양은 겸손을 중요하게 생각하는 경향이 있다. 가장 핵심층에 들어가면 세계관이 있다. 세계관은 몇 가지로 정의할 수 있다. 세계와 현실의 기본 구성에 대하여 가지고 있는 가정들과 신념의 집합인데 신과 영, 인간, 사후 세계, 선과 악의 문제, 삶과 역사의 의미 등에 관한 근본적 질문에 대한 대답을 제공해 준다. 눈을 통해 보이는 세계를 보듯이 세계관은 세상에 존재하는 것을 의식하도록 하는 의식의 창이기 때문에 사람들은 세계관이라는 창을 통하여 세계를 바라보게 되는 것이다. 이러한 세계관의 변화 없이 사람을 변화시킬 수는 없다.

불교권에서 예수를 믿고 거듭난 사람이 복음을 전하려고 할 때 자신을 둘러싸고 있는 불교권의 일반적 세계관을 도식화하면 다음과 같다(Paul De Neui & David Lim eds, Communicating Christ in the Buddhist World).

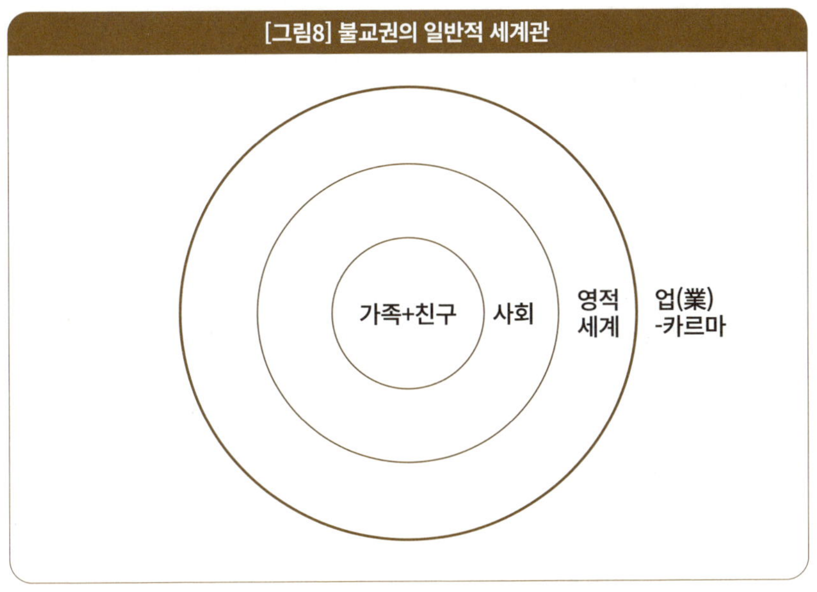

위의 그림을 보면 가장 안쪽에 복음을 전할 가능성이 높은 가족과 가까운 친구들이 있고, 한 단계 더 밖으로 나가면 계층적 구조로 형성된 권위적인 사회가 있는데, 아시아 불교 문화권에서는 후견인-피후견인 관계 안에서 복음 전달자에게 사회 구조는 위협적으로 작용하거나 우호적으로 작용할 수 있다. 그다음 단계는 많은 종류의 영들로 구성된 영적 세계이다. 영적 세계에는 계급이 있는데, 대도시는 더 강한 영이 지배를 하고 작은 도시들은 더 약한 영들이 지배를 하며 각 도시에는 각양 신들을 모시는 사당이 있다. 그리고 마지막으로 가장 밖의 영역에는 누구도 회피하거나 예외일 수 없도록 모든 것을 통제하는 업(業)의 법칙, 즉 선인선과 악인악과(善因善果 惡因惡果)라는 원칙이 지배하고 있다. 불교권 사회는 인간의 모든 행위는 업에 의해 지배되기 때문에 용서라는 개념이 있을 수 없다. 그러나 기독교는 다르다. 로마서 8장 1-2절에서도 볼 수 있듯이 "그러므로 이제 그리스도 예수 안에 있는 자에게는 결코 정죄함이 없나니 이는 그리스도 예수 안에 있는 생명의 성령의 법이 죄와 사망의 법에서 너를 해방하였음이라"는 말씀처럼 기독교에서는 인간의 죄와 죽음의 권세를 이기시고 승리하신 예수 그리스도를 통해서만 용서함을 받고 인간을 속박하는 업보로부터 해방될 수 있다.

8. 불교와 기독교의 대화

불교권에서 복음을 전하기 위해 복음 전달자는 복음의 접촉점을 마련하기 위해 불교도들과 대화를 해야 할 필요성이 있다. 다만 종교 간 대화는 종교다원주의자들이 수용하는 방식이어서 혼합주의의 위험이 있는 것이 사실이다. 종교다원주의는 모든 종교는 동등하며 그 나름대로 종교적인 진리가 있다는 태도로서 종교상대주의에 바탕을 두고 있다. 종교다원주의는 절대적 종교는 있을 수 없고, 모든 종교는 상대적이라고 주장한다. 종교다원주의는 19세기 서구 제국주의적 기독교에 반발하여 식민지의 여러 종교의 다양성을 인정하며 종교 간의 대화를 모색하는 과정에서 형성된 자유주의적 학문인 것이다. 만약 기독교와 불교가 유신론적인 대화를 해야 한다면 대승불교처럼 붓다를 신적 존재로 승격을 시키든지 예수 그리스도의 신성을 부인하고 보통 인간으로 전락시켜야 하는 것이다.

이처럼 기독교와 불교가 무엇을 대화할 것인지 논하는 것은 쉽지 않은 과제이지만, 정성민의 책『예수와 석가의 대화』에서는 이를 다섯 가지로 소개하고 있다. 첫째, 불교와 기독교는 이상적 사회를 건설하기 위한 대화가 가능하다. 예수님과 붓다가 꿈꾸었던 세상은 온전한 인간성이 회복되어 신분이나 계급의 차별이 없고, 거짓이나 폭력이 없고, 서로 사랑하는 도덕적이고 거룩한 세상이다. 둘째, 인류애에 관한 대화가 가능하다. 이것은 종교 간의 인도주의(人道主義)적이고 현실적인 대화가 각 종교의 신앙 교리보다 우선순위에서 앞선다는 가정 하에 출발한다. 종교 간의 평화로운 공존을 위한 구체적인 방법의 도출은 양심이나 인간성을 바탕으로 한 상생적 대화에서 출발하는 것이다. 셋째, 세계 평화와 종교 간의 공존을 위한 대화이다. 오늘날 종교 간의 충돌로 갈등과 폭력이 일어나고 있는데, 예수와 붓다는 사회적 불의를 참지 않았지만, 그 대항하는 방법은 비폭력 무저항주의를 표방하였다. 넷째, 종교적 개혁에 대한 대화이다. 모든 종교는 시간이 많이 흐르면 신선함과 역동성을 잃고 형식적 종교로 전락하여 종교의 생명력을 상실한다. 사라진 생명력을 회복하기 위하여 종교개혁이 필요하다. 붓다는 그 당시 미신적이고 기복적인 브라만교/힌두교 신앙을 개혁하여 이성적이고 합리적이면서도 도덕을 바탕으로 한 철학적 신앙을 추구하였다. 예수는 그 당시 종교 기득권자들이 성전을 중심으로 부정부패를 일삼는 것을 개혁하고자 하셨다(막 11:15-18). 다섯째, 종교적 실천에 관한 대화이다. 불교의 경우 초기 경전에 나오는 붓다의 가르침이 무엇인지 살피고 어느 정도 그의 가르침을 따르고 있는지를 살펴야 한다. 예수께서는 "주여, 주여"라고 말로만 하는 겉껍데기만 남은 신앙(마 7:21)이 아니라 아름다운 열매를 맺는 자만 인정받을 수 있을 것이라고 하셨다(마 7:19-20).

Part. 10

선교적 교회

Missional Church

2019년 말부터 2022년까지 3년 동안 전 세계를 강타했던 코로나 팬데믹은 마치 큰 홍수처럼 지구촌 구석구석을 할퀴고 지나가면서 영향을 미치지 않은 분야가 없다. 그에 따라 세계 선교계도 패러다임 전환이라는 충격을 받아야 했다. 그 기간 동안 세계 선교에 중요하게 부각된 세 가지 주제를 살펴보고자 한다.

첫째는 선교적 교회(Missional Church)이다. 선교적 교회는 해외 선교를 열심히 하자는 것과 상관없이 오히려 교회론과 관련된 것으로 삼위 하나님께서 이 땅에 세우기를 원하셨던 원래의 교회를 회복하자는 것과 관련이 있다. 모든 교회와 성도 한 사람 한 사람이 각자의 삶의 현장에서 삼위 하나님의 보내심을 받아 선교인(missioner)으로 살아가는 것을 강조하는 것이다,

둘째는 이주민 선교이다. 하나님의 섭리로 땅 끝 선교지의 영혼들이 한국에 들어와 우리의 이웃이 되어 이제는 한국교회가 먼 곳으로 선교사를 파송하지 않고도 그리스도인이라면 외국 이주민들에게 복음을 전파할 수 있게 되었다. 이제 선교는 모든 곳에서 모든 곳으로(from everywhere to everywhere) 전방향(all-direction)으로 진행할 수 있게 된 것이다.

셋째는 일과 삶을 통한 선교(BAM: Business as Mission, 이하 BAM으로 사용), 즉 BAM 선교가 주목받는 계기가 되었다. BAM 선교는

외부인 중심의 선교가 아니라 선교 현지의 내부인 중심의 선교와 관련이 있다. 코로나 팬데믹은 한국 선교사가 모든 자원을 본국의 후원교회에 의존하는 것의 한계를 분명하게 인식할 수 있는 계기가 되었다. 선교사가 현지인들에게 고기 잡는 방법을 가르쳐줌으로써 삼자 원리에 입각하여 현지 교회를 모든 면에서 스스로 자급자족할 수 있도록 하는 것이다. 또한 BAM 선교는 일과 영성을 통합하는 일터 영성의 세계관을 가지고 직업을 통하여 선교하고, 일터 안에서 선교하는 등 다양한 방식의 안목을 가지고 오늘날 변환된 선교 환경을 극복하자는 움직임이다. 이번 장에서는 특히 선교적 교회라는 관점을 자세히 살펴보도록 하자.

1. 개요

선교적 교회는 해외선교를 열심히 하자는 것과는 상관이 없는 교회론의 문제이다. "교회의 머리이신 주님께서 어떠한 교회가 이 땅에 세워지기를 원하셨을까?"에 대한 대답 중의 하나가 바로 선교적 교회라고 할 수 있다. 우리는 코로나 팬데믹 기간을 지나면서 그동안 이 땅에 세워진 교회가 과연 하나님께서 원하시는 모습이었는가를 되돌아보게 되었다. 그런 가운데 깨닫게 된 것은 우리가 사람들에게 전도하여 예수를 믿게 하고, 예수 믿는 사람들을 모아 땅을 사고 건물을 짓고 주일마다 하나님께 예배드린다고 해서 하나님께서 원래 의도하셨던 교회가 되는 것은 아니라는 사실이다.

2. 선교적 교회의 태동 배경

일반 교인들이 '선교적 교회'라는 말을 들으면 해외선교와 관련되는 것인 줄 착각할 수도 있겠지만, 정작 선교적 교회라는 개념은 해외선교와는 직접적인 상관은 없는 개념이다. 이런 오해를 피하기 위해 용어 자체를 바꾸어야 할지도 모르겠다. 하지만 지금 당장은 적당한 용어가 있는 것도 아니기 때문에 선교적 교회라는 용어를 계속 사용하도록 하겠다. '선교적 교회론'이라는 용어를 사용할 때 가장 먼저 떠오르는 인물은 레슬리 뉴비긴(Lesslie Newbigin, 1909-1998)이다. 그러나 그 용어는 뉴비긴이 창안한 개념은 아니다. 뉴비긴은 선교가 교회의 본질이라는 사실을 강조하며 자신의 저서를 통하여 자신이 이해하는 선교와 교회의 본질에 대해 논의하였을 뿐이다. 레슬리 뉴비긴은 1936년 선교사로 파송을 받아 선교사로 거의 40년을 인도 선교지에서 살다가 은퇴하여 1974년 고국 영국으로 돌아왔다. 은퇴 선교사로 고국에 돌아와서 그는 선교사를 파송하는 선교기지 역할을 하였던 영국 사회가 선교지로 변한 것을 보고 충격에 빠지게 된다. 영국은 탈기독교 사회를 넘어 반기독교 사회가 되어 있었던 것이다. 선교지보다 더 선교지가 되어버린 영국은 세속적이고 다원주의적이며 복음에 반항하는 상태로 변해 있었고 그런 가운데 복음은 사사로운 것이 되어 교회는 사회와 문화 속에서 복음을 공적인 진리(public truth)로 제시하지 못하는 상황을 보게 된 것이다. 그는 그런 가운데 새로운 선교 지역으로서의 유럽과 영국에 대해 눈을 뜨기 시작했다. 영국의 지역교회가 복음에 대한 자신감을 잃어버리고 모든 선교지에서 물러난 현실과 특히 교인들의 숫자가 줄어드는 지역교회나 사회영역에 대한 선교를 너무도 쉽게 포기하는 것을 보면서 위기감을 느꼈다. 뉴비긴은 이러한 비극의 근본적인 원인이 기독교의 기초인 성경적 세계관과 거기서 나오는 복음의 능력에 대한 자신감의 상실에 있다고 보았다.

레슬리 뉴비긴과 데이비드 보쉬(David Jacobus Bosch, 1929-1992)의 영향을 받아 북미 신학자들을 중심으로 'The Gospel and Our Culture Network'(복음과 문화 네트워크, 이하 GOCN)를 형성하였고 GOCN에 관여한 신학자들 중심으로 선교적 교회 운동이 본격적으로 시작되었다. GOCN 멤버들은 북미 교회가 해외선교를 통해 선교의 최선봉에 서 있다고 자부할 것이 아니라, 지금 교회가 있는 자리가 바로 선교지임을 자각하며, 교회와 그리스도인의 모든 활동을 세계 속에서의 하나님의 선교에 동참하는 것으로 이해하여야 한다고 주장하였다.

예수께서는 요한복음 20장 21절 "아버지께서 나를 보내신 것 같이 나도 너희를 보내노라"는 말씀에서 성부는 성자를 보내시고, 성부와 성자는 성령을 보내시고, 삼위 하나님은 교회를 세상으로 보내셨다고 말씀함으로써 우리를 세상에 보내심과 선교의 근원이 삼위일체 하나님이심을 분명히 하셨다. 즉 제자들의 공동체인 교회는 본질적으로 삼위일체 하나님께로부터 보냄을 받은 존재라는 것이다. 그리고 교회의 본질적 사역을 삼위일체 하나님과 함께 하는 것이라고 말씀한다. 즉 선교를 하나의 일, 또는 과업으로 생각하는 것보다는 교회는 보냄을 받은 존재로서 삼위일체 하나님과 깊은 교제(코이노니아)를 가지고 있음을 세상에 보여주는 존재가 되는 것을 의미한다고 보는 것이다.

선교적 교회와 선교 지향적 교회는 다른 개념이다. 선교 지향적 교회는 소수의 선교사를 교회가 파송하고 다수의 교인들이 선교사를 후원하는 개념을 말한다. 선교적 교회는 교인 중 몇몇 사람들에게만 선교를 일임하지 않고, 모든 교인이 보내심을 받은 자로 인식을 한다. 교회는 선교사를 파송하고 후원하고 선교 보고를 받는 곳이 아니라 매일의 삶 속에서 하나님의 선교에 참여한 그리스도인들이 모여 간증하는 곳으로 보는 것이다. 선교적 교회를 구성하는 그리스도인들은 선교를 몇몇 사람에게 일임하기보다는 각자의 삶의 터전에서 보내심을 받은 자로 하나님의 선교에 참여하여 매일의 삶 속에서 예수 그리스도와 동행하고 삶의 현장에서 복음을 구현하는 사람이 되어야 한다.

3. 선교적 교회 논의의 필요성

서구교회는 한때 크리스텐덤(Christendom)이라고 불리며 사회의 중심을 차지했으나 지난 백 년 사이에 심각한 퇴보를 경험하며 지금은 사회의 변두리로 밀려났다. 세속화된 서구 기독교의 시대는 저물어가고 기독교의 핵심 세력은 남반부로 옮겨가고 있는 것이다. 서구교회가 이렇게 쇠퇴한 원인이 무엇인지는 다각도로 분석이 가능하겠지만, 18세기 계몽주의의 영향으로 볼 수 있다. 인간의 이성을 하나님의 말씀보다 우위에 두고, 과학에서 오는 지식을 공적 진리로 취급하고 종교나 신앙에서 오는 지식은 사적 진리로 취급하게 되었다. 이렇게 지식의 이원화가 일어나자 공적 진리는 모두가 인정하고 공유하지만, 사적 진리는 이것을 인정하는 사람에게만 해당하고 모든 사람에게 적용되지 않는다는 논리가 성립되었다. 따라서 서구교회는 하나님의 말씀을 공적 진리로 선포할 수 없게 되었고, 신앙생활은 사유화되어 단순히 개인적 영성으로 축소되고 대신 교회는 세상과 분리되어 고립된 존재가 되었다. 그 결과 이제는 크리스텐덤의 위엄은 존폐의 위기를 맞이하고 있다. 교인들의 헌신도는 떨어지고, 교회 안에서조차 제자도는 강조할 수 없고, 예배의 감동은 사라졌다. 이제 교인들은 교회가 나에게 어떤 도움을 줄 수 있을 때만 신앙을 선택하는 종교적 소비자로 전락하고 말았다. 그리하여 교회는 어두운 세상과 싸울 힘을 잃고 동성결혼의 허용, 종교다원주의, 맘몬주의를 수용함으로써 세상을 변화시킬 능력을 상실하게 된 것이다. 한국교회도 벼랑 끝에 몰린 것은 서구교회와 비슷한 형편이다. 한국교회도 공공성을 잃어가고 있을 뿐만 아니라 사회가 교회를 걱정하는 초유의 상황이 전개되고 있다. 교회가 존재 목적을 심각하게 묻지 않고 외형적 성장과 물질적 축복, 성장 지향주의, 교회의 건강성을 신자의 수, 헌금의 정도, 건물의 크기 등으로 측정하는 자본주의적 성공 제일주의에 물들어 많은 부작용을 초래하였다. 이러한 형편 가운데 한국교회와 세계 선교지의 모든 교회는 진정한 복음의 회복과 교회 공공성의 회복 및 하나님 나라에 입각한 성경적 교회론의 회복이 필요한데 그 해결책을 제시할 수 있는 대안으로 선교적 교회 운동이 필요한 것으로 판단된다.

4. 선교적 교회란 무엇인가?

선교적 교회는 해외선교에 헌신된 자를 파송하고 온 성도가 후방에서 기도와 물질로 후원하는 것으로 만족하지 않고, 온 성도가 세상으로 파송을 받아 선교적 삶을 살도록 돕는 것이다. 그리고 교회 안에서의 사역으로 그치는 것이 아니라 교회 밖의 사역으로 반드시 연결되도록 하는 것이다. 선교적 교회에 대한 많은 주장들 가운데 송민호 목사(토론토영락교회)가 주장한 선교적 교회를 소개하고자 한다. 송 목사는 "선교적 교회란 온 성도가 세상으로 보내심을 받아 구속적 삶을 살며 하나님의 선교(missio Dei)에 동참하는 교회이다."라고 말한다.

'온 성도'란 일부 헌신된 성도만이 아니라 전체 성도가 참여하는 교회를 말한다. 성도 한 사람 한 사람을 복음으로 세상을 섬길 수 있도록 훈련하여 파송하는 것이 필요하다.

'세상으로 보내심을 받았다'는 말은 교회의 사도성을 회복함을 말한다. 교회 담장 안에서 성도가 하나님을 예배하고 성도의 교제를 나누며 서로 격려하고 양육을 받아 교회 안에서도 섬기지만, 성도가 치러야 할 영적 전투인 실전은 교회 담장 밖인 세상으로 들어가서 하나님의 선교에 동참하는 것을 말한다. 끊임없는 교회 안의 사역으로 시간과 에너지를 다 소진하는 것이 아니라 교회 안의 필요한 사역을 십시일반으로 성도들이 나누어 하도록 한다. 대신 성도의 비축된 시간과 에너지는 직장과 지역사회를 사역지로 생각하여 그곳에서 섬기도록 하는 것을 말한다.

'구속적 삶을 살며'란 회복의 삶을 말하는데, 인간이 죄로 말미암아 하나님의 창조 질서를 파괴했다는 전제조건을 깔고 있는 것이다. 죄로 인해 파괴된 하나님의 창조 세계의 모든 관계를 회복시키는 삶을 사는 것을 말한다. 하나님과 인간 사이, 인간과 인간 사이, 인간과 모든 피조물 사이의 회복을 말한다. 인간의 뜻대로 사는 것이 아닌 하나님의 목적을 이루는 의도적 삶을 사는 것을 말한다. 정치, 사회, 경제, 문화, 영적 등 모든 차원에서 화목제물이 되신 그리스도를 본받아 화해와 회복의 삶을 살며 미움과 분열로부터 해방을 누리고, 나눔과 섬김의 삶을 통해 언약 백성에게 주시는 축복을 누리며 살아가는 것을 말한다.

'하나님의 선교'란 선교의 주체가 되시는 삼위일체 하나님이 이미 세상에서 회복하시는 일을 하고 계시는 것을 인정하고 교회가 스스로 일을 찾아 주도하는 것이 아니라 하나님께서 하시는 일에 겸손히 참여하여 쓰임 받는 것을 말한다. 여기서 강조되는 것은 우선 선교가 교회의 프로그램이 아니고 선교는 철저히 하나님의 일이고 그분이 세상에서 일하고 계시는 것임을 말한다. 그리고 선교는 삼위 하나님의 활동이라는 것이다. 교회는 아들을 이 세상에 보내신 아버지의 마음을 깨닫고, 또 이 땅에서 성육신하여 사신 겸손함을 가지고, 성령의 음성을 따라 인도하시는 대로 순종하는 것이다.

선교적 교회는 세상으로 보내심을 받은 교회이다. 교회는 세상으로부터 나와 다시 세상으로 들어간다. 주일 예배를 통해 새로운 힘을 얻고 말씀으로 무장하고 성도의 교제로 위로받으며 세상으로 나갈 준비를 하는 것이다. 월요일부터 토요일까지 믿지 않는 사람들 사이에서 하나님께서 세워주신 자리에서 하나님 백성으로서 하나님의 주권을 인정하는 삶이 무엇인지 보여주려고 한다. 이런 삶에는 그리스도를 향한 내적 움직임과 세상을 향한 외적 움직임이 있다. 성도는 세상과 단절하는 것이 아니라 소통을 위해 노력한다.

그리스도께서 교회를 세상으로 보내셨으므로, 그 보내심에 응하기 위해서는 세상에 희생적으로 침투해야 한다. 교회가 복음을 들고 의도적 개입을 하려면 먼저 교회가 비장한 각오를 하고, 교회의 울타리를 헐고,

세상으로 침투하기 위해 십자가의 흔적을 스스로 가져야 한다. 성도는 세상에 있지만 세상에 속하지 않는다. 따라서 교회는 편한 곳이라기보다 사명감으로 불타는 곳이다. 세상으로 보내심을 받은 성도들이 모여 서로 격려하며 위로하고, 또다시 힘을 얻어 세상으로 출발하는 곳이다. 즉 세상으로 보냄을 받았다는 사도성을 실천하는 것이다. 선교적 교회는 교인 한 사람 한 사람이 세상으로 보냄을 받았다는 점을 끊임없이 강조하는 교회이다. 그리스도인들이 어디서 무엇을 하든 살아가는 것 자체가 선교임을 명심하고, 단순히 교회 생활과 개인의 영성에만 초점을 맞추는 것이 아니라, 당장 눈에 보이는 열매가 나타나지 않더라도 교회 밖의 사회의 영성 사이에 균형을 맞추어야 한다. 그래야 우리가 지향하는 교회는 온 성도가 세상으로 보내심을 받았다는 확신 아래 세상 속으로 들어가 하나님의 통치를 삶으로 보여주는 교회가 될 수 있다.

선교적 교회를 잘못 강조하면 종래의 선교 개념을 더 이상 받아들이지 않고, 교회가 존재하고 있는 지역 자체가 선교지가 된다는 생각만을 고집하게 되어 타문화권 선교를 약화시키는 방향으로 가지 않도록 주의해야 한다.

5. 앨런 허쉬(Alan Hirsch)의 선교적 교회 운동

앨런 허쉬는 선교적 교회 운동의 한 획을 그은 인물이다. 그의 책『

잊혀진 교회의 길』(The Forgotten Ways)은 선교적 교회에 대한 교과서와 같은 역할을 하고 있다. 그는 1959년 남아프리카공화국 요하네스버그의 유대인 가정에서 태어나 케이프타운으로 이사하면서 그의 유년기와 청소년기를 보내게 된다. 케이프타운대학교에서 비즈니스와 마케팅을 공부했고, 그의 나이 24세 되던 1983년 호주에서 결혼 후 성령을 체험함으로써 그의 인생은 변화를 겪게 된다. 1989년 신학교 졸업 후 교회에서 사역하는 동안 게이, 레즈비언, 마약중독자, 매춘부 등이 전도되는 것을 통해 앨런 허쉬는 교회 성장을 경험하게 된다. 시간이 지나면서 교회는 수적, 규모적, 재정적으로 탄탄해졌지만, 초창기에 성령의 역사를 경험했던 사람들은 빠져나가고 부유하고 넉넉한 중산층 이상의 화이트칼라들이 자신의 교회를 가득 채운 것을 보면서 교회의 본질에 대해 회의를 느껴 선교적 교회로 방향 전환을 하게 된다.

앨런 허쉬는 선교적 교회에 대한 교과서와 같은 저서『잊혀진 교회의 길』에서 두 가지 중요한 개념을 밝힌다. 하나는 '사도적 특성 혹은 비범함'(Apostolic Genius)이고 다른 하나는 'mDNA'라고 부르는 것이다. '사도적 특성'이라고 할 때 쓰는 영어 'Genius'라는 단어는 '천재성'이라는 뜻이지만 '유전자'라는 'gene'의 뜻도 포함하고 있다. 하나님은 교회가 세워질 때부터 유전적인 특징과 본질적이고 잠재력 있는 요소를 숨겨 두셨다는 것이다. 이를 두고 초대 교회와 20세기 중국 교회를 선교적 교회의 특징들이 나타나는 예로 들었다. 그가 책 제목을『잊혀진 교회의 길』이라고 붙인 것은 그 동안 교회는 하나님께서 이미 주신 잠재력을 잊고 있어서 이를 다시 회복하자는 의미였다. 사도적 특성을 구성하는 요소를 mDNA라고 부른다. 삼위일체 하나님은 교회가 세워질 때부터 교회에 하나의 운동성을 허락하셨는데, mDNA를 구성하고 있는 요소(특징)들이 6가지로 나타난다고 주장했다. 그리고 이것을 '사도적 특성의 구조'라는 도표로 표현하였다. 구체적으로 말하면 m은 movement로 교회는 하나님 나라를 향한 운동성이 발휘되어 하나님의 나라를 가시적으로 보여주며 하나님의 선교를 감당하는 공동체로서 그 특성을 나타내며 이 모든 운동은 성령께서 그 운동을 일으키시고 변화시켜 나가신다는 것이다. 이제 mDNA를 구성하고 있는 6가지 요소(특징)를 하나씩 살펴보기로 하겠다.

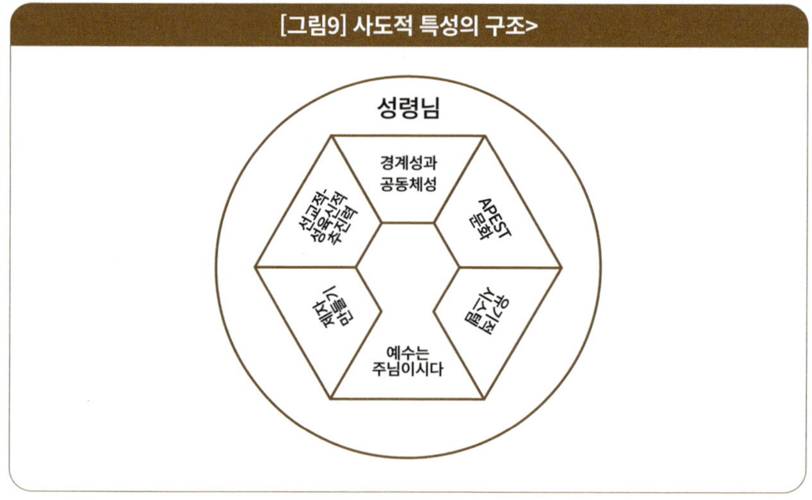

1) 예수는 주님이시다(Jesus is Lord)

예수가 주님이시라는 것은 우리의 주인(master)이 되어 삶의 결정권과 주도권을 가지고 계셔서 예수가 나의 삶의 모든 부분에서 주님이시고 선택권, 결정권이 주님에게 있음을 고백하는 것이다. 이것은 구약시대 이스라엘 백성에게 주신 하나님의 명령이며 신약시대에도 동일하다. 구약에서 이스라엘이 여러 신들을 믿고 섬기는 가나안에 들어가서 오직 신은 여호와 한 분뿐이시고 그분만이 우리의 구원자이시고 통치자(왕)라는 것을 믿음으로 살아내어 주변 사람들에게 보여 주어야 했듯이, 신약시대에도 성도들은 그리스-로마의 다신 숭배 사상 속에서 예수님만 우리의 주인이시라는 것을 고백하며 살아가야 했다. 그리고 이것은 지금 우리에게도 마찬가지여서 우리의 마음을 빼앗아 주인 노릇하려는 것들이 많은 현대 사회에서 예수님이 주님이시라는 것을 보여 주는 것이 교회의 최우선적인 사명인 것이다. 이 믿음이 없으면 교회가 아니다. '예수가 우리의 왕이시냐?'는 사실이 교회됨에서 가장 중요한 것이며, 이것이 교회 안에 숨겨진 가장 중요한 DNA이다.

2) 제자 만들기(Disciple Making)

중국이 공산화된 이후 모든 선교사들은 추방되었고 지하교회는 핍박을 받았다. 중국 교회는 신학교, 목회자도 없었고 정상적인 예배조차

드리기 힘들었지만 죽의 장막이 걷히고 뚜껑을 열어보니 오히려 역설적으로 교회는 폭발적인 성장을 하고 있었다. 교회에 필수적인 것이라고 생각했던 목사, 교회 건물, 신학교 등이 그리스도의 제자를 만드는 것이 아니라 예수를 닮은 사람이 또 다른 예수의 제자를 세울 수 있었던 것이다. 초대 교회는 세례의 기준이 높았고 교회 멤버가 되기 위해 목숨을 담보하였다. "예수 믿는다고 세례를 받다가 죽을 수도 있는데 그래도 세례를 받겠는가?"라는 세례자의 질문에 수세자가 "예!"라고 대답을 해야 세례를 받을 수 있었다.

하지만 현대교회는 교인들을 제자로 만들지 못하고 소비자로 만들었다. 소비자는 자기의 욕구와 기준에 맞으면 얼마든지 자기의 기준을 상대화하고 객관화해서 옮겨 갈 수 있다. 오늘날 많은 성도가 영적인 소비자가 되어 종교적 상품을 구하기 위해 교회에 가는 경우가 많다. 교인 입장에서 교회가 나에게 좀 더 좋은 서비스를 제공하면 그곳으로 옮긴다. 우리도 모르는 사이에 교회는 종교 소비자들로 가득 차게 되었고 그들을 감동시키기 위해 교회는 또 다른 종교 상품을 끊임없이 만들어내고 있다.

앨런 허쉬는 우리의 제자훈련은 교인들에게 지식의 주입으로 머리로만 가르쳤다고 진단한다. 예수님은 제자들을 교실에서 이론을 가르치지 않고 주님과 현장에서 경험하게 하고 질문하고 답을 듣고 따라 하게 하였고, 이후에 성령을 받고 고난을 받으면서 제자가 되어 갔다. 이와 다르게 현대교회의 제자훈련은 현장을 떠나고 있다. 성경의 가르침이 무엇인지 지식은 가지고 있는데, 그것이 자신에게 구체화 되어 실생활 가운데 말과 가치관으로 자연스럽게 실천되지 않는 것이다. 예수님의 제자훈련은 학습과 실천이 분리된 것이 아니라 제자들이 현장에서 체험한 대로 그대로 살도록 하였다.

3) 선교적-성육신적 추진력(Missional-Incarnational Impulse)

하나님 아버지가 하나님의 아들을 이 땅에 보내신 것을 성육신이라고 한다. 하나님은 세상을 창조하실 때부터 하나님의 마음을 담아내고 하나님의 나라를 구현할 목적으로 이 세상을 창조하셨다. 인간이 범죄함으로 원래의 목적을 상실했음에도 불구하고 하나님은 이 세상을 포기하지 않으시고 하나님의 마음으로 하나님이 이 세상을 회복시키실 하나님의 선교(missio Dei)를 감당하고 계셨다. 교회는 하나님의 선교에 의해 태어났다. 성육신적 선교란 하나님이 인간이 되어 이 세상에 오신 것처럼, 믿는 우리가 복음을 모르는 세상 속으로 들어가는 것을 말한다. 세상으로 들어가 세상 사람들처럼 죄를 짓는 것이 아니라 세상 사람들의 삶의 자리에 들어가 하나님의 영향력을 끼쳐 하나님 나라를 확장하는 것이다. 주님은 "아버지께서 나를 보내신 것 같이 나도 너희를 보내노라"(요 20:21)고 제자들에게 말씀하셨다. 교회는 세상 안으로 들어가야 한다. 교회의 목적과 방향성은 "땅끝까지 이르러 나의 증인이 되라."는 주님의 명령에 순종하는 것이다. 예수님은 선교의 대상인 이 세상과 소통하기 위한 최적의 모습으로 오신 것처럼 교회는 세상이 복음을 받아들일 수 있는 최적의 상황을 만드는 주체가 되어야 한다. 초대 교회가 신학교, 건물, 제도, 조직이 없었으나 로마제국의 핍박과 박해 속에서도 강력한 선교의 역사를 이룬 것은 코로나 바이러스와 같은 강력한 전염성을 가지고 온 세상을 예수의 운동으로 뒤덮을 수 있는 성육신적 DNA가 있었기 때문이다. 21세기를 살아가고 있는 우리는 어떤 성육신적 모델을 개발해야 할지 고민해야 한다. 더 이상 생명을 낳지 못하는 구조를 가지고 나아가는 것은 성육신과 상관이 없다. 교회는 그 시대 속에서 하나님 나라를 갈망하는 사람들을 모으고 다시 세상으로 보내서 땅끝까지 증인되라는 하나님의 명령에 순종해야 한다.

4) 경계성과 커뮤니타스(Liminality and Communitas)

경계성은 문지방이 방 안과 밖을 분리하는 중간 위치에 있는 것처럼 이쪽과 저쪽 사이에 있는 상태를 말하는데 교회는 세상의 중심에 있는 것이 아니라 변방에 있다는 말이다. 예수님은 예루살렘이 아닌 변방 나사렛과 가버나움에서 주로 활동하셨다. 예수님이 사신 곳은 이스라엘의 끄트머리였고 이방과 접경지역이었다. 경계성은 힘의 근원에서 멀리 떨어진 곳이며 불안하고 중앙에서 받는 혜택이 없다. 모호한 자리이며 편안함과 안정을 보장 받을 수 없는 곳이지만 여기서 진정한 공동체성이 나온다. 초대 교회가 위험한 땅끝으로 가서 강력한 결속력이 생긴 것이다. 종교 소비자는 이런 경계성을 좋아하지 않는다. 경계성은 공동체에서 도망가고 싶고 피하고 싶고 고통스럽지만, 오히려 공동체를 더 강하게 만들어주는 요소로 작용한다.

'커뮤니타스(communitas)'라는 단어는 커뮤니티(community)와 대비되는 개념인데 자발적 헌신으로 뭉쳐진 공동체를 말하고 커뮤니티는 비자발적으로 모인 공동체이다. 초대 교회는 커뮤니티보다 커뮤니타스에 더 가깝다. 커뮤니타스와 커뮤니티는 본질적으로 DNA가 다르다.

앨런 허쉬는 영국 출신의 사회학자 빅터 터너(Victor Turner, 1920-1983)의 이론에서 경계성과 커뮤니타스를 교회와 연결시켰다. 빅터 터너는 아프리카의 어느 부족을 연구하면서 특이한 사실을 발견하게 되었다. 그 부족의 구성원들은 용맹하고 강인하고 책임감이 있었다. 그들은 마을이 전통적으로 가지고 있는 13세 남자 아이들의 성인식 행사 때 성인 남성들이 숙소에 몰래 들어가 사내아이들을 보자기에 싸서 납치하여 전혀 모르는 곳에 그들을 데려놓고 사라진다. 이 아이들이 던져진 장소가 바로 경계성이다. 아이들은 주변을 전혀 모르는 산속에 자기들이 던져진 것을 알게 되자 처음에는 서로 울고불고 난리가 나지만 시간이 지나면서 처해진 상황에 점점 익숙해지면서 생존하는 법을 터득하며 강한 협동심, 동지의식, 결속력을 배우며 강렬한 사회적 연대감과 소속감을 가지게 된다. 그러한 과정을 겪은 후 마을로 돌아와서 성인식을 행한다. 이렇게 아이들이 성인식을 치르기 전에 스스로 공동체의 일원으로서 함께 생존하면서 배우는 공동체를 커뮤니타스라고 부르는 것이다. 이 공동체가 예수님이 처음 제자들을 불러서 이룬 공동체인 커뮤니타스와 같다. 그래서 주님은 누구든지 나를 따라오려거든 자기를 부인하고 자기 십자가를 지고 나를 따르라고 말씀하셨다(막 8:34). 커뮤니타스에 속한 교인들은 "교회가 나를 위해 무엇을 해줄 수 있나? 내가 이 교회 나가면 무슨 이익이 있나?'를 묻는 대신 '내가 어떻게 희생함으로 이 공동체가 살아날 수 있을까?"를 묻는다. 이러한 커뮤니타스를 이루려면 모험, 위험, 용기의 세 가지 성품이 요구된다. 안락하고 기존에 갖추어진 곳을 추구하지 않고 새로운 시도를 하고 새로운 것을 꿈꾼다. 이 세 가지 성품은 하나님 나라 확장을 위해 성령께서 요구하시는 특징들이다. 교회가 성령의 역사를 통해 하나님 나라 운동이 활발하게 일어나려면 초대 교회 같은 커뮤니타스가 되어 세상의 경계로 나아가야 한다.

5) 오중직 문화(APEST Culture)

초대 교회에서 다섯 가지 은사들을 가진 리더십들의 영어 약어는

APEST인데 사도(Apostle), 선지자(Prophet), 복음 증거자(Evangelist), 목자/목사(Shepherd/Pastor), 교사(Teacher)가 그것이다(엡 4:11). 초대 교회는 다섯 가지 직분이 있었으나 오늘날 교회는 이 직분들을 리더십을 가진 은사로 본다. 초대 교회는 하나님께서 교회에 원래 허락하신 다섯 가지 은사적 리더십이 골고루 발현되었기 때문에 사도적 비범함(특징)을 마음껏 발산하는 역동적인 모습을 보여 줄 수 있었다. 그러므로 오늘날은 위의 어떤 직분은 없어졌다 하더라도 다섯 가지 은사가 마음껏 발현되어야 교회가 사도적 비범함을 드러낼 수 있게 되는 것이다.

6) 유기적 시스템(Organic Systems)

하나님은 온 우주를 생명력으로 가득 채우셔서 유기적 공동체로 만드셨는데 유기적 공동체란 기계적으로 만들어져 있지 않다는 말이다. 생명체마다 창조주 하나님의 손자국이 남아 있고, 물질의 가장 작은 입자인 쿼크(quark)에서부터 엄청나게 밝게 폭발하는 초신성(supernovas)에 이르기까지 우주는 전지전능한 창조주 하나님의 존재를 나타내고 있다. 성경에는 몸, 밭, 누룩, 씨앗, 나무, 포도나무 등 교회와 하나님 나라에 대한 유기적 이미지들이 풍부하다. 교회가 가지고 있는 특징도 생명체와 같다.

유기적 시스템은 분산된 접속점들과 다방면에 걸쳐 힘을 발휘하는 중심점들을 보유하고 있고, 소규모 자급자족의 단위인 세포처럼 구성되어 있어서 쉽게 모집하고 번식도 한다. 그리고 어떤 환경이 주어지면 살아 있는 세포처럼 재생도 하기 때문에 완전히 파괴하기가 쉽지 않다. 이와 같은 조직 세포 안에는 운동을 일으키는 완전한 DNA가 이미 가장 작은 부분 안에 잠재해 있어 원형 그대로 복제가 가능하다. 이처럼 중국 교회나 초대 교회의 예수 공동체는 그 안에 이식된 완전한 몫의 mDNA가 들어 있어 조건만 주어지면 온전한 형태의 새로운 사도적 운동이 시작될 수 있었다.

6. 이번 장을 마치며

초대 교회나 중국 교회에서 사도적 특성(혹은 비범함)이 나타난 것은 mDNA를 구성하고 있는 여섯 가지 요소가 다 발휘되었기 때문이다. 오늘날의 교회도 하나님께서 교회 속에 심어놓으신 잠재력을 잘 깨워 키우기만 하면 영원한 능력의 복음을 우리 세대 가운데 전할 수 있다. 하지만 사도적 특성을 구성하는 여섯 가지 요소 가운데 하나라도 빠지면 안 된다. 왜냐하면 각 요소는 역동적으로 서로 관계하고 상호 의존적이기 때문이다. 사도적 특성은 성령님의 역사하심을 통하여 첫째, 믿음의 주이신 예수님의 길에 대한 기본적이고 확고한 헌신이 모든 요소의 정중앙에 자리한다. 둘째, 제자도의 비전이 뚜렷하고 분명한 과정을 두어 조직 전반에 걸쳐 제자 만들기를 진행하게 된다. 셋째, 선교적-성육신적 추진력으로 헌신적인 태도로 밖으로 나가서 다양한 문화권 안으로 깊이 들어가 복음을 알기 쉽게 설명하여 전할 수 있게 된다. 넷째, 중심을 벗어난 경계지대로 나아가 운동을 발전시키고 커뮤니타스를 건설할 수 있다. 다섯째, 오중직 문화를 통해 은사를 발휘함으로 내장된 mDNA가 작동하여 재생산과 확산에 헌신하게 된다. 여섯째, 유기적 구조를 가지고 어떤 위협이 와도 굴하지 않고 도리어 당연시하며 흔쾌히 맞서서 재생산이 가능한 교회를 세울 수 있게 된다.

이처럼 우리는 에클레시아(교회)의 보관 창고에 숨겨져 있는 유전적 요소인 mDNA의 잠재력을 깨움으로 중국 교회나 초대 교회처럼 우리가 사는 세상의 사람들이 '하나님은 Yes!'이지만 '교회는 No!'라고 외치는 분위기 속에서도 복음의 참된 증인이 되어 하나님의 나라를 힘차게 확장해 나갈 수 있을 것이다.

한국교회가 세상에 제시하는 복음의 영향력이 심각할 정도로 쇠퇴하고 있다. 양적 성장에 초점을 맞추었던 한국교회는 한계에 직면하고 있는데, 코로나 사태로 그 어려움이 더욱 가중된 느낌이다. 앞으로 한국교회가 뼈를 깎는 모습으로 세상으로부터 신뢰를 회복하지 않으면 한 세대가 지나면 복음의 능력이 지리멸렬해진 서구 유럽의 교회들처럼 되지 않으리라는 보장이 없다. 필자는 침체된 한국교회와 선교지의 교회가 회복할 수 있는 실마리를 선교적 교회 운동에서 찾을 수 있다고 생각한다. 전통적 교회를 선교적 교회로 전환할 수 있다면 세상이 교회를 보는 시각이 달라질 수 있고, 목회자나 선교사가 교회를 개척할 때 선교적 교회의 목회 철학을 가지고 시작한다면 교회가 속한 지역사회에 역동적인 복음의 희망을 줄 수 있다고 확신한다.

현대를 살아가는 자들에게 가장 힘이 있는 것은 맘몬과 비즈니스 제국이다. 성도들이 맘몬의 힘에 굴복하지 않고 돈을 탐하는 세상 사람들 속으로 파고 들어가 세상을 변화시키려면 예수 그리스도의 십자가, 고난, 부활을 통한 원초적 복음에 대한 열정, 은혜와 감사를 회복하게 하는 것이 필요하다. 교인들이 편안하게 예수 믿고 죽어서 천국 가겠다는 영적 소비자적인 안일한 신앙에서 벗어나 세상을 변화시키는 하나님의 군대로 거듭나게 해야 한다. 현대 교인들은 테크닉이 부족한 것이 아니라 열정이 부족한 것이 문제이다. 복음과 하나님에 대한 뜨거운 사랑과 열정이 있으면 테크닉은 나중에 갖추어지고 세상을 전도할 방법을 스스로 알아서 찾아낼 것이다. 성도들이 살아가고 있는 지역사회와 직장 및 삶의 모든 영역이 선교의 최전선임을 인식시켜 주어야 한다.

종교 개혁자들은 만인제사장설(만직제사장설)을 주장하며 세속적 직업이든 성직이든 모든 직업을 하나님의 소명으로 알고 모든 그리스도인들은 하나님께서 창조하신 세상을 돌보는 일에 동참하라고 촉구하였다. 사도행전이나 교회사를 보고 위대한 복음 운동의 창끝은 바로 평범한 성도들이었음을 알아야 한다. 교인들이 자신들이 받은 은혜와 영적 에너지를 교회 안에서 소진되게 하는 것이 아니라 세상 속으로 보내어 불신자들이 넘치는 세상 속에서 영적 실력을 발휘하도록 해야 한다. 이제는 교인들이 교회당 문을 나서면 바로 그들이 살아가는 모든 처소는 선교지이며 자신들이 선교사임을 알도록 해야 한다. 탈기독교 시대에 복음으로 세상을 물들이려면 불신자들이 찾아오도록 교회 안에서 기다리는 것이 아니라 세상으로 보냄을 받은 자답게 교인들이 교회 담장을 넘어 세상으로 들어가야 한다(요 20:21). 성도들이 그렇게 세상을 섬김으로써 보이지 않는 그리스도를 보이게 만든다는 것을 기억해야 할 것이다.

Part. 11

이주민 선교

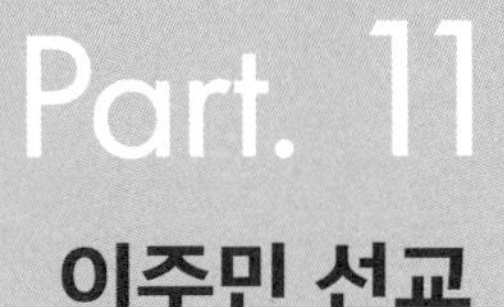

글로벌 사회에서 이주는 21세기 초국가적으로 다양하고 중요한 정치 사회적 화두를 던지며 연구되고 있는 주제이며, 해외와 국내로 나뉘던 기독교 선교의 개념을 목회와 선교 현장을 통합하는 방향으로 바뀌게 만들었다. 이주민 선교는 문화, 언어, 역사, 환경, 종교 등이 다른 지역에서 옮겨와서 사는 외국인을 대상으로 하는 선교이며 대상은 주로 외국인 노동자, 결혼 이민자 또는 다문화가정, 유학생, 난민 등이다. 여기에는 원래 외국인이었으나 여러 가지 사유로 한국 국적을 취득한 사람들뿐만 아니라 외국인 주민의 자녀들도 국적과 별개로 동일한 필요를 가지고 있기 때문에 사역 대상에 포함되어야 한다. 그래서 이들 대상에 대한 범주에 적합한 개념 용어는 단순히 '외국인 이주민'이 아니라 외국인이었던 현재 한국 국적자도 아우를 수 있는 '다문화 이주민'이라고 할 수 있다. 또한 유사한 대상인 '난민'이나 '북한이탈주민'을 이주민 선교의 대상에 포함시킬 것인가에 대해 다양한 의견들이 있지만, 북한이탈주민은 이주민 선교와는 따로 분류한다. 난민의 경우는 난민 지위와 관련된 포괄적인 비자 형태(난민 신청, 인정, 인도적 체류 등)로 국내 체류 기간 동안 생계 목적의 취업을 제한적으로 허용하고 있기 때문에 외국인 노동자와 유사한 범주의 사역 대상이 될 수 있다. 따라서 한국 내에서 이주민 선교는 외국인 노동자, 결혼 이민자 또는 다문화가정, 유학생, 난민의 네 영역으로 나눌 수 있다.

2024년 8월 출입국 외국인 정책 통계 월보에 발표된 통계는 다음과 같다. 2024년 8월 말 현재 우리나라에 체류 중인 외국인은 263만 9,521명이며, 체류 외국인 중 등록 외국인은 143만 7,286명, 외국 국적 동포 국내 거소 신고자는 54만 8,984명, 단기 체류 외국인은 65만 3,251명이다. 국적별 체류 외국인은 중국 36.7%(96만 8,309명), 베트남 11.9%(31만 3,445명), 태국 7.2%(18만 9,476명), 미국 6.5%(17만 2,091명), 우즈베키스탄 3.5%(9만 1,925명) 등의 순이다. 등록 외국인(143만 7,286명)은 권역별로 수도권에 78만 8,356명(54.9%)이 거주하고 있으며, 영남권 28만 5,210명(19.8%), 충청권 17만 9,067명(12.5%), 호남권 12만 6,895명(8.8%) 순으로 거주하고 있다. 국민의 배우자(결혼 이민자)는 17만 9,602명이며, 외국인 유학생은 26만 1,469명이다.

2024년 8월 말 현재 외국 국적 동포는 86만 633명으로 전체 체류 외국인(263만 9,521명)의 32.6%를 차지하고 있다. 국적별로는 중국이 66만 4,986명으로 전체의 77.3%를 차지하였고, 미국 5만 1,098명(5.9%), 우즈베키스탄 4만 4,030명(5.0%) 등의 순이다. 자격별로는 재외동포(F-4) 55만 1,579명, 영주(F-5) 13만 9,717명, 방문취업(H-2) 9만 5,281명, 방문동거(F-1) 3만 1,765명 등의 순이다. 1994년 이후 2024년 8월 말까지 난민 신청자는 11만 6,406명이며, 심사 완료자는 5만 5,512명인데 이중 1,507명이 난민으로 인정을 받았고, 2,677명이 인도적 체류 허가를 받아 총 4,184명이 난민으로 인정을 받고 있다. 난민 신청 사유는 정치적 의견(2만 3,301명), 종교(2만 2,734명), 특정 사회 집단 구성원(1만 431명), 인종(5,385명), 국적(1,098명), 가족 결합(4,914명), 기타(4만 8,543명)에 해당한다.

1. 이주에 관한 성경적 근거

성경은 시작부터 끝까지 이주와 다문화로 인한 다양성을 우리에게 풍성하게 제시해 주고 있다. 구약성경에서 외국인을 의미하는 단어는 네 가지가 사용되었다.

첫째, '노크리'는 '낯선, 다른'이란 의미에서 유래되어 '외국인, 이방인'을 뜻하게 되었다. 노크리는 이스라엘에 정착하여 이스라엘의 사회, 문화 등에 동화할 생각 없이 일시적으로 머물러 사는 외국인을 말한다. 또한 종교적 관점에서 부정적인 의미를 담고 있는데, 이스라엘에 거주하면서 우상숭배의 풍습을 가지고 백성들에게 악한 이방 종교나 문화적 영향을 끼치는 사람을 말한다. 둘째, '자르'는 노크리와 비슷한 용어로 초기에는 상업, 여행, 용병의 신분으로 일시적으로 이스라엘을 방문한 자, 후대에는 의미가 확대되어 이방인, 외국인을 의미하였다. 셋째, '게르'는 '나그네, 객, 우거하는 자, 이방인, 타국인, 외인' 등의 뜻으로 다양하게 사용되었다. 이스라엘과 함께 출애굽한 잡족들과 이스라엘이 가나안땅을 정복한 후 그들 가운데 거주하던 가나안 사람들을 뜻하였다. 또한 여러 이유로 다른 지역의 시민권이나 거주권을 가졌지만, 전쟁이나 기근으로 자기 마을과 부족을 떠나 혼자 혹은 가족과 함께 타향에 정착하여 땅을 소유할 수 없었던 자들을 말한다. 넷째, '토샤브'는 나그네와 유사한 동의어로 '거류자, 우거자'(대상 29:15)로 번역되었다. 자기 소유의 땅 없이 시민권을 가진 이스라엘 백성들 곁에서 피난처를 찾는 나그네의 위치에 있는 사람을 말한다.

앞의 내용을 종합하면 구약성서에는 크게 두 종류의 외국인/이주민이 나타난다. 이스라엘에 정착할 의향이 없이 일시적으로 머물게 된 외국인/이주민과 이스라엘에 정착하여 이스라엘 사람으로 동화되기를 원하는 외국인/이주민이다. 구약성서는 전자를 '노크리'로 후자를 '게르'라 부른다. 전반적으로 '노크리'는 야훼 종교로 개종하기를 원치 않는 사람들이지만, '게르'는 야훼 종교를 따라 이스라엘의 일원이 되기를 바라는 사람이었다.

이제 구약과 신약의 성경 본문을 통하여 간략하게 구약에는 이주를 명령하시는 하나님을, 신약에서는 친히 이주하신 하나님에 대하여 살펴보고자 한다. 창세기 1장 28절 "하나님이 그들에게 복을 주시며 하나님이 그들에게 이르시되 생육하고 번성하여 땅에 충만하라 땅을 정복하라 바다의 물고기와 하늘의 새와 땅에 움직이는 모든 생물을 다스리라 하시니라"는 말씀에서 인간에게 주어진 명령은 '땅에 번성하라'는 것으로 사람의 존재 의미 중 하나가 지리적 이동을 수행하는 것이라는 사실을 포함하고 있다. 이것은 이주가 인간의 한 특징이 될 것이고 이주에 대한 열망은 인간 안에 내포되어 있다는 것이다. 이것은 땅과 땅에 움직이는 모든 생물을 다스리고 정복하는 인간의 책임과 하나님의 대리 섭정으로서 동산을 경작하고 지키는 책임과 연관되어 있다. 이 연관은 인류가 온 땅 위로 이주하면서 하나님이 맡기신 소명과 책임이 완수된다는 뜻이기도 하다. 창세기 3장에서 인류 최초의 조상 아담과 하와는 죄에 대한 하나님의 심판으로 에덴동산에서 추방되었고, 창세기 4장에서 최초의 살인 사건인 가인이 동생 아벨을 죽임으로써 가인은 비자발적 이주의 판결을 받았다. 창세기 11장 바벨탑 사건도 하나님에 대한 고의적 반란으로 인류의 언어와 문화가 달라지는 심판적 이주 판결을 받았다.

창세기 12장에 나오는 아브라함의 이주는 하나님의 명령에 의한 것으로 죄의 심판이 아니라 복을 주시기 위한 이주였고, 하나님의 초대에 의한 이주로 천하 만민이 아브라함을 통해 복을 얻게 되는 희망이 가득한 이주였다. 그 후에도 이주는 계속되는데, 아브라함의 아들 이삭도 이주를 경험했고(창 26장), 야곱의 도피성 이주(창 31장), 요셉의 타력에 의한 이주(창 37장) 등이 있다. 오늘날 외국인들이 한국으로 이주하는 것은 더 나은 삶을 위한 경제 이주, 노동 이주, 유학 이주, 다문화 결혼 이주, 난민 이주, 선교적 이주 등 여러 유형들로서 자발적이며 미래에 대한 희망을 내포하고 있는 이주이다.

모세는 출애굽기 2장 22절에서 "그가 아들을 낳으매 모세가 그의 이름을 게르솜이라 하여 이르되 내가 타국에서 나그네가 되었음이라"라고 고백하였다. '게르솜'이란 단어는 '객, 손님, 체류자'를 뜻하는 남성 명사 '게르'와 장소를 가리키는 부사 '솸'이 결합된 것으로 '거기서 손님이 되었다'란 뜻을 가진 이름이다. "나그네가 되었음이라"에서 모세는 스스로 '게르'(나그네)라고 소개하면서, 그는 하나님으로부터 이스라엘 백성 전체를 이주시키라는 명령을 받았다. 또한 출애굽기 12장에는 이스라엘 백성 전체가 약속의 땅 가나안 입성을 위한 이주를 명령받아 모세와 함께 애굽을 떠나 이주를 시작하는 장면이 나온다. 라합과 룻도 이주민이었으며, 다윗은 끊임없는 이주를 경험하였다. 역사서와 선지서에도 이스라엘이 포로기에 접어들면서 집단 이주를 한 내용이 나온다.

이스라엘의 역사는 이주의 역사였다. 하나님은 죄 때문에 받은 심판이든, 복을 위한 시험이든, 타력에 의한 이주이든 간에 이스라엘 백성들이 하나님의 섭리 안에서 나그네 된 삶을 살게 하셨다. 이주의 절정은 이사야 66장 18-21절의 말씀으로, 이스라엘 백성이 아닌 이방 백성을 하나님이 하나님의 때에 이주시키시고, 그들 가운데 하나님의 영광을 보여주시고, 하나님의 영광을 본 자들을 제사장과 레위인으로 삼으셔서 세계 열방에 하나님의 영광을 전파하게 하신다는 것이다. 이 말씀은 디아스포라 선교 신학의 핵심이라고 할 수 있다.

구약에서 하나님은 이주를 명령하시고, 신약에서는 그리스도의 성육신 사건을 통하여 자기를 비워 종의 형체를 가지시고 완전한 인간이 되셔서 자신이 땅으로 이주하셨다(빌 2:6-7). 완전한 인간이 되신 아기 예수는 태어남과 동시에 애굽으로 이주를 경험하셨다(마 2:13-15). 성육신하신 예수님은 인간의 언어, 문화를 취하시고 유대인으로 오셨지만, 유대인들이 멸시했던 이방인들을 찾아가셨고 그들과 함께 먹고 교제하셨다. 주님은 그들을 유대 사회나 문화로 끌어들이지 않으시고 다민족 다문화사회에서 사역하셨다. 초대교회는 다민족 다문화사회 속에서 시작되었고, 사도행전 2장에서 성령의 강림을 체험한 사람들은 다른 문화권에서 살던 사람들이었으며, 베드로 설교를 듣고 전도자로 나선 사람들도 타문화가 배경인 사람들이었다. 사도행전 13장에 안디옥 교회에서 파송된 첫 선교사들은 서로 다른 문화적 배경을 가진 사람들(바나바는 레위인, 시므온은 니게르라 불리운 흑색 피부를 가진 사람, 루기오는 유대인)이었다. 바울은 로마 시민권을 가진 유대인으로서 다문화 이주민 디아스포라 출신이었다. 사도행전 18장의 아굴라와 브리스길라 부부는 국제결혼 부부였다. 따라서 이주는 하나님의 창조 섭리이며 우리에게 내려주시는 복이요 명령이다. 죄에 대한 심판으로 인한 이주이든, 우리를 하나님의 복이 되게 하는 이주이든, 자의 혹은 타의에 의한 이주이든 모든 이주는 하나님께서 섭리하시고 하나님의 나라가 확장되도록 하기 위한 하나님의 목적을 내포한다.

2. 코로나 팬데믹으로 인한 이주민 선교의 중요성 부각

21세기에 들어서서 인구의 유동 현상은 전 세계적인 현상으로 발전했다. '디아스포라'는 지구촌 시대의 핵심 현상이며 하나님의 섭리다. 인구 유동 현상은 단순히 우리나라에 들어온 외국인 노동자를 넘어서서 난민, 비즈니스, 국제결혼, 투자 등 다양한 형태의 이주민 그리고 유학생, 국내 실향민 등 그 범주가 확대되고 있다. 이 과정에서 새로운 선교 형태와 기회가 만들어지고 있다. 실제로 세계 이주 현황 보고서(World Migration Report)에 따르면 2020년 전체 78억 인구 가운데 2억 8100만 명의 사람들(세계 인구의 3.6%)이 국제 이주자로 살아가고 있다. 이것은 20년 전인 2000년에 전체 인구 61억 4400만 명 가운데 1억 5300만 명(세계 인구의 2.5%), 50년 전 1970년에 전체 인구 37억 명 가운데 8400만 명(세계 인구의 2.27%)에 비하면 무려 글로벌 이주 인구는 3배 이상으로 증가한 수치이다. 국제 이주자 백분율도 1970년은 2.27%, 2000년은 2.5% 그리고 2020년은 3.6%로 계속 증가하고 있는 것을 알 수 있다.

코로나 팬데믹으로 해외여행이 불가능해지자 한국교회는 단기선교 등을 통한 해외선교지 방문이 불가능해진 상황에서 우리 곁으로 찾아온 외국인들에게 관심을 가지기 시작하였다. 물론 1990년대 초부터 국내에 들어온 이주민들에 대한 관심을 가지고 이주민 선교를 시작한 사역자나 교회들이 있었지만, 코로나가 한국교회로 하여금 국내 이주민 선교에 본격적인 관심을 가지게 한 것이다. 심지어 해외로 단기선교를 가는 것이 불가능한 상황에서 교회들은 청년들이나 선교 관심자들을 국내에서 이주민 사역을 하는 사역자들과 연결하여 안산, 김해 등 이주민이 밀집된 지역을 탐방하고 선교 훈련을 하기도 하였다. 결국 코로나 팬데믹으로 인하여 한국교회는 해외선교 못지않게 국내 이주민 사역에 관심을 가지게 되었는데, 법률적 용어를 사용하면 선교의 개념이 속지주의에서 속인주의로 바뀐 셈이다.

코로나 팬데믹 이전에 태국 선교란 선교사로 택함을 받은 사람이 훈련을 받고 비행기를 타고 태국으로 가서 언어와 문화를 익힌 후 현지어로 사역하는 것만 인정하였다. 선교를 땅 중심으로 이해한 것이다. 그러나 코로나 팬데믹 이후에는 태국 선교란 우리 앞마당까지 찾아와 살고 있는 태국 이주 노동자들을 대상으로 한국어로 사역하는 목회자를 선교사로 인정하기 시작하면서 선교를 사람 중심으로 볼 수 있게 되었다. 코로나 팬데믹이 한국교회에 준 선물은 선교를 해외선교에 국한하여 거리 개념으로 이해하였던 것에서 벗어나 선교란 문화를 넘어가는 것임을 받아들여 우리의 앞마당까지 찾아온 외국인도 선교의 대상으로 볼 수 있게 만든 것이다. 한국교회의 이주민 선교는 1990년 초반부터 시작되어 30년이 되었고 정확한 통계를 낼 수는 없지만 KWMA 산하기관인 한국이주민선교연합회(KIMA: Korea Immigrants Mission Association, 이하 KIMA)가 파악한 바로는 한국에는 약 1,200여 개의 교회나 단체가 이주민 사역에 관여하고 있는데, 사역자들은 국내 목회자, 평신도, 해외 선교사 출신 등 다양한 배경을 가지고 있다.

코로나 팬데믹 기간에 한국교회 안에서 이주민 선교가 얼마나 중요한 이슈가 되었는지는 KWMA가 전국을 지역별로 나누어 이주민 선교를 체계적으로 네트워킹하기 위하여 KWMA 지부 형태의 기구를 조직하는 것을 봐도 알 수 있다. 울산과 경남 지역에 유입된 이주민들을 위한 사역을 체계적으로 하기 위하여 2022년 1월 27일 울산경남세계선교협의회(UGWMA)가 창립되면서 초교파적으로 이주민 선교에 열심인 교회의 담임 목사들을 중심으로 이사회가 조직되었고 필자가 사무총장직을 맡게 되었다. 2024년 2월 15일 부산KWMA(사무총장 변인석 선교사)와 2024년 9월 12일 대구경북세계선교협의회(DGWMA, 사무총장 하광락 선교사)를 창립하였고, KWMA는 행정 구역별로 지부 형태의 세계선교협의회를 조직해 가고 있는 중이다.

이제 한국교회는 코로나 팬데믹을 계기로 이주민 선교의 중요성을 깨닫게 되었고 본격적인 이주민 선교에 박차를 가하고 있다. 제8차 세계 선교전략회의(NCOWE Ⅷ, 2023년 6월 13-16일) 트랙별 모임 중 두 번째 이슈에서 "이제 선교는 서구의 일방적인 주도에서 벗어나서 다중심적(polycentric)이고 쌍방향적이며 전 방향(all-direction)으로 진행되고 있으며, 그 방식에 있어서는 총체적(Integral)이고 통합적(Wholistic)으로 전개되고 있다."고 말했는데, 이주민 선교가 바로 그런 방향으로의 전환에 직접적으로 관련되어 있다. 태국을 예로 들면 태국인들은 태국 안은 물론이고 미국을 비롯한 서구, 유럽, 중국과 온 세계에 흩어져 살고 있고, 그중 한국에 들어온 태국인들은 약 20만 명에 달한다. 이들 태국인을 선교하기 위해 태국 안의 태국 교회, 태국 밖의 태국 교회, 태국 선교에 관심이 있는 국가들의 교회들이 네트워킹 하면서 함께 힘을 모아 사역하고 있다. 그런 의미에서 태국 선교는 다중심적ㄴ, 쌍방향적, 전 방향적으로 진행되고 있으며 방식은 비즈니스를 포함하여 총체적이고 통합적으로 전개되고 있다. 오늘날은 태국인들을 복음화하기 위하여 태국인 그리스도인들(사역자, 평신도 포함), 태국 선교사, 태국인들이 살고 있는 모든 나라의 그리스도인들(사역자, 평신도 포함)이 함께 협력하고 있는 것이다.

3. OMF의 DRM 필드, 이주민 선교의 최종 목표

OMF International의 경우 이주민 선교를 위해 디아스포라귀국자사역(DRM: Diaspora Returnee Ministries, 이하 DRM)필드를 만들어 독특한 형태의 사역을 하고 있다. 예를 들면 태국 선교사는 더 이상 태국에만 머물지 않고 태국인들이 많이 이주해서 살아가고 있는 국가들(미국, 한국, 일본, 유럽의 국가 등)에 거주하면서 태국인들 중 예수를 믿고 태국으로 돌아가는 사람들이 본국에 돌아가서도 잘 정착할 수 있도록 네트워킹하는 사역을 하고 있다. 오늘날은 OMF 선교사가 아시아의 선교지에도 있지만 미국, 캐나다, 유럽, 한국 등 아시아인들이 많이 있는 국가에도 머물며 아시아인들을 위한 이주민 사역과 함께 아시아로 돌아가는 사람들이 자신들의 모국에 도착과 동시에 지역교회에 잘 정착할 수 있도록 하는 사역도 감당하고 있다. OMF가 DRM 사역 필드를 시작한 이유는 아시아권에서 온 사람들이 외국에서 예수를 믿고 본국으로 돌아가면 약 85%의 사람들이 믿음을 포기하고 다시 자기들의 옛 종교로 돌아가 버리는 것을 알고 해외에서 거둔 영적 열매가 헛수고가 되지 않도록 하기 위함이었다. OMF의 DRM 필드의 비전, 사명, 다섯 가지 주요 전략을 보면 다음과 같다.

> **비전:** 동아시아 사람들이 자국민들과 타 종족들 안에 그리스도의 몸을 세우는 일을 위하여 그리스도의 제자로 세워지는 운동이 전 세계에서 일어나게 한다.

사명: 하나님의 영광을 위하여: • 우리는 전 세계에 흩어져 있는 동아시아 사람들을 전도하고 제자화 한다. • 우리는 귀국자들이 자국민들과 타민족들을 위한 사역을 할 수 있도록 그들을 준비시킨다. • 우리는 다른 그리스도인들도 그렇게 하도록 격려한다.

다섯 가지 주요 전략: 우리는 다음과 같은 주요 전략으로 이를 수행하고 있다.

① 귀국자가 그리스도의 요청에 응답하고, 그리스도를 위하여 삶 속에서 선한 영향력을 끼치며, 그리스도를 섬기는 일과 선교 동원을 위해 준비되도록 상황에 맞는(문화에 민감한) 전도와 제자훈련에 집중한다.

② 지역교회나 개인 및 단체가 동아시아 사람들의 문화적 눈높이에 맞는 방식의 복음 전파를 할 수 있도록 재현 가능한 상황별 훈련을 촉진한다.

③ 우리는 같은 비전과 사명에 동의하고 지지하는 다른 사람들(혹은 단체들)과 협력함으로써 보다 효과적으로 동아시아인 귀국자들이 가정과 사회 안에서 복음 사역을 할 수 있도록 자원을 공유한다.

④ 우리는 귀국자들이 어느 지역에 있든지 지역교회와 선교에 열매를 맺는 운동이 일어나는 것을 볼 수 있도록 귀국자들에게 힘을 실어준다.

⑤ 동아시아 귀국자들을 위한 해외의 사역자들과 본국의 사역자들 사이에 네트워크가 강화되어 ㄴ귀국자들을 위한 적절한 후속 조치들이 이루어지도록 많은 동아시아인 그리스도인들이 일어나는 것을 보기 원한다.

현재 8,000만 명이 넘는 동아시아인들이 전 세계에 흩어져 있다.

OMF는 DRM 필드의 비전에서 하나님께서 동아시아 사람들을 전 세계의 여러 전략적 장소에 보내주셨다고 믿고, 디아스포라 귀국자들과 그들이 거주하였던 나라(호스트 국가) 사이의 거리를 좁혀주는 다리 역할을 하겠다고 명시했다. 동아시아 디아스포라들을 호스트 국가에서 복음화시켜 그들이 본국으로 돌아가 자신들의 믿음을 열정적으로 다른 사람들과 나누는 선교적 삶을 살도록 하는 일이 일차적인 목표이다. 그리고 이차적인 목표는 동아시아 디아스포라들이 타 종족들 안에서도 그리스도의 제자를 세워 온 세계에 복음이 확산되도록 한다는 것이다. 풀러신학교 선교학 교수를 역임했던 제후 핸슬스(Jehu Hanciles)는 "모든 그리스도인 이주자는 잠재적인 선교사이다."(Every Christian migrant is a potential missionary.)라고 했다. OMF DRM 필드의 사명과 주요 전략을 보면 이주자들을 단순한 전도 대상자로만 취급하지 않고 그들이 하나님을 알고 믿었을 때 자기 동족들의 복음화를 위한 동역자로, 더 나아가 온 세계를 복음화하기 위한 미래의 하나님 나라의 일꾼으로 소망을 가지고 바라본다는 것이다. 우리 주변을 살펴보면 단순하게 돈을 벌기 위해 왔던 이주민들이 한국에서 신학을 공부하고 본국, 한국, 다른 선교지에서 귀한 사역을 감당하고 있는 사례를 어렵지 않게 찾아볼 수 있다.

전 세계 복음화는 가장 복음화된 어느 한 나라의 교회가 감당할 수 있는 것도 아니고, 각 나라에서 해외에 파송된 선교사들을 통하여서 완성

할 수 있는 것도 아니다. 코로나 팬데믹을 거치면서 한국교회를 비롯하여 전 세계의 교회는 우리 곁으로 다가온 이주자들이 단순하게 돈 혹은 자본이라는 초지(草地)를 찾아온 신유목민(新遊牧民, New Nomad)이 아니라 엄청난 선교의 자원임을 깨닫게 되었다.

세계 선교 지도자들은 코로나 팬데믹을 거치며 본국 교회에서 보낸 선교사들을 통하여 세계를 복음화하는 것은 불가능한 일이라고 판단하기 시작했다. 전 세계의 모든 교회가 우리 곁으로 찾아온 이주민들에게 복음을 전하여 그리스도의 제자로 그리고 그들을 선교사로 세워 역파송하여 자국민을 복음화하는 데 그치지 않고 인근 타 문화권을 넘어 온 세계로 파송하여 세계 선교를 완성하는 큰 그림을 그리고 있다. 그야말로 세계 선교는 모든 방향에서 모든 방향으로 진행되어야 함을 세계 선교 지도자들은 깨닫게 되었다.

4. 한국교회의 이주민 선교에 대한 회고와 전망

이주민에 대한 개념이 1990년대는 이주 노동자와 동일시되었고, 2000년대는 결혼 이민 여성에 의해 다문화가정이 생기고 자녀들이 태어나면서 이주민 선교의 새로운 분야로 떠오르게 되었다. 그 후, 한류의 영향으로 유학생들이 유입되었고, 최근에는 아프간 한국 기여자 등을 중심으로 난민 대상의 선교 역시 이주민 선교의 새로운 분야가 되고 있다. 지난 30년간 한국교회의 이주민 선교는 헌신과 희생, 인내와 고난, 현지인 제자화와 교회 설립이라는 긍정적인 측면과 함께 경쟁과 중복 투자, 열악한 사역 구조, 준비되지 않은 채 진행된 이주민 선교의 부작용 등 부정적인 측면도 있었다. 과거에는 이주민 선교를 특수 선교의 영역으로 생각했다면, 3년 이상 코로나 팬데믹을 거치면서 한국교회는 이주민 다문화 선교는 한국교회 전체가 참여해야 할 사명임을 인식하기 시작하였다. 인구의 고령화, 출산율 저하로 인한 노동인구의 감소는 국가의 지속적인 발전뿐만 아니라 한국교회의 성장에도 부정적 영향을 미칠 것이다. 그러므로 한국교회는 한국에 유입되고 있는 다인종, 다민족, 다종교의 배경을 가진 이주민들을 배제하는 것이 아니라 하나님의 사랑으로 포용하고 전도하며 그리스도의 제자로 삼아 단순히 이주민 다문화 사역의 차원에 머물지 않고 세계 선교를 함께 이루어나가는 동역자로 받아들여 세계 복음화를 함께 완성하여야 할 것이다.

5. 한국의 이주민 종교 생활 실태조사

안산제일교회와 목회데이터연구소는 안산시 10개 국적의 455명의 주민들을 대상으로 이주민 종교 생활 실태를 조사하였다. 이주민들의 개신교인 비율은 8%로 불교 12%에 이어 두 번째로 많았다. 현재 종교를 가지고 있지 않은 사람들 중 종교를 가질 의향이 있는 사람은 11%였고, 추후 믿고 싶은 종교로는 개신교 45%, 불교 31%, 가톨릭 4% 순이었는데, 개신교에 대해 우호적인 마음을 가지고 있었다. 무종교인이 종교를 믿지 않는 이유는 관심이 없고 바쁘기 때문이었다. 한국에서 특정 종교로부터 전도를 받은 적이 없는 사람은 71%나 되었고, 전도 받은 종교는 개신교가 67%로 타종교에 비해 높았다. 개신교의 이주민 종교시설 방문 계기는 가족이 41%이며 평소 아는 이주민이 28%로 응답되어 이주민을 통한 전도가 효과적임을 알 수 있었다. 종교 행사에 초대받은 후 호감을 가진 경우는 75%로 높았기 때문에 종교 행사에 참여하도록 하는 것이 가장 중요한 전도 방법임이 드러났다. 이주민에게 도움이 되는 서비스로는 자국민 사귐이 62%, 노동 조건 상담 25%, 한국어 교육이 21%로 나타났다. 모든 종교 중 개신교가 이주민에게 가장 진정성 있는 종교로 인식되었다. 이주민에게 종교의 기능은 구원/해탈 등과 같은 종교의 궁극적 기능보다 위안과 평안, 자국민을 만나는 커뮤니티 기능이 더 중요한 기능으로 부각되었다. 이러한 사실들을 종합해 볼 때 이주민 대상 개신교 전도 환경이 나쁘지 않다는 것을 알 수 있다. 또한 사랑의 동기로 이주민들의 필요와 결핍을 채워주기 전에 교회당을 채울 목적으로 성급하게 실적 위주로 전도하는 것은 부작용이 있고 큰 효과도 없다는 것을 알 수 있었다.

Part. 12

BAM 선교

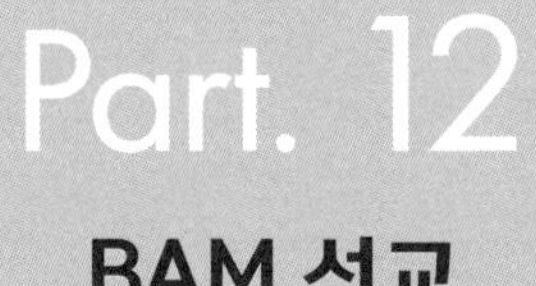

  붓다를 넘어 복음으로

BAM은 Business as(혹은 As) Mission의 약어인데 흔히들 '비즈니스 선교'라는 말로 번역하여 사용하지만 여기서는 번역하지 않고 'BAM 선교'라는 용어를 그대로 사용한다. BAM선교는 '선교로서의 비즈니스'이다. 비즈니스 세계 안에서 선교적 삶을 살아가는 이들을 BAMer(배머)라고 부른다. BAMer는 자신의 일과 직업을 창조주께서 주신 사명과 소명으로 여기며, 하나님께 영광 돌리는 것을 자신의 모든 일의 목적으로 삼는 예배의 삶을 통해, 일터에 하나님의 나라를 세우는 선교적 삶을 사는 사람들이다. NCOWE Ⅷ(2023년 6월 13-16일) 트랙별 모임 중 아홉 번째 이슈는 '텐트메이킹 & BAM'에 관한 내용이었다. 현재 선교 현장은 직업과 선교를 연결하고 통합해야 하는 시대로 변하고 있어 일과 영성을 통합하는 일터 영성의 세계관을 가지고 직업을 통하여 선교하고, 일터 안에서 선교하며, 직업을 가지고 선교하기 등 다양한 방식과 개념의 확장이 필요한 상태이다. 오늘날 선교의 최전선에서는 더 많은 텐트메이커와 비즈니스를 통한 돌파가 필요한 상황이다.

BAM선교는 창의적 접근 지역의 선교 전략으로 1990년 중반 BAM이라는 용어가 소개된 이후, 21세기 선교의 새로운 패러다임을 마련해 줄 것이라는 기대를 받아왔다. 21세기 들어 열방을 향한 선교 전략으로서 그 어느 때보다 활발히 BAM선교에 대한 관심과 노력이 집중되고 있는데, 코로나19 바이러스가 지구촌을 덮치면서 BAM에 관련된 논의는 더 속도가 붙었다. 그 이유는 바이러스 확산을 막기 위해 세계 각국이 국경의 문을 걸어 잠근 결과 발생한 국내의 선교사 후원 감소와 선교지 교회의 재정 악화라는 문제를 해결하기 위해 선교사와 선교 현지 교회 성도들의 비즈니스가 선교의 대안이 될 수 있다고 생각했기 때문이다.

BAM선교를 실행할 때 가장 큰 신학적 장애물은 무엇보다 성속이원론(聖俗二元論)이다. 초대교회 때부터 교회 안에 '육'은 속되고 '영'은 거룩한 것으로 여기는 견해들이 있어 왔다. 헬라의 플라톤 철학에서 연유되기도 한 성속이원론은 동양적 사상에도 뿌리 깊게 나타난다. 동양의 불교, 힌두교, 유교, 노장사상 등에서 노동은 정신적인 일보다 열등하다고 가르침으로 계급과 신분의 차별이 생겼고 사람들은 육체노동을 기피하게 되었다. BAM선교의 가장 핵심이 되는 주제는 비즈니스와 선교의 조화이다. 이런 상황에서 만약 성속이원론을 극복하지 못하면 한국교회의 성도들은 BAMer들을 의심스러운 눈초리로 바라볼 것이기 때문에 BAM선교의 성경적 기초를 먼저 살펴보고자 한다.

1. BAM선교의 성경적 기초인 성경적 노동관

노동관에는 약 세 가지 관점이 있다. 첫째, 저주설이다. 노동을 하늘이 내린 천형 혹은 저주라고 본다. 이런 관점을 가지면 성실하고 정직하게 일할 이유가 없어진다. 둘째, 노동을 돈벌이나 자아실현의 방편으로 여기는 방편설이다. 노동은 밥벌이의 수단에 불과하다. 그러므로 이런 관점의 결론은 일터에서 자신에게 지위와 힘을 얻을 달콤한 기회가 찾아온다면 불의와 타협하지 못할 이유가 없어지게 된다. 셋째, 소명설이다. 노동을 하나님께서 보내신 자리에서 하나님의 일을 하고 하나님을 예배하는 하나님의 부르심으로 받아들이는 것이다. 이것은 가치관과 세계관과 관련이 있다. 가치관은 인간이 자기를 포함한 세계나 그 속의 사상에 대하여 가지는 평가의 근본적 태도이다. 또 티모시 워너(Timothy M. Warner, 1924-2022)는 세계관을 우리가 세상을 보는 렌즈라고 했다. 그래서 BAM선교를 이해하기 위해서는 성경적 세계관이 중요하다.

성경적 세계관은 유신론적이다. 하나님은 살아계시고, 창조주, 온 우주의 운행자, 초월자이시며 영원하시고 무소부재하시고, 전지전능하신 분이심을 믿는다. 성경적 세계관은 계시적인데 하나님의 계시인 성경을 우리의 절대적 기준으로 삼는 세계관이다. 성경은 하나님의 창조와 창조된 세계의 타락과 온 세상의 구속을 선언하는(창조-타락-구속의 렌즈로 세계를 바라보는) 구속적 세계관이다. 하나님께서 인간과 맺으신 첫 언약인 창조언약은 "하나님이 그들에게 복을 주시며 하나님이 그들에게 이르시되"(창 1:28)로 시작하는데, 그 내용은 결혼, 노동, 안식에 대한 축복과 명령이다. 결혼은 "생육하고 번성하여 땅에 충만하라"는 명령이며, 노동은 "땅을 정복하라, 바다의 물고기와 하늘의 새와 땅에 움직이는 모든 생물을 다스리라"는 하나님의 대리 통치자로서의 역할이다. 따라서 일은 인간의 존재적 사명이다. 하나님은 인간에게 에덴동산을 경작하게 하셨는데(창 2:15), '경작하다'(cultivate)라는 말은 후에 '문화'(culture)라는 말의 어원이 되기 때문에 노동 명령은 하나님의 거룩한 문화명령(Cultural Mandate)이었던 셈이다. 여기에 덧붙여 하나님께서는 창조를 완성하시고 안식의 명령도 하셨음을 강조하고자 한다. 그런데 그 후, 인간이 하나님을 떠남으로써 타락한 결과 결혼, 노동, 안식의 온전함은 다 깨어져 버렸고, 피조 세계는 파괴의 악순환에서 신음하며 구속의 날을 기다리고 있다(롬 8:19-22). 그래서 하나님은 창세기 3장에서 구속자인 여자의 후손 예수 그리스도를 보내주심으로 인류에게 회복의 길을 열어 주셨다.

"태초에 하나님이 천지를 창조하시니라"(창 1:1)는 성경 첫 절에 하나님은 하나님의 힘과 지혜로 무에서 유를 창조하신 창조자이시다. 예수님은 세상에 오셔서 "내 아버지께서 이제까지 일하시니 나도 일한다"(요 :17)라고 하시면서 하나님은 지금도 일하고 계심을 말씀하셨다. 일하시는 하나님은 하나님을 닮은 일하는 인간을 지으셨다. 하나님께서 인간을 창조하시기 전에 노동을 의미하는 '아보다'라는 단어가 쓰였다. "여호와 하나님이 땅에 비를 내리지 아니하셨고 땅을 갈 사람도 없었으므로"(창 2:5)라는 말씀에서 땅을 '갈'(히브리어 아바드)이라는 단어를 사용했듯이 인간 창조 전에 인간에 대한 하나님의 의도는 '일'(히브리어 아보다)임을 발견할 수 있다. 그리고 "여호와 하나님이 그 사람을 이끌어 에덴동산에 두어 그것을 경작하며 지키게 하시고"(창 2:15)라는 말씀에서 인간 창조 후 '경작하며'(히브리어 아바드)라는 단어를 통해 일에 대한 하나님의 명령을 발견한다. "여호와 하나님이 에덴동산에서 그를 내보내어 그의 근원이 된 땅을 갈게 하시니라"(창 3:23)는 말씀의 '갈게'(히브리어 아바드)라는 단어에서는 타락 후 에덴동산에서 인간을 축출하실 때도 일하기를 명령하셨다. 따라서 인간의 존재적 소명은 일, 노동이다. '노동'은 '예배'라는 의미를 포함하고 있는데, 예배는 인간의 삶으로 드리는 것이고, 일터와 삶터에서 하나님을 경외하는 것이 바로 예배로 노동과 예배는 분리되어 있지 않다. 우리의 노동은 하나님의 창조 명령이며 하나님을 섬기는 거룩한 예배로서 우리가 서 있는 일터는 하나님의 부르심, 소명의 자리이다. 사명은 하나님께서 나에게 맡겨주셔서 내 인생의 모든 시간과 노력을 다하여 내가 이루어야 하는 일이다. 바울의 세계관은 우리의 모든 삶, 결혼, 노동, 안식은 창조주와 주권자와 심판자 앞에서의 삶이며 오직 그의 영광을 위하여 존재하는 것임을 고백한다(롬 11:36, 12:1, 14:7-8). 우리들의 모든 삶은 하나님을 드러내는 세상을 향한 메시지가 된다. 그러므로 선교는 우리의 일상에서 드리는 예배의 삶으로부터 시작한다.

로마가톨릭이 지배하던 중세는 노동관이 왜곡된 시대였다. 사제는 거룩한 노동을 하지만 일반 신자는 세속적인 노동을 한다고 가르쳤다. 종교 개혁자들은 로마가톨릭의 이와 같은 성속이원론을 거절했다. 그들은 만인 제사장주의를 주장하며 모든 신자가 사역자임을 강조해 모든 이들의 직업적 소명을 회복시켰다. "노동은 기도요, 기도는 노동이다"라고 가르쳐서 노동을 예배의 한 부분으로 강조하였다. 이웃 사랑의 표현이 노동이며, 경제 행위의 목적은 하나님과 이웃 사랑이라고 말하면서 성경적인 노동관을 확립함으로써 비성경적 이원론을 극복하였던 것이다. 그러므로 우리의 노동은 거룩한 것이며 그 일을 통해 하나님께 영광을 돌릴 수 있다. 참된 신앙은 세상을 성과 속으로 구분하지 않으며 신앙은 우리의 일상의 삶과 분리될 수 없다. 그리스도께서 육신을 입고 우리에게 오신 것처럼 우리는 그리스도께서 보내신 세상 속으로 들어가 그분의 메시지가 되어야 한다. 따라서 그리스도인에게는 죄를 범하는 것이 아니라면 세속적인 직업은 있을 수 없으며 일터는 하나님께서 주신 소명을 수행하는 거룩한 예배의 장소이다. 그리스도인은 하나님께서 보내신 자리인 세상의 일터에서 그분의 뜻을 수종드는 거룩한 일(聖役)을 하는 사람이다. 주를 섬기는 모든 직업은 성직(聖職)이라고 하지만, 때로 목사나 선교사도 세속적인 목적과 방법으로 일할 수 있고, 일반 직업을 가진 신자도 거룩한 태도와 방법으로 일할 수 있다. 그러므로 직업 자체는 거룩하거나 세속적이지 않다. 우리의 일터는 생계를 위한 현장이기도 하지만 비전의 현장이기도 하다. 일터는 하나님께서 우리에게 주신 창의성을 사용하여 일하는 재창조의 현장으로 섬김의 현장이요, 하나님께서 우리의 수고에 대하여 보상해 주시는 보람의 현장이다. 무엇보다 일터는 하나님께서 우리를 보내신 선교의 현장이다. 그러므로 우리의 직업과 일터와 노동은 거룩하고 영원한 하나님 나라의 일로써 우리의 사명이다. 우리의 참된 상전은 하나님이시며 우리는 한 분 하나님만 섬기는 것이다(골 3:22-24).

2. 일터에서의 선교적 삶과 BAM선교

세계화의 과정에서 거대 도시가 생겨나면서 전 세계적으로 디아스포라가 증가하고 있다. 이들의 이동의 동기는 비즈니스와 직결되어 있다. 그런 이유로 우리의 삶과 일하고 있는 현장에서 땅끝에서 온 사람들을 만날 수 있는 것이다. 요람에서 무덤까지 우리 삶의 모든 영역은 소비, 생산, 판매, 투자라는 비지니스 구조 안에서 영위되고 있다. 그동안 '영역 선교'의 관점에서 비즈니스를 이해하고 설명했으나, 모든 직업과 삶의 영역은 비즈니스 구조 안에서 하나의 세계로 통합되고 있다. 오늘날 비즈니스의 개념은 '사업', 혹은 '기업 활동'만 일컫는 것이 아니라, 우리의 모든 직업과 삶의 영역들을 이해하는 논리가 되었다. 비즈니스는 인간을 새롭게 연결하는 이 시대의 문화로서 로마제국의 대로(大路)와 같은 역할을 하고 있다. 주님은 "아버지께서 나를 보내신 것같이 나도 너희를 보내노라"(요 20:21)는 말씀을 통해 우리를 세상으로 보내셨는데, 그곳 바로 나의 일상의 삶의 터전과 일터에서 그리스도처럼 성육신적인 삶을 살아야 하는 것이다. 우리가 먼저 그리스도의 제자가 되고, 일터에서 우리의 성육신적인 삶을 통해 참 제자가 일어나게 함으로 하나님의 나라가 임하게 된다. 그러므로 우리는 더 이상 선교지와 비선교지를 구분하지 않고 삶의 전 영역에서 내가 선 땅 모든 곳이 선교의 현장임을 고백한다. 우리의 삶은 일주일 중 하루인 주일 중심의 성도가 아니라 7일 중심으로 전환되어 매일 일상과 일터에서 삶의 증인으로 복음을 증거해야 할 책임이 있다.

BAM의 핵심은 유지 가능성, 선한 영향력 그리고 선교적 의도의 세 가지이다. 기업의 유지 가능성은 이윤추구를 통해서 지속적으로 지역 사회에서 일자리를 창출하고, 경영이 윤리적이며 도덕적이어서 하나님이 허락하신 축복의 통로가 됨을 말한다. 기업이 하나님 나라의 가치와 목적을 가지고 하나님의 의를 드러낼 때, 지역 사회에 선한 영향력을 행사할 수 있게 된다. BAMer는 복음과 하나님 나라의 영향력이 낮은 지역과 영역과 문화권으로 의도적으로 나아가 사회적, 경제적, 환경적, 영적으로 총체적 변화가 일어나게 함으로써 선교적 삶을 살아야 한다. 지속 가능성은 지속적으로 영향력을 미칠 수 있는 조건으로 개인의 전문성, 공헌, 실력이 따라야 하며, 선한 영향력은 하나님 나라 백성의 삶을 살아서 온전한 그리스도의 제자임을 드러내는 것이다. 선교적 의도성은 복음이 없는 민족과 지역과 영역으로 자신을 기꺼이 드리는 삶이다. 그 결과 한 사람의 BAMer의 삶을 통해 그의 삶의 자리에 하나님의 나라가 임하는 것을 볼 수 있어야 한다.

3. 불교권 선교에서 BAM선교의 실례

경기도 안산에서 새생명태국인교회를 담임하고 있는 홍광표 목사는 국내 태국인 이주자들을 대상으로 사역을 하면서 태국으로 돌아간 교인들이 계속해서 신앙생활을 할 수 있도록 하기 위해 '방콕헤드쿼터센터'를 설립하여 다섯 가정이 공동체 생활을 하면서 자비량 사역이 시작되었다. 처음 3년 동안 길거리에서 음식을 팔고 중고 옷도 팔았다. 또한 태국인들이 한국에 있을 때 배웠던 커피를 팔기 시작했는데, 1년 동안 하루에 세 잔을 팔기도 해서 집세를 주고 나면 남는 것이 없었다. 다행히 다섯 가정은 하나님의 약속의 말씀을 붙들고 공동체 생활에서 떠나지 않았다. 방콕헤드쿼터센터 설립 후 4년이 되었을 때 교인들이 한국에서 태국으로 돌아와 떠나는 이유는 경제적 자립이 되지 않는 것 때문임을 알고 '새생명법인'(New Life Corporation)이라는 회사를 세우고 귀환 정착 프로그램을 시작했다.

귀환 정착 프로그램을 시작한 이유는 한국에서 태국으로 돌아온 사람들이 경제적으로 안정이 되지 않아 돈을 벌기 위해 또다시 일본, 대만,

이스라엘 등 외국으로 나가는 것을 방지하기 위함이었다. 그들이 또 다른 나라로 가면 그곳에서 영적 필요를 채움 받지 못하기 때문이다. 사도행전의 초기 기독교 공동체가 유무상통함으로 서로의 결핍을 채워주었던 것처럼 방콕을 포함하여 대부분 태국 동북부 이산 지역에 14개의 카페를 열고 아울렛 매장도 하나 시작하였다. 한 카페는 사람들이 커피를 사기 위해 줄을 설 정도로 잘 되었고, 화요일마다 셀모임을 하다가 교회에 작은 카페가 붙어 있는 형태로 발전하기도 하였다. '새생명법인'은 거대 기업이 되지 않기 위해 끊임없이 일을 만들어 80%-90%의 재정은 지출하고 회사는 조금씩 성장하게 하고 있다. 여기서 나온 수익으로 태국에 개척된 6개의 교회 사역을 지원하고 있으며 장학사역도 준비하고 있다. 현재 방콕 교회 같은 경우 태국에 들어온 캄보디아 근로자들을 섬기는 사역을 하고 있다.

4. 코로나 때문에 중요성이 부각된 세 가지 선교 전략의 연관성

2020년 1월 5일부터 2024년 5월 19일까지 코로나19의 총확진자 수는 7억 7,552만 2,404명이며 사망자는 704만 9,617명으로 보고되어 치명률은 0.9%에 달한다. 코로나 팬데믹은 세계 무역을 멈추게 하여 대부분 국가들의 경제는 마이너스 성장을 하게 하였다. 한국교회 역시 소수의 몇몇 성장하는 교회를 제외하고 대부분 인적, 재정적으로 마이너스 성장을 기록하였다. 교회의 예산이 줄어들었기 때문에 선교재정도 심각한 타격을 받았는데, 선교사는 본국 교회로부터 충분한 후원을 기대하기 힘들게 되어 선교사와 현지 교회의 자립을 위하여 선교사들은 BAM선교에 더 관심을 가지게 되었다. 필자가 코로나 기간 동안 BAM선교 교육을 받으면서 알게 된 것은 선교사가 사전에 잘 준비되지 않으면 BAM선교는 아무나 할 수 있는 것이 아니라는 사실이다. BAM선교의 가장 큰 난관은 두 가지인데, 첫째는 동료 선교사들과 후원교회의 오해이며 둘째는 함부로 시작했다가는 실패할 확률이 매우 높다는 사실이다. 송동호 목사는 선교사가 한국교회의 후원이 감소하는 문제를 해결하기 위한 의도로 BAM선교를 생각하는 것은 곤혹스러운 일이라고 언급했다. 왜냐하면 BAM선교는 선교사와 선교 현장의 자립을 위한 전략이라기보다는 교회와 지역과 사회의 전반적 변혁을 다루는 총체적 선교(Wholistic/Holistic Mission)의 관점에서 출발하는 것이 바람직하기 때문이다.

마이클 프로스트(Michael Frost)와 앨런 허쉬(Alan Hirsch)는 『새로운 교회가 온다』(The Shaping of Things to Come)라는 책에서 선교적 교회 진행을 위한 4가지 단계(근접 공간 확보, 공동 프로젝트 실시, 영리 사업 시작, 자생적 신앙공동체 형성)를 소개하면서, 자생적 신앙공동체는 장기간에 걸친 노력을 통하여 비로소 결실을 볼 수 있는 것이라고 주장하였다. 결국 선교사나 현지교회의 재정적 문제를 해결하기 위해

BAM선교를 시작할 것이 아니라 교회와 지역 사회의 전반적 변혁을 다루는 총체적 선교의 관점에서 실시해야 한다는 것이다. 성공적인 BAM선교가 가능하려면 반드시 선교적 교회의 관점에서 진행해야 한다. 그러므로 BAM선교와 선교적 교회는 서로 다른 주제가 아니라 하나의 목표를 이루기 위한 공통적 주제라고 할 수 있다.

과거에 한국교회는 "가든지 보내든지"라는 모토 아래 선교 훈련을 받고 선교지로 가는 소수의 사람이 선교사이고, 그 외의 사람들은 물질과 기도로 간접적으로 선교에 동참하는 것이라고만 가르쳤다. 그러다가 코로나로 이동의 자유가 제한되자 우리 곁으로 찾아온 이주민들을 선교적 관점에서 새롭게 보게 되었다. 해외 단기선교 대신 이주민들이 밀집된 경기도 안산이나 경남의 김해에 국내 이주민들을 위한 단기선교를 실시하기도 하였다. 교인 중에서는 이주민들을 고용한 사람도 심심찮게 만날 수 있다. 선교적 교회의 관점에서 접근하면 교인들은 코로나 덕분에 자신의 삶의 현장과 일터가 바로 하나님께서 자신들을 부르신 소명의 자리라는 것을 인식하게 된 것이다. 교인들의 삶의 현장에는 내국인과 이주민이 모두 존재한다. 경제적인 이유로 발생한 인구의 이동은 범 세계적인 디아스포라 현상을 초래하였다. 유목민들이 짐승을 몰고 풀을 찾아 움직이듯 현대인들은 자본이라는 초지(草地)를 따라 온 세상을 떠도는 이주의 시대가 되었다. 한국의 저출산과 고령화로 인한 노동력의 공백을 메우기 위하여 동남아시아 혹은 제3세계 출신의 노동자들이 유입된 결과 우리는 대문 밖에서 땅끝에서 온 백성인 이주민들을 만날 수 있게 되었다. 하나님의 섭리 가운데 10/40창(window)에 속한 이주민들(노동자, 다문화가정, 유학생, 난민 등)이 복음을 듣고 구원받도록 하기 위하여 하나님은 우리 곁으로 그들을 보내신 것이다. 거기에 더하여 하나님께서는 이주민들을 하나님 나라 일꾼으로 세워 역파송하여 함께 세계 선교를 완성하기 원하신다. 한국교회에서 다른 나라로 파견한 선교사들만으로는 세계복음화는 요원한 일일 것이다. 이제는 단순하게 이주민들을 예수 믿게 하는 것으로 끝나는 것이 아니라 그들을 복음의 동역자로 세운 상태에서 귀국하게 해 지역교회에서 정착할 뿐만 아니라 사역자로 세워져 선교적 사명을 감당하게 하려고 타문화권으로까지 다시 보냄을 받을 수 있는 순환 구조가 구축되어야 할 것이다.

코로나 팬데믹 덕분에 우리는 선교적 교회와 BAM선교, 이주민 선교와 BAM선교, 이주민 선교와 선교적 교회는 서로 연관된 이슈임을 더 분명하게 볼 수 있게 되었다. 세계 선교 혹은 하나님의 나라에 대한 통합적, 총체적 관점의 이해는 코로나로 인한 축복이라고 할 수 있다. 필자가 선교 훈련을 받고 선교지로 파송되었던 1990년에는 이러한 것은 들어보지도 못한 주제였다. 선교사가 선교지에서 오래 사역했다고 해서 자동적으로 바람직한 선교의 열매를 거둘 수 있는 것은 아니다. 선교사는 변화하는 세계의 선교적 환경을 계속하여 연구하고 사역에 적용하지 않으면 현지교회와 현지인들에게 필요 없는 존재가 될 것이다. 선교사가 하나님 나라 확장을 교회 안에만 국한시켜 전도, 교회 개척, 제자훈련 등에만 초점을 맞춘다면 종교 개혁자들이 500년 전에 만인 제사장설을 주장하며 성속이원론을 극복한 것을 간과하는 잘못을 범하는 일이 될 것이다. 이제 불교권에서 선교하는 선교사는 선교 전략을 생각할 때 교회 안에서 일어나는 영적인 것들만 하나님 나라와 관련이 있다는 좁은 시각에서 벗어나 하나님께서 세상 전체를 통치하고 계신다는 넓은 시각을 가져야 할 것이다. 불교권 선교사들이 통전적/총체적 시각을 가지고 선교적 교회, 이주민 선교, BAM선교를 통(通)으로 보는 것이 중요하다. 이러한 시각이 하나님께서 코로나를 통하여 우리에게 주신 선물 중 하나라고 생각된다.

1865년 허드슨 테일러가 창설한 중국내지선교회(CIM: China Inland Mission)는 1951년 중국 공산화로 인해 중국에서 철수하면서 동아시아로 선교지를 확장하고 1964년 명칭을 OMF로 바꾸었다. OMF는 초교파 국제선교단체로 불교, 이슬람, 애니미즘, 샤머니즘 등이 가득한 동아시아에서 각 지역 교회, 복음적인 기독단체와 연합하여 모든 문화와 종족을 대상으로 예수 그리스도가 구세주이심을 선포하고 있다. 세계 40여 개국에서 파송된 1,400여명의 OMF 선교사들이 동아시아 19개 필드에서 미완성 과제를 위해 사역 중이다.

우리의 비전 OUR VISION

우리는 하나님의 은혜로 동아시아의 각 종족들 안에 자기 종족을 전도하며
타종족을 선교하는 토착화된 성경적 교회운동이 일어나는 것을 보기를 소망한다.

Through God's grace we aim to see an indigenous biblical church movement in each people of East Asia, evangelizing their own people and reaching out in mission to other peoples.

우리의 사명 OUR MISSION

우리는 그리스도의 온전한 복음을 동아시아인과 함께 나눔으로 하나님을 영화롭게 한다.

We share the good news of Jesus Christ in all its fullness with East Asia's peoples to the glory of God.

OMF 사역방향

- 우리는 개척선교-미전도 종족선교에 집중한다.
- 우리는 교회개척-교회배가운동을 일으킨다.
- 우리는 교회의 성장, 성숙 및 제자훈련에 기여한다.
- 우리는 동아시아 교회들이 선교운동에 동참하도록 도전한다.
- 우리는 동아시아의 복음화를 위해 전세계적으로 자원을 동원한다.
- 우리는 국제팀으로서 그 다양성과 협력을 소중히 여긴다.

OMF International - Korea

한국본부 (06554) 서울시 서초구 방배중앙로 29길 21 호언빌딩 2층(방배본동)

전화 02-455-0261 / 0271

홈페이지 www.omfkr.cafe24.com

이메일 omfkr@omfmail.com

붓다를 넘어 복음으로